関西学院大学社会学部研究叢書　第10編

民俗学を生きる

ヴァナキュラー研究への道

島村恭則 著

晃洋書房

目次

第9章　ヴァナキュラーとは何か……197

初出一覧

第1章　「講演記録　民俗学とは何か――多様な姿と一貫する視点――」『長野県民俗の会会報』第四一号、二〇一八年、一―二二頁

第2章　「フィールドワークの愉悦と焦燥――宮古島での三か月半――」『民俗学読本』髙岡弘幸・島村恭則・川村清志・松村薫子編、晃洋書房、二〇一九年、六三―七七頁

第3章　「民間巫者の神話的世界と村落祭祀体系の改変――宮古島狩俣の事例――」『日本民俗学』第一九四号、一九九三年、七〇―一二四頁

第4章　「沖縄における民俗宗教と新宗教――龍泉の事例から――」『日本民俗学』第二〇四号、一九九五年、一―三七頁

第5章　「日本の現代民話再考――韓国・中国との比較から――」『心意と信仰の民俗』筑波大学民俗学研究室編、吉川弘文館、二〇〇一年、五五―九〇頁

第6章　「モーニングの都市民俗学」『国立歴史民俗博物館研究報告』第一〇三集、二〇〇三年、三二五―三四八頁

第7章　「境界都市の民俗学――下関の朝鮮半島系住民たち――」『現代民俗誌の地平』第一巻「越境」、篠原徹編、朝倉書店、二〇〇三年、九―三六頁

第8章　「引揚者――誰が戦後をつくったのか?――」『現代文化のフィールドワーク入門――日常と出会う、生活を見つめる――』山泰幸・足立重和編、ミネルヴァ書房、二〇一二年、一七九―一九九頁

第9章　「ヴァナキュラーとは何か」講演原稿:国際シンポジウム「ポスト帝国の文化権力とヴァナキュラー――民俗学で日常を問う――」実践

民俗学会、翰林大学校日本学研究所、日常と文化研究会共催、二〇一九年七月六～七日、韓国・翰林大学校

いずれも、本書再録にあたり加筆修正を行なっている。

第1章 民俗学とは何か

本章は、二〇一七年一一月に長野県松本市で開催された「長野県民俗の会」平成二九年度総会における公開記念講演の内容［島村 二〇一八b］を改稿の上、収録するものである。民俗学は、アカデミー（大学）に所属する研究者によって研究されるだけでなく、市井の人びと（市民）をもその担い手とする「野の学問」「民間学」としての性格を有しているところに大きな特徴がある。「長野県民俗の会」は、まさにこの市井の人びとが会員の大部分を占める民間研究団体で、「郷土長野県の生活と民俗とを見直し、全国的な視野から民俗学研究を進める」ことを目的として、一九七一年に設立された。

本講演は、アカデミーの中の民俗学で構築された民俗学の理論的枠組みを、「野の学問」としての民俗学の担い手の人びとにわかりやすく解説し、アカデミーとグラスルーツ（草の根、民間）の垣根を越えて民俗学理論を共有することをめざして行なったものである。わたし自身の民俗学研究の軌跡を概観し、また民俗学についての基本的枠組みを解説しているところから、本書の冒頭に配置するのにふさわしいと考え、ここに再録する。

本日は、長きにわたって「『野の学問』としての民俗学」を力強く体現されている長野県民俗の会の総会記念講演にお招きくださり、ありがとうございます。今日は、わたしのところの大学院生たちも連れてきました。大学院で学ぶ民俗学というのは、これは「アカデミック民俗学」（アカデミー＝大学で研究・教育される民俗学）ということになりますが、しかし民俗学を専攻する限り、この学問が、「野の学問」としての性格を強く有していることを片時なりとも忘れてはなりません。大学院生にとってもまったく同じです。今日は、講演に続き、「わたしにとっての民俗学」というシンポジウムも行なわれるとのことですが、そこではまさに「野の学問」の現場におられる皆さまの多様な視点やご意見を拝聴することができるものと期待しています。院生ともども学ばせていただきたく、よろしくお願いいたします。

1　わたしの民俗学

お祈り癖

わたしは、幼児の頃、カトリック系の幼稚園に通っていました。キリスト教の幼稚園ですから、お弁当の前と後には必ずお祈りの時間があります。お祈りの仕方は、全員で一斉にお祈りするのではなく、一人ずつ順番に祭壇の前に行ってお祈りするというものでした。幼稚園の三年間、毎日お祈りをしていましたが、そうすると「お祈り癖」が付きます。幼稚園児でキリスト教の教義なんてわからないので、お祈りという行動だけが身につきます。その結果、町の中のお地蔵さんとかお稲荷さんに対しても、幼稚園でのお祈りとまったく同じように、どんどんお祈りするようになりました。これは小学校に入っても続き、神仏があれば、とにかくお祈りしなければ気がすまないという状態でした。中学校に入っても同様です。それどころか、高校生のときも、本当は面倒で仕方がないのですが、やはり、もう癖なので、対象があれば、お祈りしていました。面倒だけれども、しないと何かよくないことが起こりそうで、お祈りをする。そういう生活が続いていました。

ごみ清掃車の研究

もう一つ。小学校四年生のときのことなのですが、わたしは、ごみ清掃車の調査というのを行なっていました。なぜ、清掃車に関心を持ったのかはわかりませんが、ごみ清掃車がどこからやってきて、どういうふうにごみを集めて、どこにごみを捨てに行くのかについて強い関心を持ちまして、土曜日とか夏休みに調査しました。まさに観察です。電柱の陰でごみ収集車がやってくるのを待っていて、集めに来たら後を追いかけていくわけです。あるとき、ごみ収集車のおじさんがわたしに声をかけ、収集車に乗せてくれました。そして一緒にごみを収集して回り、さらに埋め立て地にある焼却場まで連れて行ってくれ、帰りもまた車庫に戻る途中に家の近くで降ろしてくれました。現在では、こんなことをしたら大変なことになるでしょうが、昭和五十年代にはこういうこともありえたのです。この小学校四年生のときのごみ収集車調査が、わたしのフィールドワークの始まりということになります。

死が怖い

子供の頃の思い出では、「死が怖い」というのもありました。現在では、お葬式はセレモニーホールなどで行なうことが多くなっていますが、かつては自宅でのお葬式が多かったわけで、町内の電柱に、葬式のある家の方向を案内するための指差しマークがよく貼ってありました。わたしは、通学路でときどき見かけるこの指さしマークがとても怖く、また、学校の帰り道、角を曲がったら、葬家の門前に飾られた花輪が突然視界に入ってきたりして、これも怖い。これらの前を通れなくて、息を止めて歩いていました。また、新聞をめくると、死亡広告がありますね。あれが怖いのです。そこに触れないように新聞は上の方を持ってめくるということをやっていました。これは、小学校高学年のときから高校生まで続きました。自分でも頭がおかしいのではないかと思っていました。霊柩車に出会ったら親指を隠すことは、みんなやりますが、それのもっと激しいもの、というとこの感覚を理解していただけるかもしれません。

民俗学と出会う

そのようなわたしでしたが、高校二年生のとき、渋谷の紀伊國屋書店でいろいろな本を見ていたときに、たまたま民俗学のコーナーの前で、『日本の葬式』（一九七七年）という本を見つけました。井之口章次先生が書かれた本です。これを目にしたとき、本当になぜかはわからないのですが、無意識のうちにこの本を手に取り、頁をめくっていました。この本には、それまで漠然と怖いとしか思っていなかった葬式について、その事細かい要素の記述と分析が載っていました。わたしは、葬式には日本中でさまざまなバリエーションがあり、それらを学問的に研究することができるのだということをこの本で知りました。葬式というものを冷静に見つめて、それを研究することが行なわれているという事実は、わたしにとって衝撃的でした。

それから、『日本の葬式』の周囲には、これまたいままで見たこともなかった、神や仏や年中行事や伝説についての本がたくさん並べられており、こんどは、それらを見て、自分がいつもお祈りしている路傍の神仏についても研究がなされていることを知りました。そして、このコーナーの本棚は、自分のためにあるのではないかと思いました。それらの本が、民俗学という学問分野に属するものであることもこのとき知りました。これが、わたしと民俗学との出会いです。

それ以来、毎日のように、あちこちの大型書店の民俗学コーナーを見て回り、少しずつ民俗学の本を買い始めました。角川文庫から柳田國男の本がいくつか出ていましたから、それらも買って読みましたし、宮田登や谷川健一といった著者の著作も読み始めました。そうした中に、ちょうど当時、ハレ・ケ・ケガレの議論が盛んでしたから、『共同討議 ハレ・ケ・ケガレ』などという本もあり、それを見たら、わたしが恐れていたのは、「死のケガレ」だったのだということもわかってきました。

民俗学の本を読むことで、わたしを拘束していた「お祈り癖」や「死のケガレ」の問題が解決し、それどころか、民俗学的な世界がたいそう面白いと思えるようになってきました。高校二年の終わりから卒業まで、受験勉強もしましたが、同時に、民俗学の勉強もするという生活を送りました。

民俗学研究会

大学に入学したのは一九八六年のことです。わたしは、上智大学文学部に入学したのですが、入学直後から、國學院大学の民俗学研究会に入れてもらい、井之口章次先生の指導を受けるようになりました。最初の民俗調査は、一年生の夏休みに岐阜県郡上郡高鷲村に行きました。次に、一年生の冬に行ったのが三重県阿山郡島ヶ原村でした。その後、岩手県九戸郡九戸村、群馬県甘楽郡南牧村と続きます。それから、二年生のときには、ここにおられる倉石忠彦先生の民俗学の講義に潜入して、一年間授業を受けました。前期が都市民俗学、後期が民俗学方法論の講義でした。あれから三十年たち、今日ここで民俗学理論のお話をさせていただくというのは、なんとも不思議な感じです。また、この二年生のときに日本民俗学会にも入会しましたが、入会直後に送られてきた学会誌『日本民俗学』一七二号（一九八七年）に、やはりここにおいでの福澤昭司先生の「病と他界――長野県内の麦粒腫の治療方法の考察から――」が載っていて、これを読んでたいへん勉強になったのを覚えています。

アメリカ民俗学との出会い

民俗学研究会では、毎週、学生が研究発表をしていました。わたしも何回も研究発表を行ないましたが、二年生になったばかりのとき、アメリカの民俗学者、ジャン・ハロルド・ブルンヴァンが書いた都市伝説についての本、*Vanishing Hitchhiker* を抄訳、紹介しながら日本でもこういう研究を民俗学でできるのではないか、と論じたことがあります。ブルンヴァンのこの本は、のちに大月隆寛さんたちが『消えるヒッチハイカー』の名で翻訳した本です。実は、彼らがこれを訳す前に、朝日新聞の読書欄で、「アメリカの都市神話」の本として原書が紹介されていました。これを見て、わたしは直感的にこれは民俗学ではないかと思いました。それで日本橋の丸善に行ってこの本があるかどうか聞いてみたら、なんとありました。なぜ、この本が輸入されて丸善に置いてあったのかはよくわかりません。そもそも、朝日新聞で、この本を取り上げているのも不思議です。ただ、のちに、この頃、東京大学の亀井俊介さんが英語の教科書にこの本を使っていたのだということをあるところで聞いたことがあります。そのことと関係があるのかもしれません。いずれにしても、この当時、まだ「都市伝説」という言葉は日本に存在していなかったのです。そういう時期に、大学二年生でブルンヴァンのこの本を取り上げつつ、「都市伝説」（副題に Urban Legends とありましたので、発表のときにはこの語を直訳しました）について日本でも研究すべきだと提言したのは、かなり先駆的だったのではないかと思っています。このように、大学二年生の頃からわたしは、アメリカ民俗学に関心を持っていました。

沖縄との出会い

大学三年生のとき、わたしは沖縄に行きました。なぜ沖縄に行ったのかというと、民俗学研究会では毎回、研究会が終わると渋谷で飲んでいましたが、あるとき酒の席で、先輩から「島村君さあ、記号論とか構造主義とか言ってるけど、フィールドワークをもっとしなよ」と言われました。記号論、構造主義というのは、八〇年代当時の学問的流行です。わたしもそういうのが大好きで、研究会でもそちらの方面の話を盛んにしていましたが、先輩からすると、フィールドワークを軽視しているように見えたのでしょう。そんなことはなかったのですが、しかし、その言葉に刺激され、それなら、徹底的にやってやろうじゃないかということで、翌日、日本航空の支店に行って沖縄行き航空券を購入（この頃は、航空会社の支店か旅行社でしか航空券を購入できないような時代でした）。数日後には、生まれてはじめて沖縄に行きました。

沖縄に着き、那覇空港の建物を出て、市内方向へ向かうバスに乗った瞬間から沖縄にとりつかれました。今はもうないのですが、当時は、那覇空港から中部の石川市まで行く那覇交通の路線バスがあり、この会社のバスは車体が銀色だったために、「銀バス」と呼ばれていたのですが、これに乗ると、座席周りにけっこう泥がついていて（その後、何回も乗りましたが、だいたいいつもそうでした）、もうそこからある種の異文化で、想像力が刺激されはじめました。そして、空港を出て五分もしないうちに、車窓に五～六階建ての団地が見えました。本土と変わらない団地の姿ですが、しかし、わたしは、この沖縄の団地の暮らしは、きっと本土と違っているはずだ。これも民俗学が取り組む対象だな、というように思いました。沖縄に着いた直後に、団地が気になるというのは、なかなか都市民俗学的ですね。さすがは倉石先生の講義を受けていただけありますし、いま民俗学の大学教員になっているわたしからも、当時のわたしを褒めたいと思います。

さて、沖縄ではもうあちこちに行きました。どこに行っても感動しっぱなしで、久高島、北部の村、そして、宮古島、八重山と回り、感動の連続でした。約一週間の沖縄の旅を終えるときには、もう自分は沖縄研究で卒論を書こうと、早くも決意していました。そして、それ以来、アルバイトのお金をためては、沖縄や奄美の島々を回るようになったのです。

宮古島狩俣にて

四年生になって、いよいよ卒業論文です。わたしは、宮古島をフィールドにすることに決めました。なぜ宮古島かというと、野口武徳さんの『沖縄池間島民俗誌』という本を読んで、野口さんのように現地に長期間住み込んで調査をしたいと思ったからです。それで、池間島に渡る手前に狩俣という集落がありますが、そこに七月一日から一〇月一五日まで三カ月半、空き家を借りて住み込み調査を行ないました。時間はたっぷりありましたから、社会伝承からはじめて、村落のあらゆることに興味をもって聞き取りや参与観察をしましたが、最終的な研究の方向性は、「生きている神話」（口頭で歌われたり、語られたりしている神話）の研究になりました。

その当時、わたしは、鹿児島在住の民俗学者である山下欣一先生が書かれた『奄美説話の研究』を熟読していました。山下先生のお母さんは奄美大島のユタ（民間巫者）で、お父さんは鹿児島出身の役人です。山下先生は、戦時中、獣医になろうと、鹿児島農林専門学校の獣医畜産科に学ばれ、戦後は英語教員養成講習会に通われ英語教員になります。そしてある日、露店で伊波普猷の『琉球古今記』に出会い、民俗学の研究をはじめられました。その後、高等学校の英語教員をしながら民俗研究クラブを作って生徒と一緒に民俗学の調査をしていましたが、たまたま鹿児島大学に赴任して来た口承文芸の研究者、荒木博之さんと友だちになります。荒木さんは、インディアナ大学に留学して民俗学を学んだ人で、日本では甑島の昔話の研究をしていました。その荒木先生とともに、山下先生は、インディアナ大学の民俗学サマー・インスティチュート（夏季講習会）に二回行き、民間説話分析の方法論を学ばれました。その知識も動員しながら、以前から調査してきた奄美のユタの神話的世界を研究し、國學院大学に博士論文を提出して、のちに鹿児島経済大学の教授になったという方です。

この山下先生の『奄美説話の研究』の影響もあって、わたしの卒業論文のテーマは、「生きている神話」に定まったわけです。のちに『日本民俗学』一九四号に載った「民間巫者の神話的世界と村落祭祀体系の改変――宮古島狩俣の事例――」（一九九三年）という論文は、わたしのデビュー作といってよいものですが、この卒論をリライトしたものです。

沖縄から韓国へ

大学卒業後は、筑波大学大学院に進学し、宮田登先生の弟子にしていただきました。修士論文では、沖縄のユタ的宗教者がつくった新宗教教団の研究を行ないました。ここでもやはり住み込み調査を行ないまして、教団の建物に半年近く居候させてもらいながら、参与観察をしました。その成果が、『日本民俗学』第二〇四号の「沖縄における民俗宗教と新宗教――龍泉の事例から――」（一九九五年）です。

その後、大学院の博士課程が終わりに近づきますと、どこかで働かなくてはいけないということで、韓国から宮田先生のもとに留学したあと帰国して教授になっている大学院の先輩の伝手で、韓国の大学で日本文化論を教えました。一九九四年のことで、これがはじめて教壇に立った経験です。韓国では、都市伝説の調査を行ないました。大学一年生のときに問題提起をしていた都市伝説研究の韓国版をやってみようと思い、学生たちから都市伝説を集めました。のちにその成果はいくつかの論文にするとともに、河出書房新社から『日本より怖い韓国の怪談』（二〇〇三年）という文庫本として出版しました。

多文化主義民俗学

韓国には結局、三年近くいたのですが、その最後の頃に、国立歴史民俗博物館の教官採用の公募があり、応募したところ採用されました。それで帰国をし、一九九八年から歴博民俗研究部で働きはじめました。わたしと同期で採用されたのは、いまも歴博におられる山田慎也さんと関沢まゆみさんです。歴博時代の思い出は、企画展示「異界万華鏡――あの世・妖怪・占い――」（二〇〇一年）を同僚の常光徹さんや内田順子さんたちと一緒に成功させたこと、それから「多文化主義民俗学」という新しい民俗学の考え方を提唱したことです。一九八〇年代から九〇年代にかけての民俗学では、従来の稲作民的世界一辺倒の民俗学から、畑作民的世界、漁撈民的世界、都市民的世界を加えた「民俗文化の多元性」論へのシフトが叫ばれていました。その延長線上で、わたしはさらに、在日外国人や被差別部落、障碍のある人びとの民俗をはじめとする、日本列島に存在するより多様な民俗を視野に入れた民俗学としての「多文化主義民俗学」を構想しました。具体的には、在日朝鮮系住民についてのフィールドワークを開始し、下関市や福岡市で調査を続けました。この調査の成果は、のちに博士論文としてまとめられ、『〈生きる方法〉の民俗誌――朝鮮系住民集住地域の民俗学的研究――』（二〇一〇年）として刊行されました。

また、この「多文化主義民俗学」の視点からは、在日以外にも、さまざまなテーマが生まれてくるのですが、そのうちのいくつかはわたしも実際に調査・研究してみました。たとえば大阪の下町の住民が毎朝、朝食を喫茶店で食べる「モーニング」の習慣、あるいは、敗戦後に外地から引揚げてきた引揚者の人たちの民俗について、また、関西の私鉄沿線文化の多様性、それから、瀬戸内海で牡蠣を養殖している漁民が、秋から冬にかけて大阪をはじめとする各地へ船で牡蠣を運び、都市の河川に係留した船の上で牡蠣料理を食べさせる「かき船」についての研究も行ないました。「かき船」は、今日の会場のすぐ近く、松本城のお堀にもありますね。数年前にわたしもそこで調査をさせていただいたことがあります。

それから、これまで、わたしは民俗学者としていくつもの市町村史の編さんに関わってきましたが、この十年間でやったのは、高知市と福岡市の市史民俗編の仕事です。どちらも、都市の民俗誌をめざしたもので、従来型の項目羅列的な記述を避け、「出来事」、あるいは「人」を前面に押し出した独自性の高い民俗誌になっています。高知市のほうは、『地方都市の暮らしとしあわせ――高知市史民俗編――』（二〇一四年）、福岡市のほうは、『福の民――暮らしのなかに技がある――』（二〇一〇年）、『春夏秋冬・起居往来――福岡市史民俗編　一』（二〇一二年）、『ひとと人々――福岡市史民俗編　二』（二〇一五年）としてそれぞれ刊行されています。

このあたりが、二一世紀に入ってから最近までのわたしの研究で、この間、勤務先は、秋田大学、関西学院大学と変わっているのですが、次に、現在、わたしが取り組んでいる研究課題についてお話ししたいと思います。

2　民俗学とは何か

民俗学のはじまり

日本では、民俗学といえば、日本の社会・文化を対象とする学問で、また柳田國男（一八七五―一九六二）が「日本民俗学」の創始者と称されたりすることから、日本で独自に生まれた学問だと思っている人が少なくないようですが、それは誤解です。柳田國男は、「日本民俗学」の創始者であるとはいえるでしょうけれども、民俗学の創始者ではありません。民俗学は、世界のあちこちに存在しています。そして、その起こりは、一八世紀のドイツにまで遡ります。

一八世紀のヨーロッパでは、イギリス・フランスを発信源とする「啓蒙主義」が、時代をリードする思想となっていました。「啓蒙主義（the Enlightenment）」とは、理性を重んじ、非合理的なものを排除する思想のことです。この思想は、発生地のイギリス・フランスのみならず、ヨーロッパ各地にも伝わり、たとえばドイツでもその影響は強く見られました。

啓蒙主義の考え方では、合理性と普遍性（世界のどこでどのように暮らす人びとにとっても、合理的な思考とその結果は遍く通用するはずで、またそうでなければならないとする考え）が理念とされます。そのため、啓蒙主義を信奉する人びとは、自分たちがもともと生きている社会に固有の暮らしぶり、考え方、あるいは日常的に用いている土着の言葉について、それらこそが啓蒙（無知蒙昧な状況に理性の光をあてて人びとを賢くすること）の対象であるとして、否定していきました。

この風潮に真っ向から異議を唱えたのが、ドイツの思想家ヨハン・ゴットフリート・ヘルダー（Johann Gottfried von Herder, 1744-1803）です。ヘルダーは、フランスでつくられた借り物の思想に身を任せるのではなく、自分たち自身の生活に根差した生き方をこそ探求すべきだと考え、ドイツに根生いの暮らし、言葉、思考を掘り起こし、大切にすることを主張しました。ヘルダーによるこの考え方を、ここでは「対啓蒙主義」と呼んでおきます。

ヘルダーは、この考え方に基づいて、具体的には、民謡の採集というプロジェクトを思いつきます。なぜ民謡かというと、人びとが日常の暮らしの中で歌う民謡には、「人びとの魂（Volksgeist）」が宿っていると考えたからです。彼は、自ら『民謡集』を編集するとともに、民謡の採集を広く人びとに呼びかけました。

ヘルダーの主張は、ドイツ国内のみならず、スロヴァキア、チェコ、ポーランド、ウクライナなどのスラヴ諸国、フィンランドやノルウェーなど、ヨーロッパの周辺部に位置する国々にも影響を与え、それぞれの国において民謡の採集と民謡集の刊行が行なわれるようになりました。

ヘルダーが扱った具体的素材は、民謡、すなわち「歌」でしたが、ヘルダーの影響を受けつつ、次に登場したのは、グリム兄弟による「物語」（昔話・伝説・神話）の収集・研究でした。グリム兄弟、すなわちヤーコプ・グリム（Jacob Ludwig Karl Grimm, 1785-1863）とヴィルヘルム・グリム（Wilhelm Karl Grimm, 1786-1859）の兄弟は、比較言語学の研究やドイツ語辞典の編集で大きな成果をあげましたが、あわせて昔話や伝説の採集に力を入れ、兄弟の著作として『グリム兄弟によって集められた子どもと家庭のメルヒェン集』（一八一二年初版、以後、兄弟生前には一八五七年の第七版まで刊行）や『ドイツ伝説集』（第一巻は一八一六年刊行）などを、また兄のヤーコプ・グリムの著作として『ドイツ神話学』（一八三五年）などを刊行し、民衆の間に伝承される物語や知識についての研究を行ないました。

グリム兄弟の民話研究も、やはり、ヨーロッパ周辺部を中心に、各地に影響を与え、それぞれの地で民話の採集、民話集の刊行が続きました。日本でもその民話集が翻訳・刊行されているノルウェーのアスビョルンセンやモー［アスビョルンセン／モー 一九九九］、ロシアのアファナーシエフ［一九八七］などの民話の採集・研究者には、いずれもグリム兄弟からの影響が指摘されています。

グリム兄弟の影響は、イギリスにおいても見られました。ウィリアム・トムズ（William John Thoms, 1803-1885）は、一八四六年に「フォークロア」という文章を発表し、ヤーコプ・グリムの『ドイツ神話学』を引き合いに出しながら、イギリスにおいても古い時代のマナー、習慣、儀礼、迷信、民謡、諺など、それまで「民間古事（popular antiquities）」の名のもとで扱われてきたものごとを、自分が造語したFolk-Loreという新たな語のもとで研究すべきことを説いています［Thoms 1990］。

ここで注目すべきは、ヘルダーの「歌」、グリム兄弟の「物語」に加え、「マナー、習慣、儀礼、迷信、諺」が、Folk-Loreの具体例としてあげられていることです。そして、このような採集・研究対象の拡張は、ドイツにおいても起こっていました。グリム兄弟の弟子のヴィルヘルム・マンハルト（Wilhelm Mannhardt, 1831-1880）は、農耕に関わる儀礼や信仰を研究し、その後は、家屋や農具など、「モノ」（物質文化）の研究を行なう研究者も現れるようになりました。

あわせて理論的な考察の深化も見られるようになりました。とりわけドイツのヴィルヘルム・ハインリヒ・リール（Wilhelm Heinrich Riehl, 1823-1897）は、「学問としての民俗学」という論文を公表し、ヘルダー以来の一連の知的営為が、独立した学問領域として成立することが示されました[1]。

学問の成長は、その学問を研究する者の組織化、すなわち学会の結成に結び付きます。イギリスでは一八七八年に、ドイツでは一八九〇年に、民俗学会が設立されました。そしてアメリカ合衆国でも一八八八年に民俗学会が設立されています。イギリスとドイツに学びながら、アメリカにおいても民俗学の研究が始まっていたのです。

それだけではありません。一九世紀後半から二〇世紀初頭にかけて、ヨーロッパでは、フィンランド、エストニア、ラトヴィア、リトアニア、ノルウェー、スウェーデン、アイルランド、スコットランド、ウェールズ、ブルターニュ、スイス、ハンガリー、スラヴ諸国、ギリシアなどで、また、それ以外では、インド、日本、中国、韓国、フィリピン、ブラジル、アルゼンチン、ナイジェリアなどで民俗学の研究が行なわれるようになり、それぞれの地において独自の展開を遂げていきました。これらの国、地域では、今日でも民俗学が盛んです。

対覇権主義の学問

ところで、ここで注目したいのは、民俗学が盛んな国、地域は、どちらかというと、大国よりは小国、また大きな国であっても、西欧との関係性の中で自らの文化的アイデンティティを確立する必要性を強く認識した国、あるいは大国の中でも非中心的な位置にある地域だという点です。

この点に関しては、民俗学を「外部権力による精神的抑圧を克服する重要な手段」と位置づける、韓国の民俗学者 姜正遠（ソウル大学校人類学科教授・韓国民俗学会会長）の議論が参考になります。姜による世界民俗学史についての記述を要約すると、次のようになります。

ヘルダーにまで遡及される民俗学的問題認識は、その後グリム兄弟を経て実証的な方法論を獲得することで近代科学として成長し、全世界の被抑圧民衆の希望の学となった。民俗学は外部権力による精神的抑圧を克服する重要な手段となり、また人類史を正しい方向へ進展させる力となった。このことは、特にフィンランドやアイルランドなどヨーロッパの小国における民俗学やアルゼンチンなど中南米の民俗学の状況にはっきり見て取れる。またそれだけでなく、ドイツやアメリカ合衆国の民俗学にも、第三世界諸国の民俗学に通じる性格を見出すことが可能である。なぜなら、もともと両国は後発資本主義国家であり、過去から現在までの過程においてアイデンティティをめぐる苦悩を経験してきているからである［姜 二〇一三：一四一―一七六、原文韓国語。日本語による要約は島村恭則による］。

本章でさきにあげた国や地域、姜氏の言い方を用いれば「小国」「第三世界諸国」「後発資本主義国家」などにおいて民俗学が盛んであるということは、これらの国や地域の人びとが、民俗学の研究と普及を通して、自分たちの暮らしのあり方を内省し、その上で自分たちの生き方を構築することで、自分たちを取り巻く大きな存在、覇権（強大な支配的権力）、「普遍」や「主流」、「中心」とされるもの、に飲み込まれてしまうのを回避しようとしてきた結果だといえるでしょう。

民俗学が持つこうした性格は、ヘルダーの場合に典型的に見られた「対啓蒙主義」に加え、「対覇権主義」という言葉で表すことができます。民俗学という学問は、覇権主義を相対化し、批判する姿勢を強く持った学問です。強い立場にあるもの、自らを「主流」「中心」の立場にあると信じ、自分たちの論理を普遍的なものとして押しつけてくるものに対し、それとは異なる位相から、それらを相対化したり超克したりしうる知見を生み出そうとするところに民俗学の最大の特徴があるのです。

日本の民俗学

民俗学が、対啓蒙主義的、対覇権主義的、対普遍主義的、対主流的、対中心的な学問であることは、日本の民俗学においても同様です。日本の民俗学者たちは、啓蒙主義的世界観では切り捨てられ、覇権主義的世界観では支配の対象とされてしまう、非主流、非中心の世界こそが民俗学の対象であると考え、これに正面から向き合ってきました。

柳田國男は、その初期の著作である『遠野物語』（一九一〇年）の冒頭で、「願はくは之を語りて平地人を戦慄せしめよ」と書いています。ここでいう「之」とは、岩手県遠野地方の人びとが語り伝えてきた物語の世界であり、「平地人」とは、啓蒙主義的思考のもとで近代化に邁進する都市住民のことでしょう。柳田は、啓蒙主義的世界観では非合理的なものとして切り捨てられてしまう世界の存在を、本書によって、「平地人」につきつけています。啓蒙主義的世界観に対する対啓蒙主義からの挑戦だといえます。

柳田國男と並ぶ民俗学者の折口信夫（一八八七―一九五三）は、民俗学調査の道すがら作歌をしたことで知られていますが、そこでは、「かそけさ」が歌われることが多くありました。「山びとの　言ひ行くことのかそけさよ。きその夜、鹿の　峰をわたりし」（『水の上』）や「山のうへに、かそけく人は住みにけり。道くだり来る心はなごめり」（『海やまのあひだ』）といった歌がそれですが、折口の民俗調査は、かそけきもの、すなわち「かすか（微か・幽か）なもの」＝啓蒙主義的世界観の中では位置を与えられないような、対主流的なもの、対中心的なもの、に耳を傾ける営みであったということができるでしょう。

民俗学調査で地球約四周分を歩いたといわれる宮本常一の『忘れられた日本人』（一九六〇年）は、日本各地にひっそりと暮らす「無名にひとしい人たち」の生き方を描いた民俗学の名著ですが、タイトルに「忘れられた」という表現が用いられています。宮本はまた、民俗学を学ぶ者の心得として、「人の見残したものを見る」ことの重要性を説いてもいます［宮本　二〇〇〇］。「忘れられた」「人の見残したもの」とは、対主流的、対中心的なものに他なりません。

民俗学者の谷川健一は、『神は細部に宿り給う――地名と民俗学――』の序文でつぎのように述べています。

「神は細部に宿り給う」という言葉は私の好きな成句であって、それを本書の題とすることにした。この言葉は泰西の学者のものであるが、日本の民俗学にもそのままあてはまると私は考えている。歴史学が人類の主要な道筋を辿る学問であるのに対して、民俗学は枝道や毛細血管のようにはりめぐらされた小路を知る学問である。したがって歴史学やその他の学問には取るに足りないと思われているものこそ、民俗学にとっては限りなく重要である。私が民俗学に足を踏み入れるようになった動機は、顕微鏡で微生物の世界をはじめてのぞいたときと似た感動から始まっている。肉眼では空白としか映らないミクロコスモスに、かくも豊かな常民の生命体が充溢していることに私は眩暈をおぼえ、畏敬の念が湧くのを禁じ得なかった。（中略）粗枝大葉の日本でなく、細部の日本を見極めることへの情熱が私を今日まで駆りたててきた［谷川　一九八〇：七―八］。

ここでいう「歴史学やその他の学問には取るに足りないと思われているもの」「枝道」「小路」とは、対主流、対中心の世界であり、それはまた啓蒙主義的世界観では排除の対象とされる領域と多分に重なるといえるでしょう。

社会学者で、民俗学にも造詣の深かった鶴見和子は、民俗学を「かくれ里」の学だと述べました。ここでいう「かくれ里」

とは、外来の大きなもの、覇権、普遍、主流、中心といったものによって征服され、殺されかかった者たちが、身をかくす場所のことです。鶴見は、この語を比喩的な次元でも用い、「かくれ里は、ある一定の場所にあるだけではなく、われわれの心の中にも、潜在意識とか、深層心理とか、そういう形でも」存在しており、民俗学は、そうした「かくれ里」の中に、「民衆が積み残してきた知恵の宝庫を発見」する学問だと述べています［鶴見 一九八五：一五五―一八五］。

民俗学の持つ対啓蒙主義的、対覇権主義的、対普遍主義的、対主流的、対中心的志向は、日本の民俗学の基底部に確実に存在しています。このことを確認した上で、以下、日本の民俗学の今日までの来歴について概観してみましょう。

〈社会変動―生世界〉研究としての柳田民俗学

日本で民俗学がはじまったのは、二〇世紀の初頭です。イギリスでフォークロアの研究が行なわれていることが紹介され、「民俗学」の名のもとに、日本のフォークロア＝民俗の調査や考察が始められましたが、とくに強力にその体系化と組織化を推し進めたのが柳田國男です。

一八七五年に兵庫県で生まれた柳田は、東京帝国大学法科大学政治学科を卒業後、高級官僚として農商務省、法制局、貴族院に勤め、農政学の研究と農業政策、法律家としての実務などに携わりました。その過程で、彼は、講演や視察のために全国各地を旅行し、「郷土」についての思索を深めていきます。そうした中、一九一〇年、柳田は、前年に刊行した宮崎県の山村、椎葉村の狩猟に関する著作（『後狩詞記』）に続き、『遠野物語』を刊行しました。岩手県遠野盆地において伝承されてきたさまざまな「民俗」を取り上げた「人間生活誌」［藤井 二〇〇八：一六七―二〇〇］というべき本書は、日本の民俗学草創期の記念碑的な作品として知られています。

一九一三年、柳田國男とドイツ神話学者の高木敏雄は、民俗学の成長と普及にとって重要な役割を果たす雑誌『郷土研究』を創刊しました。柳田は同誌を舞台に次々と民俗学史上重要な研究を発表し、また国内各地の読者からは、それぞれの地域の「民俗」についての報告が寄稿されました。のちに柳田國男と並んで日本を代表する民俗学者となる折口信夫もこの雑誌の読者であり寄稿者でした(2)。

ところで、柳田の民俗学を考える上で重要なことは、鶴見和子［一九九七］が指摘しているように、柳田は、民俗学を、「民俗」そのものの探求をめざす研究ではなく、人びとの生世界のあり方を社会変動との関わりの中でとらえる研究として構想していた点です。ここでは、そのような民俗学研究を、「〈社会変動―生世界〉研究」と名付けておきます。

柳田の〈社会変動―生世界〉研究では、欧米の近代化を普遍的な尺度とする欧米産「近代化論」の単純なあてはめは行なわれず、また社会学における近代化論とも異なり、人びとの生世界、とりわけそこで生み出され、生きられてきた「民俗」が、社会の構造的変動――それは柳田の文脈では、明治以来の日本社会における急速な近代化のことでした——の中でどのように変化しつつあるのか、あるいは、社会の構造的変動の中で、それらのうち、捨て去るべきものは何で、残すべきものは何か、また新たに取り入れるべきものはどのようなものかを問うものであり、さらに、残すべきものと新たに取り入れるべきものとをどのように組み合わせて未来に向かってゆくべきか、を考えるものでした。そして、このような一連の考察は、一部の専門家が行なえばよいというようなものではなく、市井の一般生活者一人一人によって内省的に行なわれるべきものだともされていました。民俗学は、「野の学問」としての性格を強く有していますが、それは柳田のこの考え方によるものです。

たとえば、柳田は、近代の政治制度である選挙で議員を選ぶ際、有権者が自分の判断ではなく、自分が子分として従属している親分の言うままに投票を行なってしまうのは、「親方子方制度」や「英雄崇拝」という「民俗」の弊害であるから、そのような「民俗」は捨て去るべきだと述べています［柳田 一九六三a：三九三—四〇八、室井 二〇一〇：九一—一二九、田澤 二〇一八：一四一—一七〇］。あるいは、近代になって制定された標準語（共通語）には、人が自分の意見を十分に表現するに足るだけの適切な語彙が不足しているため、すでに存在する方言の中から表現力の豊かな語彙を選択し、これを加えてゆくことで日本語のボキャブラリーを充実させるべきだといったことも述べています［柳田 一九六三b、田澤 二〇一八：一四一—一七〇］。

また、柳田は、人びとの幸福は、団結と相互協力によってこそもたらされるとして、近代的社会制度としての組合（産業組合や消費組合など）の導入を主張していました。ただし、導入にあたってはヨーロッパで生まれた組合制度の形式をそのまま日本に輸入するのでは意味がなく、既存の「民俗」に見られる団結や自助の精神をそこに盛り込むべきだと考えていました［柳田 一九六三a：三七七—三九二、藤井 二〇〇八］。

このような「民俗」の取捨選択についての判断も伴なう現実的で実践的な知的活動が、彼の考える民俗学＝〈社会変動—生世界〉研究であり、そのような民俗学を展開する上での主たる資料が、その当時の人びとの生世界において生み出され、生きられていた「民俗」でした。つまり、彼が組織的に採集した「民俗」は、〈社会変動—生世界〉研究を展開する上での資料群として位置づけられるものだったということになります。

民俗学の多様な姿

以上は、柳田國男が考えた民俗学の基本的枠組みですが、これだけが日本の民俗学だというわけではありません。一九二〇年代から現在まで、柳田の枠組み以外にも、次にあげるように、多様なタイプの民俗学が日本の民俗学史を形成してきました。以下、概観してみましょう。なお、説明中、人名のうしろの括弧内にあるのは、基本図書として読まれるべきその人物の代表的な著書もしくは編書の名前です。ただし、ここで言及する研究者の名前と書名は、ごく限られたものとなっています。それぞれの研究領域には、優れた研究者による多くの業績が蓄積されていることはいうまでもありません。

（1）民間伝承研究　柳田は、「民俗」を、〈社会変動─生世界〉研究を行なう際の材料としてとらえていましたが、それとは別に、「民俗」それ自体の歴史的変遷や起源、意味、機能を探究しようとするタイプの民俗学も存在します。祭り、年中行事、人生儀礼、民間信仰、さまざまな言い伝えなどそれ自体の変遷や起源を明らかにしたり、意味や機能を解釈したりするようなタイプの研究といえばイメージしやすいでしょう。こうしたタイプの研究では、とくに、世代を超えて伝承されてきた「民俗」としての「民間伝承」に焦点が当てられるため、ここでは、このタイプの研究を「民間伝承」研究と呼んでおきます。

　多様なタイプの民俗学のうちで、もっとも多くの研究成果が蓄積されているのがこの「民間伝承」研究であり、そこでは、「民間伝承」が持つ意味そのものが実証的に解明され、これまで明らかにされてこなかった多くの知見をもたらしました。世界的に見ても、このタイプの研究が、民俗学のありかたとしてもっとも一般的であるといえます[3]。

（2）歴史学との合流　これには、肥後和男（『宮座の研究』）、柴田實（『中世庶民信仰の研究』）、五来重（『仏教と民俗』）、平山敏治郎（『歳時習俗考』）、横田健一（『日本古代神話と氏族伝承』）、竹田聴洲（『民俗仏教と祖先信仰』）、高取正男（『神道の成立』）ら、西田直二郎（『日本文化史序説[4]』）の「文化史」研究の流れに連なる京都帝国大学文科大学史学科出身者を中心とする、民間伝承を歴史学の資料として位置づけ、歴史学研究の中に組み込もうとした学派と、和歌森太郎（『歴史研究と民俗学』）、桜井徳太郎（『講集団成立過程の研究』）、宮田登（『ミロク信仰の研究』）、福田アジオ（『日本民俗学方法序説』）ら、東京教育大学系の研究者を中心に、歴史学本流とは一定の距離をとりつつも、民間伝承研究を一種の歴史学の方法論として位置づけようとした学派とがあります。

（3）伝承文学研究　折口信夫（『古代研究』）とその弟子筋はじめとする国文学研究の文脈で、口承文芸などの民間伝承を文学の発生論（文学がどのように発生したのかについての理論）や系譜論（文学の歴史的変遷についての理論）、説話文学研究などと関わらせて扱う学派です。池田弥三郎（『文学と民俗学』）、福田晃（『神道集説話の成立』）、櫻井満（『万葉集の民俗学的研究』）、井口樹生（『境界芸文伝承研究』）、野村純一（『昔話伝承の研究』）、上野誠（『古代日本の文芸空間』）、大石康夫（『万葉民俗学を学ぶ人のために』）らの研究が知られています。

（4）宗教学との合流　宗教学の文脈の中で「民俗」を扱う流れです。堀一郎（『我が国民間信仰史の研究』）、楠正弘（『庶民信仰の世界』）、宮家準（『宗教民俗学』）、鈴木岩弓（『現代日本の葬送と墓制』）といった研究者の系譜で、「宗教民俗学」という名称で呼ばれることが多いです。

（5）民具研究　渋沢敬三[5]を指導者とするアチック・ミューゼアム（屋根裏博物館）の系譜を引く研究者たちを中心に、民具など物質文化の研究を行なう学派です。宮本常一（『民具学の提唱』）、宮本馨太郎（『民具入門』）、岩井宏實（『民具学の基礎』）、上江洲均（『沖縄の民具』）、朝岡康二（『日本の鉄器文化』）らの研究で知られています。

（6）民俗建築研究　建築学者の今和次郎（『日本の民家』）を嚆矢とし、宮本常一（『日本人の住まい』）、津山正幹（『民家と日本人』）、森隆男（『クチとオク』）らへとつながる流れで、民家の研究に大きな功績を上げてきました。民家の構造、機能、変遷、地理的変異、住まい方などを研究します。

（7）民俗芸能・民俗芸術研究　折口信夫（『日本芸能史六講』）の芸能史研究にはじまり、戦前は「民俗芸術の会」（一九二七年設立）、戦後は「民俗芸能学会」（一九八二年設立）などを活動母体として、表現文化研究、パフォーマンス研究を展開する学派です。早川孝太郎（『花祭り』）、本田安次（『民俗芸能の研究』）、池田弥三郎（『日本芸能伝承論』）、三隅治雄（『芸能史の民俗的研究』）、橋本裕之（『民俗芸能研究という神話』）、俵木悟（『文化財／文化遺産としての民俗芸能』）らの研究で知られています。

（8）音楽研究との合流　民謡や、儀礼・芸能などの中に現れる音楽を扱います。音楽学の研究者を担い手とし、採譜を伴なうフィールドワークによる研究が行なわれています。小泉文夫（『日本伝統音楽の研究』）、小島美子（『日本音楽の古層』）らの研究で知られています。

（9）国際口承文芸研究　欧米をはじめとする海外の口承文芸研究に直結する流れです。世界各地の口承文芸を比較の観点も交えて研究します。小沢俊夫（ドイツ：『グリム童話の誕生』）、三原幸久（スペイン語圏：『スペイン民族の昔話』）、斎藤君子（ロシア：『ロシアの妖怪たち』）、伊東一郎（ロシア：『ロシア・フォークロアの世界』）、伊藤清司（中国：『昔話伝説の系譜』）、君島久子（中国：『日本民間伝承の源流』）、依田千百子（朝鮮半島：『朝鮮神話伝承の研究』）、荒木博之（比較口承文芸研究：『甑島の昔話』）、関敬吾（比較口承文芸研究：『民話』）らの研究がこれにあたります。

（10）地理学との合流　人文地理学の文脈での「民俗」研究です。地図を活用しつつ、空間や景観、地理的分布や伝播といった観点から「民俗」を扱います。その担い手は、人文地理学を専門とする地理学者で、山口弥一郎（『津波と村』）、八木康幸（『民俗村落の空間構造』）、内田忠賢（『よさこい／YOSAKOI 学リーディングス』）、佐々木高弘（『怪異の風景学』）、河原典史（『日系人の経験と国際移動』）らの研究がこれにあたります。

（11）人と自然の民俗学　人間と自然環境の関係のあり方に着

目する領域で、「環境民俗学」や「民俗自然誌」などの名称で呼ばれています。環境社会学や生態人類学との学際的なつながりも強いです。野本寛一（『生態民俗学序説』）、鳥越皓之（『試みとしての環境民俗学』）、篠原徹（『海と山の民俗自然誌』）、安室知（『水田をめぐる民俗学的研究』）らによって開拓されてきました。

〈社会変動―生世界〉研究としての再出発

日本の民俗学においては、長らく、柳田國男による〈社会変動―生世界〉研究としての民俗学とともに、右にあげた諸タイプの民俗学研究が併存してきたといえますが、このうち、柳田流の〈社会変動―生世界〉研究については、柳田の死後、一九九〇年代に入るまで、実はそれほど深められずにきました。その理由としては、日本列島に膨大に存在する「民俗」、なかでも、「世代を超えて古くから伝承されてきた」と考えられる「民間伝承」の記述と、それ自体の意味の解明がまずは優先されたこと、あるいは、歴史学や国文学や宗教学や音楽学といった独自の学問領域の中での「民俗」研究においては、柳田流の〈社会変動―生世界〉研究の問題意識が必ずしも共有されていたわけではなかったこと、などをあげることができます。

そうした状況に転機が訪れたのは、一九九〇年前後です。それまで農山漁村に存在していた「民間伝承」が近代化によって大きく変貌したり消滅したりする状況を目前に、新たな民俗学のあり方を探る研究者が現れるようになり、彼らによって柳田流の〈社会変動―生世界〉研究への回生の動きが発生してきたのです。

この時期の民俗学の変化を明確に示す理論的論考として、重信幸彦［一九八九］と岩本通弥［一九九八］の論文をあげることができます。重信は、民俗学とは、本来、「自分自身を足元から相対化しつつ語ってゆく知の戦術」、「自らの『日常』を相対化して自分を語る言葉を紡ぎだす」方法論であって、そこでは、たとえば、「日常生活が人の身の丈の大きさを越えてしまうことによる生活の質の変化」とそれを用意した「近代」という仕掛けを、「聞く者」と「語る者」とが、ともに「現在」を生きる者として問いを擦り合わせ、共有する「聞き書き」の場から捕捉する営みが可能となると論じています。

また、岩本は、柳田の民俗学思想の再検討を行なった上で、「社会現前の実生活に横たわる疑問」を解決し、それによって「人間生活の未来を幸福に導く」のが柳田が考えた民俗学であり、それが扱う「過去の知識」としての「民俗」は、あくまでもそのための材料であったにも関わらず、その後の民俗学が、こうした問題意識を忘却し、「民俗」そのものの研究を目的とする学問に転じていったこと――岩本はこれを「民俗学の文化財学化」と呼んでいます――を批判し、「民俗」を研究する学問から、「民俗」を用いて現在に継起する諸問題を研究する学問への転換（回帰）の必要性を論じています。

重信、岩本ともに、社会変動論という語を用いているわけではありませんが、議論の内容は、明らかに柳田流の〈社会変動―生世界〉研究に通じるものといってよく、ここにおいて民俗学の〈社会変動―生世界〉研究としての再出発がはかられたということができます。そして再出発後は、市場経済、消費、科学技術、農業政策、戦争、暴力、災害、権力、生活革命、生命、医療、記憶、環境、文化遺産、観光、多文化主義、移民、ナショナリズムなど、さまざまな主題領域で研究が生み出されることとなりました。

現代民俗学

　それらの多くは、社会の構造的変動の中で、人びとの生世界がそれにどのように対応しているかを、生世界において生み出され、生きられる具体的な経験・知識・表現の動態を分析することで明らかにしようとしているものです。社会変動を、それを受けとめる人びとの生世界の内面に即して解釈するこれらの研究の多くは、さらに、人は社会変動の中でいかにより良い生世界を構想することができるかを考えるところまで議論を展開しうる可能性を持つものともなっており、ここに柳田國男に発する〈社会変動―生世界〉研究の特徴を指摘することが可能です。そして、わたしは、一九九〇年代以降に見られるようになったこうした民俗学のあり方を、柳田の「現代科学といふこと」に倣い、「現代民俗学」と名付けています。

　柳田國男は、われわれは「これからはどういう風に進んで行けばよかろうか」を考える際に、「実際生活」の内省から出発し、「今日までの経過、否今もなお続けている生活様式を知りかつ批判しまた反省」する科学としての民俗学を、「現代科学」としての民俗学と呼びました。そして、それは「広く世の中のために、ことに同胞国民の幸福のために、または彼らを賢くかつ正しくするために」、「現世の要求に応ずる」学問であるとも述べました［柳田 一九六四c］。わたしは、柳田によるこうした志向を継承、発展させようとする民俗学を「現代民俗学」と呼んでいるのです[6]。

　なお、現在においても、先に掲げた諸タイプの民俗学研究は、「現代民俗学」と並行して、あるいは相互乗り入れをしながら、それぞれ研究が進められています。わたしは、世界民俗学史を俯瞰した場合、柳田に発する〈社会変動―生世界〉研究としての「現代民俗学」が、日本が生み出した独創的な民俗学のあり方であり、今後の民俗学の最大の可能性は、この方向を推進してゆくことでもたらされると考えていますが、もとより、これ以外のタイプの存在を否定するものではありません。

　さきに、強い立場にあるもの、自らを主流・中心の立場にあると信じ、自分たちの論理を普遍的なものとして押しつけてくるものに対し、それとは異なる位相から、それらを相対化したり超克したりしうる知見を生み出そうとする学問が民俗学であると述べましたが、このような志向性が底流にある限り、その知的営為は、すべて民俗学の名のもとに統合可能だと考えています。

民俗学の定義

　ここで、以上の議論を踏まえてわたしが考えた民俗学の定義を示せば、次のようになります。

民俗学とは、一八世紀のフランスを中心とする啓蒙主義や、一九世紀初頭にヨーロッパ支配をめざしたナポレオンの覇権主義に対抗するかたちで、ドイツのヘルダー、グリム兄弟によって土台がつくられ、その後、世界各地に拡散し、それぞれの地域において独自に発展をみた学問分野で、〈啓蒙主義的合理性や覇権・普遍・主流・中心とされる社会的位相〉とは異なる次元で展開する人間の生を、〈啓蒙主義的合理性や覇権・普遍・主流・中心とされる社会的位相〉と〈それらとは異なる次元〉との間の関係性も含めて内在的に理解することにより、〈啓蒙主義的合理性や覇権・普遍・主流・中心とされる社会的位相〉の側の基準によって形成された知識体系を相対化し、超克する知見を生み出そうとする学問である［島村 二〇一九a：六二］。

民俗の定義

それから、次に、「民俗」とは何か、についても定義をしておきます。

民俗とは、「何らかの社会的コンテクストを共有する人びとの一人としての個人の生世界において、生み出され、生きられる経験・知識・表現で、とくに、啓蒙主義的合理性では必ずしも割り切ることのできない、あるいは覇権主義や普遍主義、主流的・中心的思考とは相入れない、意識・感情・感覚をそこに見出すことができるもの、もしくは見出すことができると予期されるもの」のことである。

この定義の内容について、少し説明を加えておきましょう。

あなたもわたしも、人はみな何らかの社会的コンテクスト（これには、地域、家族、親族、友人、学校、宗教、宗派、エスニシティ、ジェンダー、階層、国家、時代、世代、社会問題、共通の関心など、さまざまなものが該当します）を共有する複数の集団（この場合の集団は、成員が固定的で長く持続しているものだけでなく、流動的で短期間しか存在しないようなものも含みます[7]）に属しています。「複数の」といったのは、ある個人は、たとえば家族というコンテクストを共有する集団（つまり家族ですが）に属すると同時に、地域や職業といったコンテクストを共有する集団にも属するというように、一人でいくつもの集団に属しているからです。

人は、こうした自分の属する集団の影響を受けつつ、自らの生世界（現象学でいう Lebenswelt, life-world のことで、「それだけがただ一つ現実的な世界であり、現実の知覚によって与えられ、そのつど経験され、また経験されうる世界であるところ」のもの、「われわれの全生活が実際にそこで営まれているところの、現実に直観され、現実に経験され、また経験されうる」世界［フッサール 一九九五：八九、九二］として説明されるもののことです[8]）において、経験や知識や表現を創造します。またそれとともに、自分以外の人間や何らかのメディアなどから受け取った経験・知識・表現を、自らのものとして実践（＝再創造）します。定義の中で、「生み出され、生きられる」とあるのは、このようにして経験・知識・表現が、創造、実践（＝再創造）されることを示しています。

ここまでが、「何らかの社会的コンテクストを共有する人びとの一人としての個人の生世界において、生み出され、生きられる経験・知識・表現」の説明ですが、「民俗」の定義としては、「何らかの社会的コンテクストを共有する人びとの一人としての個人の生世界において、生み出され、生きられる経験・知識・表現」という表現だけでは不十分です。というのも、民俗学は、先に見たように、対啓蒙主義的、対覇権主義的、対普遍主義的、対主流的、対中心的な視角を持っているところに特徴がある学問ですから、対象（「何らかの社会的コンテクストを共有する人びとの一人としての個人の生世界において、生み出され、生きられる経験・知識・表現」）に対して、対啓蒙主義的／対覇権主義的／対普遍主義的／対主流的／対中心的な視角からアプローチします。

そして、そのようなアプローチによって浮かび上がってくるもの、それが、「何らかの社会的コンテクストを共有する人びとの一人としての個人の生世界において、生み出され、生きられる経験・知識・表現」の中でも、「とくに、啓蒙主義的合理性では必ずしも割り切ることのできない、あるいは覇権主義や普遍主義、主流的・中心的思考とは相入れない、意識・感情・感覚をそこに見出すことができるもの、もしくは見出すことができると予期されるもの」なのであり、これこそが「民俗」をして「民俗」たらしめているものなのです。この部分を欠いては「民俗」の定義は成り立ちません。

なお、ここで、「見出すことができるもの」だけでなく、「見出すことができると予期されるもの」を加えているのは、ある対象について調査・研究を行なう場合、調査・研究を開始する段階では、その対象に「啓蒙主義的合理性では必ずしも割り切ることのできない、あるいは覇権主義や普遍主義、主流的・中心的思考とは相入れない、意識・感情・感覚」が見出せるかどうかわからず、作業仮説的に、「見出せる」ことを予期して対象化をはかることが大いにあり得るからです。このことをふまえ、「予期されるもの」を定義のうちに含めているのです。

ヴァナキュラー

ところで、日本語の「民俗」を英語に訳す場合、どのような言葉を用いるべきでしょうか。英語圏では、民俗学の研究対象は、長らくfolklore（フォークロア）の語で呼ばれてきました。さきに紹介した、ウィリアム・トムズが造った語です。もっとも、近年では、アメリカの民俗学を中心に、folkloreの語ではなく、新たにvernacularの語を用いる傾向が強まっています。

これは、folkloreの語が、学術的な意味づけとは別に、社会の一部において、「田舎の古くさくて奇妙な習慣」というニュアンスで用いられたり、あるいはナショナリズムなど政治的な意味合いが強い文脈で好んで用いられたりすること（たとえば、「folkloreには、誇るべき国民文化の神髄が宿っている」というような言い方がなされ、学術的文脈を離れたところで過度に称揚されたりすること。この傾向は、二〇世紀後半の南米諸国においてとくに顕著であった）があり、そうした誤った使用法に対して距離を取り、民俗学が研究対象とするところのものを適切に表現すべく、民俗学者たちが新たにvernacular（ヴァナキュラー）の語を用いるようになってきているからです。

vernacularは、語源的に、「土着的（native, domestic, indigenous）」を意味する*vernaculus*、「地元で生まれた奴隷（homeborn slave）」を意味する*verna*（いずれもラテン語）にまで遡ることができる英語であり、〈権威あるラテン語に対する世俗の言葉（俗語）〉を意味する語として長く用いられてきました。この語が、現在、これまでfolkloreの語で呼ばれてきた英語圏民俗学の研究対象をさす言葉として、指し示す内容を拡張させて用いられるようになっているのです。

こうした動きをふまえ、ここでは、日本語の「民俗」の英語訳をthe vernacularとしておきます。また、「民俗学」の英語訳については、従来は、folklore studiesとかfolkloristicsとされてきましたが、「民俗」をthe vernacularとしたことから、「民俗学」の英語名称は、vernacular studiesとすべきだと考えます。

3 民俗学の可能性

「野の学問」

民俗学が「野の学問」「民間学」であることは、長野県民俗の会の皆さまは、まさに身をもって理解され、また実践されているところですが、この、民俗学が「野の学問」であるということこそが民俗学の最大の強みです[9]。

現在、日本民俗学会の会員数は二〇〇〇名弱ですが、そのうち、大学や中央の研究機関に所属する研究者はごく少数で、大部分の会員は、小・中学校や高等学校の教員、公務員、博物館学芸員、自営業者、会社員、主婦、宗教者、学生などさまざまです。

こうした状況について、ある文化人類学者が次のような興味深い手記を著しています。この方が二〇一五年度に開催された日本民俗学会年会に参加した際の感想を記した文章です[10]。

この学会の志向性は、社会学や文化人類学とも違う。端的に言えば、「規格化」されていない感じがある。表現を変えると癖が強い。おそらくは人類学や社会学とは異なり、アカデミー外に生活の場を持つ人間の多さが、そうした「規格外」の所作を保存するのであろう。だから不思議なことに、社会学や人類学よりも猥雑な感じがする。文化人類学などは海外の文化を相手にしているので、もっと個性と多様性が際立っても良さそうな感じなのに、みなアカデミーの身体技法を身につけて生き残ってきたせいか、「規格化」されている感じがした。

ここで、この人類学者は、民俗学の「非規格性」を積極的に評価しようとしています。また、同じ記事で、彼は民俗学の「非抑圧性」についても指摘しています。

学会に来て素朴に驚いたのは、若い女性が多かったことだった。若い女性が多いのはその学会に未来があり、抑圧性が低いことを示していることが多いので、これも良い兆候だと思った。私の中の民俗学のイメージは、もっと高齢の男性たちが「先生」として祀られているというイメージであったので、これはいい意味で予想を裏切られた（そもそも、民俗学はもともとたいへん対等的であって、数年前まで肩書には出身の自治体名しか書かなかったというところにその端的な表われがある）。

もとより、ここで言われている「非規格性」や「非抑圧性」は、個人の主観的な感想にすぎないといってしまえばそれまでかもしれませんが、ただ、民俗学の持つ、非アカデミー的性格、「野の学問」「民間学」としての性格を考えてゆく上で示唆的な感想であるということはできるでしょう。

日本の民俗学は、第二次世界大戦後、アカデミーの中に講座を設けるようになり、「大学の学問」としての一面も有するようになりました。しかし、同時に、今日においても、「野の学問」「民間学」としての性格は濃厚に維持されており、またそうした背景の中で、アカデミーに属する民俗学者も、在野の民俗学者と協働し、在野の視点や方法を内面化させながら、民俗学研究を進めています。ここに近代科学一般に対する民俗学の独自性を指摘することができます。

「野の学問」としてのアメリカ民俗学

民俗学が、アカデミーに属しながらも、「野の学問」「民間学」としての性格を併せ持つ状況は、アメリカ民俗学においても同様です。このことを、アメリカ民俗学会会長でオハイオ州立大学教授のドロシー・ノイズ（Dorothy Noyes）は、「アカデミーの親密なる他者（the intimate Other of the academy）」［Noyes 2016: 14］と表現した上で、「アカデミーの親密なる他者」としての民俗学が持つ他の学問にはない大きな意義について、次のように論じています。

「アカデミーの親密なる他者」としての民俗学における「理論」とは、社会学や人類学や心理学といったアカデミーの中枢にあるような学問が構築するグランド・セオリー（grand theory：大理論）ではなく、ハンブル・セオリー（humble theory：慎ましやかな理論）である。グランド・セオリーは、グランド・セオリー自身のために「人間の本性、社会の本質など巨大な対象を構築してしまう」。それに対して、「アカデミーの親密なる他者」としての民俗学は、「グランド・セオリーとローカルな解釈の中間領域（middle territory）」、「輝ける天上の英知」（グランド・セオリー）へと通じる梯子の「はるか高み」（グランド・セオリー）と梯子の下のグラウンド（ground：大地、現実）、「偶発性（contingencies）、より小さな声（softer voices）、言語・歴史の制約性（the constraints of language and history）」との中間領域にあって、グランド・セオリーを批判する位置にあり、そこに立ち上がる理論がハンブル・セオリーなのだ［Noyes 2016: 14］。

アカデミーとそれが構築するグランド・セオリーに対し、別の知見を提示できるのが民俗学だとする考え方は、同じくアメリカの民俗学者でカリフォルニア大学バークレー校教授のチャールズ・ブリッグズ（Charles L. Briggs）によっても示されています。その主張を要約すると以下のようになります。

> 民俗学では、フィールドに暮らす人びとを「理論や分析の創造の主な源泉」として位置づけた上で、彼ら現地の人びとの言葉を「哲学、歴史、民俗学、人類学、民族・人種研究、民族音楽学、その他の分野との対話に導くこと」により、民俗学における「解釈」を形成する。その際、インフォーマント（informant）、および現地の知識人＝ヴァナキュラーな理論家（vernacular theorists）(11)、すなわち「社会生活とその言説的表象について積極的、創造的知見に立つ人びと」による理論化の実践、つまり「学術的理論化が創造する共同体から排除されるメタ言説」が詳細に記録される。そしてこのような一連の「『理論』という概念の民主化」の上に、他学問における知識形成の実践をも取り込むことで、斬新なアプローチが生まれるのであり、そこでは、啓蒙思想に根差したグランド・セオリーとは異なる「新しい理論」の共同体―研究者に加え、学術ネットワークから排除されてきた思想家を含めた幅広い理論家の共同体―の形成が可能となる。ここに他の学問に対する民俗学の特徴がある［Briggs 2008］。

民俗学の強み

従来、民俗学の持つ在野性については、否定的な評価が下されることもなかったわけではありません。その場合、たとえば論理性や実証性の欠如という点を指摘してのことであるならば、その評価は正しいということになります。しかし、論理性と実証性を備えた上で、アカデミーの「規格」とは別次元で研究という行為を行ない、かつそれがアカデミーの知を相対化したり、超克しようとしたりするものであるならば、これは大いに評価されるべきです。民俗学は、自らに対する厳しい批判の目を維持しながら、この在野性を強みとして独自の知的世界を構築してゆくことができる学問です。長野県民俗の会は、創設以来、今日まで、まさにその最前線に位置してきたということができるでしょう。

民俗学は、アカデミーに属する研究者と在野の研究者とが、ともに学びあい、力をあわせることで発展してきましたし、これからもそのような学問としてその存在意義をますます高めていくに違いありません。

「野の学問」の国際化

最後に、民俗学の国際化について一言触れて終わりたいと思います。近年、日本民俗学会を中心に、民俗学を国際化させようとする動きが活発化しています[12]。アメリカやドイツ、中国や韓国の民俗学の論文が日本語に翻訳されて学会誌に掲載され、またそれらの国の民俗学会との学術交流も盛んになってきています。このような状況について、「国際化は大切かもしれないが、それはアカデミック民俗学の世界の話で、地方において『野の学問』を地道にやっている自分たちには関係がない」という意見があるかもしれません。しかし、民俗学の国際化は、そのようなものではありません。

さきほど、アメリカ民俗学にも「野の学問」としての性格が見出せると述べましたが、アメリカに限らず、程度の差はあるものの、世界のいずれの地の民俗学にあっても「野の学問」としての性格を見出すことができます。たとえば、長野県民俗の会の皆さまが、アメリカでも中国でもアイルランドでもどこでもいいですが、世界各地の「野の学問」としての民俗学を見学するとする。そうすれば、彼の地の民俗学も自分たちと同じことをやっているのだということに気づかれるでしょう。また逆に、海外の在野の民俗学者が、いまここにやってきて長野県民俗の会の様子を見学するとする。そうすると、これは自分たちのやっていることと同じじゃないか、という話になるはずです。

世界民俗学松本大会

これは、楽しいことではないでしょうか。同じ「野の学問」をやっている者同士が出会い、話し合い、知恵を交換し、志を共有する。お互いそれぞれの世界が広がります。たとえば、こんな夢も描けます。長野県民俗の会がホストになって、松本の地で「世界民俗学大会」を開催する。ゲストは、世界中からやって来る「野の学問」の担い手たちです。松本の地に、世界の民俗学者が集まって、「野の学問」としての民俗学を語り合うのです。世界民俗学大会は、東京ではなく、長野、松本のような地方で、地元の組織が母体となってやってこそ意味があります。民俗学の国際化は、地方の「野の学問」が牽引してこそ意義があります。

民俗学の国際化と地域の「野の学問」の発展とは、実は深くつながっており、そこにこそ、これからの民俗学の可能性があるのです。

注

（1）ドイツにおける民俗学の歴史については、ヴェーバー＝ケラーマン／ビマー／ベッカー［二〇一一］に詳しい。

（2）『郷土研究』は、一九一七年に休刊となったが、その後、『土俗と伝説』（一九一八―一九一九）、『民族』（一九二五―一九二九）、『民俗学』（一九二九―一九三三）というように民俗学関連雑誌が刊行され、これらの雑誌を通して、日本の民俗学は、多くの資料とそれにもとづく研究成果の蓄積をはかりつつ成長していった。

（3）民俗学における「民間伝承」研究の蓄積は膨大なものとなっており、限られた紙幅でその内容を紹介することは難しい。そこで、ここでは、そこにアプローチする際に用いるべき事典・参考書として、福田アジオほか編［一九九九・二〇〇〇］、宮田登［一九九六b］、谷口貢・板橋春夫編［二〇一四］、福田アジオ編［二〇一五］、谷口貢・板橋春夫編［二〇一七］を紹介しておく。

（4）西田直二郎　一八八六～一九六四　歴史学者。独自の「文化史学」を提唱。京都帝国大学教授を歴任。

（5）渋沢敬三　一八九六～一九六三　明治の実業家渋沢栄一の孫で、日本銀行総裁、大蔵大臣を歴任。本業の傍ら、自邸内に私設の研究所であるアチック・ミューゼアム（屋根裏博物館）を設け、同人らとともに民具研究を中心とする民俗学の研究を行なった。

（6）なお、ここで「現代民俗学」と「歴史」との関係について、以下のように付言しておく。「〈社会変動―生世界〉研究としての現代民俗学」というときの社会変動とは、近代化のことをさすのみならず、歴史における社会構造の変動は、すべて社会変動であることから、「現代民俗学」は、歴史的な視野を排除するものでは全くない。「現代民俗学」のいう「現代」とは、研究対象が「現代」のものであるということを示すものではなく、「現代科学」としての理論化がめざされているという意味での「現代」である。

（7）民俗学における「集団」概念については、Noyes［2016］に詳しい。

（8）生世界については、第9章を参照。

（9）「野の学問」については、岩本通弥・菅豊・中村淳編［二〇一二］、菅豊［二〇一三］を参照。

（10）以下、引用は、飯嶋秀治九州大学准教授が執筆・公開したFacebookの記事（二〇一五年一〇月一一日）による。引用をご快諾いただいた飯嶋准教授に深く感謝する。

（11）日本の民俗学における在野の民俗学者は、ここでいう「現地の知識人＝ヴァナキュラーな理論家（vernacular theorists）」に相当するものと考えられる――引用者注。

（12）日本の民俗学における国際化の状況については、島村恭則［二〇一七］を参照。

第2章 フィールドワークの愉悦と焦燥
——宮古島狩俣での経験——

本章は、民俗学の教科書『民俗学読本』（二〇一九年）に掲載した同名の文章の再録である。フィールドワークにおいて、どのように問題を発見し、論文のストーリーを構築するか、一九八九年に卒業論文執筆のために行なった沖縄県宮古島での調査を事例に述べている。

1 沖縄との出会い

わたしは、大学生のころ、文学部国文学科に在籍しながら、民俗学に強い関心を持ち、民俗学研究会に所属して民俗学を学び始めていた。はじめての民俗学調査は、一年生の夏休みに研究会の仲間と行なった岐阜県の山間部の村（郡上郡高鷲村）でのもので、以後、岩手県九戸郡九戸村、群馬県甘楽郡南牧村、鹿児島県志布志市などあちこちに行ったが、そうした中で、三年生になる直前、一九八八年の二月に一人で訪れた沖縄は、その後のわたしの人生に決定的な影響を与えた。那覇や糸満の迷路のような古い街並み、久高島の海岸から見た水平線、石垣島で出会った神役の女性たち、いずれも強烈な印象で、この旅を機に、卒業論文は、南島—奄美・沖縄諸島—をフィールドに書こうと決意した。

三年生になってからは、沖縄研究の著作や論文を読み漁った。谷川健一[1]、小島瓔禮[2]、伊藤幹治[3]、村武精一[4]、渡邊欣雄[5]といった大家たちの著述を熟読したが、その中で、とくに憧れを抱いて読んだのが、山下欣一[6]『奄美説話の研究』と野口武徳[7]『沖縄池間島民俗誌』であった。

前者は、奄美における民間説話の伝承過程にユタと呼ばれる民間巫者（シャーマン）の介在が認められることを膨大な資料を駆使して実証したもので、民俗学を学びつつ、国文学科に所属し、とりわけ伝説や神話に関心の強かった当時のわたしにとって、研究上の大きな指針となるものであった。

後者は、大学院生だった著者が宮古群島の一島嶼である池間島に長期滞在して執筆したエスノグラフィであるが、一冊のうちの四分の一近くが、若い著者が池間島に溶け込み、池間島の社会と文化を島の人びとから学びとってゆく過程を生き生きと描いた調査日誌ふうの記述となっている。これから本格的なフィールドワークを行なおうとしていたわたしは、これを読んで、自分がしたいのは、まさにそこに書かれているような体験だと強く思った。

2　宮古島へ

三年生も終わりに近づき、いよいよ卒業論文に取り組む時期となった。あれこれ考えた末、わたしは、研究対象を、その頃のわたしにとって「座右の書」のような存在となっていた『奄美説話の研究』の影響もあり、「民間神話」（古代の文献に記録された神話ではなく、村落社会などで実際に語られている神話）とした。そして、山下欣一氏の奄美群島に対して、わたしは宮古島をフィールドにしようと考えた。宮古島を選んだのは、『沖縄池間島民俗誌』の影響である。そして、具体的には、宮古島の中でも、創世神話が生きて語られていることが知られていた狩俣を調査地とすることにした。狩俣は、池間島の対岸にある集落である。

調査は、夏に三カ月半ほど住み込んで行なうこととしたが、その前に、まずは予備調査を実施することにした。予備調査を行なったのは、四年生になる直前の三月で、このときは宮古島の市街地にある旅館に宿泊し、五日間、毎日バスで狩俣まで通った。この調査で最初に行なったことは、自治会長さんへの挨拶である。泡盛の一升瓶を持参し、自分は本土の大学生で、これから狩俣で神話や伝説の調査をしたいこと、集落の中の空き家を借りてそこに住み込みたいこと、などをお願いした。突然訪れた大学生に対し、自治会長の根間平行さんは、とても親切に対応して下さり、ご自身の親戚の方が那覇に移住されて空き家となっている家を貸して下さることになった。その家は、集落入口の門を入ってすぐのところにあった（写真2-1）。家賃は、一カ月一万円という破格の安さだった。その後、村落祭祀を司る神役（狩俣在住の女性たちから公的に選出された司祭者。以下、本書でいう神役は、すべてこの公的司祭者のことをさす）の女性た

写真2-1　集落入口の門
出所）2013年，筆者撮影.

ちへはもちろんのこと、集落内を歩いていて出会った人にはほぼすべて自己紹介を含めた挨拶をし、夏へ向けての準備を進めていった。

3　フィールドワークの愉悦

本調査は、七月一日から一〇月一五日までの間に行なうことにした。七月一日、予定どおり、狩俣に着き、借りた家に荷物を置いた後、自治会長さんをはじめ何人かの方への挨拶をすませ、夕方に家に戻った。二〇時過ぎだったろうか、畳の上で横になっていると、天井から何かがバタンと落ちてきた。古い家だから何か落ちてきたのかな、と思って目をやると、相当に長いニョロニョロしたものが座敷のすみのほうを這っている。蛇である。悲鳴は出なかったものの、即座に家を飛び出した。どうしてよいか混乱したが、とりあえず、集落の中央にある購買店（共同売店）（写真2-2）に駆け込んだ。購買店では、店先に椅子を出して酒盛りをしている三〇代の人たちが何人かおり、わたしは彼らにいま起こったことを話した。すると、その中のある人が、「それは大変だね。きょうは、うちに泊まればいい。まあ、とりあえずここで一緒に飲もう」と言ってくれ、ひとしきり飲んだ後、大急ぎで蛇のいる家から荷物をとりだし、その人のお宅に向かった。

お宅にお邪魔して家族のみなさんに挨拶をし、蛇が落ちてきた話をすると、七〇代のお父さんから、「その蛇の目は片目だったか、両眼だったか」と質問された。わたしは、仰天していて蛇の目は見ていなかったため、わからないと答えたが、お父さんは、「もしも片目だったら、その蛇は神である。両目だったらふつうの蛇である」と言い、狩俣の創世神話を語ってくれた。それはつぎのような話だ。

狩俣では、太陽の神様を「ンマティダ」という。「ンマ」というのはお母さんで、「ティダ」というのは太陽の意味だ。大昔、まだ人間がいないころ、「ンマティダ」が、天から狩俣のフンムイ（大森）という森に降りてきた。そして、住

写真 2-2　購買店（狩俣購買組合）

出所）2013年，筆者撮影.

むのにふさわしいところを見つけようと歩き始めた。しばらくすると、羽がぬれたカラスが飛び立つのが見えたので、そこに行ってみた。すると、そこには泉があった。水は生きていくために欠かせないので、ンマティダはそのすぐそばに住むことにした。

そうして暮らしていると、ある晩、若い武士が娘のもとにやって来て、以後、毎晩、通ってくるようになった。やがて、ンマティダは妊娠した。ンマティダは、「いったいあの武士はどこからやってくるのだろう」と疑問に思い、ある日、麻の糸を針に付けて、それを相手の武士の髪の毛に刺した。武士が帰ったあと、その糸をずっとたどっていくと、ンマティダが発見した泉の中に続いている。そこで中を見てみると、そこにはヘビがいて、そのヘビは片方の目を糸のついた針で刺されていた。こうして武士は実は蛇であったということがわかった。

その後、ンマティダはこの蛇との間の子を出産した。この子が狩俣の人びとの先祖であり、したがって、片目の蛇は、狩俣の人びとを生んだ父神（アサティダ。アサは父、ティダは太陽の意）である。

さきに、狩俣は、創世神話が生きて語られていることで知られていたと述べたが[8]、お父さんによって語られた物語は、まさにその創世神話と同一の内容であった。わたしと蛇との遭遇は、お父さんによって狩俣の創世神話と関係づけられたということになる。わたしは、調査初日に、創世神話がまさに生きて語られている状況を、身を以て体験したのである。

写真 2-3　狩俣滞在中に筆者が住んでいた家
写真は，2013年に狩俣を再訪したときのもの．
出所）2013年，筆者撮影．

蛇との遭遇がわたしにとって気持ちの悪いものであることに違いはなく、翌日、自治会長さんに頼みこんで、もう少し新しい空き家を紹介していただき、そこに住むこととなった（写真2-3）。いよいよ調査開始である。まずは狩俣の人びとと仲良くなることからはじめた。当時、狩俣では、拝所（村落祭祀で用いる祭祀施設）で毎日のように儀礼が行なわれていた。祭祀を取り仕切るのは女性の神役たちである。わたしは、そこに通い、儀礼の観察と聞き取りを進めていくことにした。神役たちは、快くわたしを受け入れてくれ、わたしは拝所の隅でともに儀礼に参加するようになった（写真2-4、2-5）。

同時に、宗教的世界以外の日常の暮らしについても把握する必要があると考え、集落内のいろいろな人と知り合いになっていった。昼間に家にいるのはお年寄りが多いため、話を聞かせてもらうのはどちらかというと比較的高齢の方たちであったが、とはいえそればかりではない。集落センターで行なわれる自治会の集会や、青年会の活動にも顔を出し、老若男女さまざまな立場の人と親しくなっていった。とりわけ、青年会のメンバーとは毎晩のように酒を飲んだ。夕方から行なわれる青年会の活動―行事の準備やバスケットボールの練習―とその後に必ず行なわれる酒盛りには必ず参加した。満月のもと、小学校の校庭にある朝礼台の上で車座になって泡盛を飲んだりしたのは、忘れられない思い出である。彼らは、わたしを、「タラバリ」という、借りていた家の屋号で呼んでいた。

調査は順調に進んで行っているように感じられた。『沖縄池間島民俗誌』と同じようなフィールドワークの日々。充実したフィールドノートがつくられていった。このときのわたしの心境は、愉悦というにふさわしいものであった。

写真2-4　狩俣の拝所（ウプグフムトゥ）

出所）2013年，筆者撮影.

写真2-5　狩俣の神役たち

出所）1989年，筆者撮影.

4　焦　燥

狩俣に到着してからの愉悦の二カ月が経過し九月になった。このときには、狩俣の「民俗」についてのたくさんの観察、聞き取り成果も集まっていた。しかし、この頃から、大きな焦燥を感じるようになった。それは、大量のフィールドノートはあるものの、問題と分析と結論からなる論文の骨組みがまったく思い描けていないという焦りである。たとえば、「年中行事」「人生儀礼」「祭祀組織」といった項目で、単に事例を記述するのであれば、すでにそれが可能なくらいのフィールドデータは手元にある。しかし、そのような記述だけでは、論文とはいえない。論文というからには、オリジナルな問題設定が行なわれ、それに対して論理的かつ実証的な論述がなされ、その結果、オリジナルな結論が示されなければならない。それがまったく思いつかないのである。学部生の卒論なのだから、単なる調査報告でも十分なのではないかという考え方があるかもしれないが、当時、わたしは大学院に進学して研究者になろうと決心していたため、その程度のものでよしとするわけには到底いかなかった。

考えても、考えても、よい論文ストーリーが思いつかない。フィールドノート、狩俣に関する先行調査報告のコピーの束や、テーマに関連する先行研究のコピーの山をひっくり返し、何度もそれらの間を行ったり来たりするが、アイディアが浮かばない。何か思いついて書きだしてみても、ストーリーとしての組み立てには至らない。九月に入ってからは、このような状況が毎日続いた。この頃、夢の中で「神歌の起源を調べるな」という声（おそらく「神の声」）を聞いた。「起源」はもとよりテーマとしてはいなかったものの、「起源」「変遷」「機能」「構造」「動態」……いろいろな概念をこねくり回していたことが、この夢に反映したのだろう。

九月の中旬、旧暦八月一五日にあたる日の夕刻、狩俣集落をあげての綱引き行事が行なわれた。綱引きの綱作りは青年会が担当しており、何日も前から毎晩綱作りを行なった。もちろん、わたしもそれに参加し、そして綱引き当日、わたしも綱を引いたが、その晩、家に帰ってから、なぜか一人で泣き出してしまった。集落の人びとと一緒に綱を引いた喜び、あと一カ月くらいしかこの集落にいられないという寂しさ、そして、論文ストーリーがまったく見出せない焦り。こうしたものが絡まり合っての涙だった。

泣いたからといって、アイディアが浮かぶわけではない。翌日からも焦燥の日々が続く。そうしているうちについに一〇月になってしまった。もうあと二週間しか時間がない。三カ月半も現地に住み込んで、論文が書けないという結果に終わるのか。完璧にわたしは追い込まれていた。ただ、それでも歯を食いしばって、考え続けた。

５　打　開

論文が書けないかもしれないという焦りは、しかし、自分の内側の問題であり、狩俣の人びとにとってはそんなことは関係ない。青年会とのつきあいは、もちろんこれまでどおり行なったし、また拝所での儀礼の参与観察も継続していた。そうした中で、ついに転機が訪れた。

一〇月二日のことだ。ウプグフムトゥという集落の中心的な拝所で、わたしはいつものように儀礼に参加していたが、拝みの最中に神を祀る祭壇を見つめていたところ、ふと、あれ？おかしいな、という疑問が生じた。いま、この祭壇には、神を祀る香炉が三つ置かれている。狩俣では、香炉一体ごとに対応する祭神が決まっていて、左から、アサティダ（父太陽。創世神話における蛇神）、ンマティダ（母太陽。アサティダとの間の子を産んだ神）、ヤマトカン（大和、すなわち日本本土の神）がそれぞれ祀られている（写真２-６）。

写真２-６　1989年当時の香炉配置

出所）1989年，筆者撮影．

しかし、たしか、狩俣についてのいくつかの先行調査報告では、同じ祭壇について、置かれている香炉は二つであると書かれていたような気がする。これはなぜだろう。儀礼終了後、家に帰って資料をめくってみると、どの資料にも、ウプグフムトゥの祭神は二神で、香炉も二つ、と記載されていた。そしてその二神のうちの一方については、いずれの資料でも、ンマティダであるとされ、もう一方は、資料によって、リューグーヌカム（竜宮の神）となっていたり、ヤマトカン（大和神）となっていたりした。そして、不思議なことに、わたしの目の前で祀られているアサティダの名が、先行報告ではまったく登場していないのであった（図２-１、２-２）。

これは何か事情があるに違いないと考えたわたしは、翌日、拝所に行って、神役たちに尋ねてみた。「この香炉は昔から三つあったのですか？　二つしかなかったということはありませんか？」。すると、神役たちは、口をそろえて、「昔から三つに決まっている。神に関することは、ネダティママ（根立てたまま。始原のまま）、ンキャヌママ（昔のまま）にしなければならない

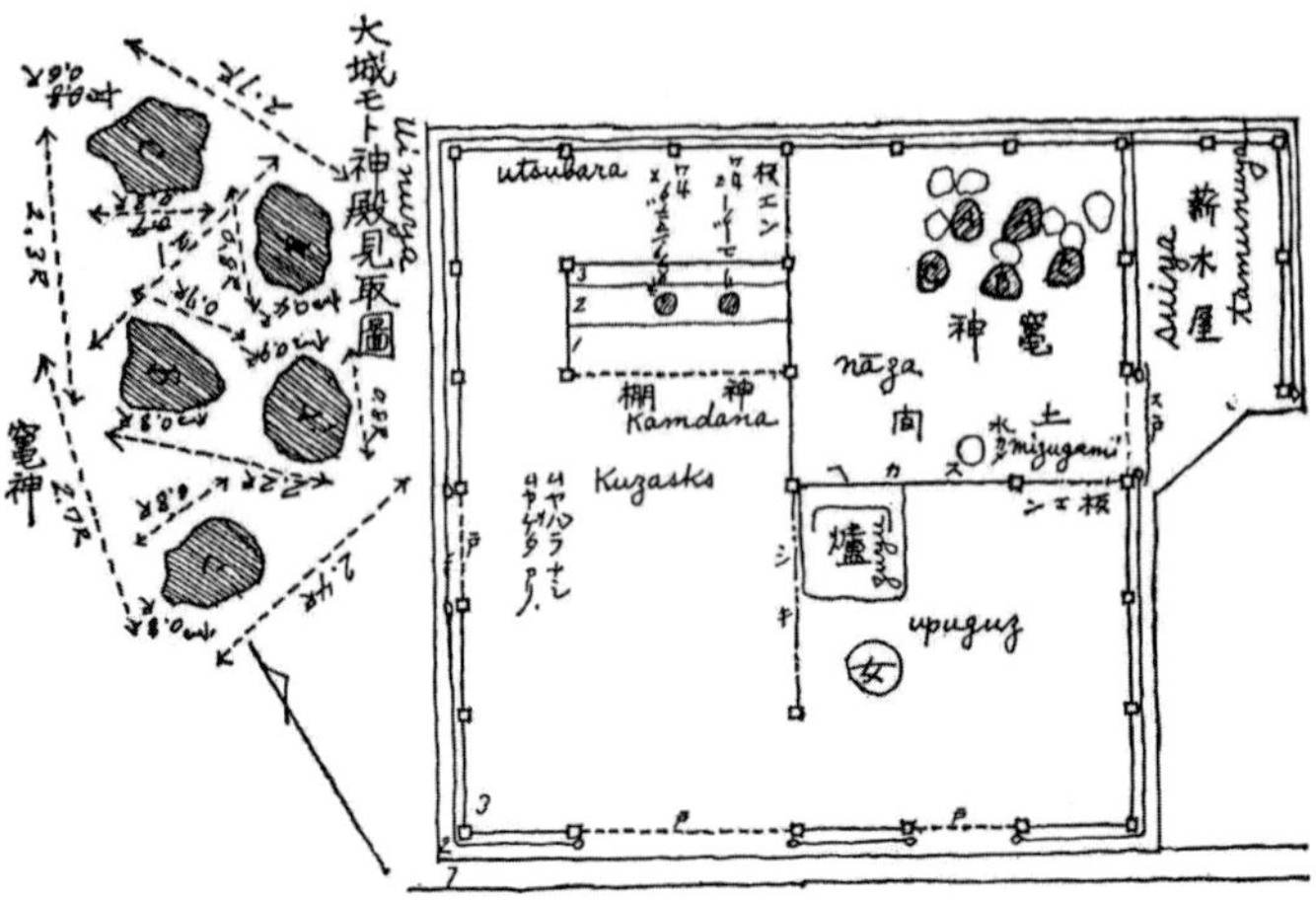

図 2-1　1922年当時の香炉配置
鎌倉芳太郎の調査によるもの.
出所）「大城本神殿の平面図及び竈神石の配置図」［鎌倉 1982：17］.

ことになっている。勝手に増やしたり、減らしたりすることなど、ありえるはずがない」と答えてくれた。わたしは、この答えを聞き、神役たちの前で、香炉の数についてこれ以上、話題にするべきではないと直感し、次のように考えた。「先行資料では、たしかに香炉は二つとある。しかし、現在は三つである。そして、先行資料では、アサティダの名が見出せない。これは、おそらく、ある時期に、アサティダの香炉が増設されたということではないのか。この経緯を知るためには、すでに現役を引退した先代、先々代の神役たちの話を聞く必要がある」。

調査当時、狩俣の神役は、集落に暮らす五〇～六〇代の女性たちの中から一定の方法で選出され、五～一〇年つとめると引退することになっていた。したがって、集落内には、引退した七〇～八〇代の元神役たちがたくさん住んでおり、わたしはその人たちから、香炉についての話を聞いて回ることにした。

元神役たちに会って、ウプグフムトゥの香炉について尋ねて

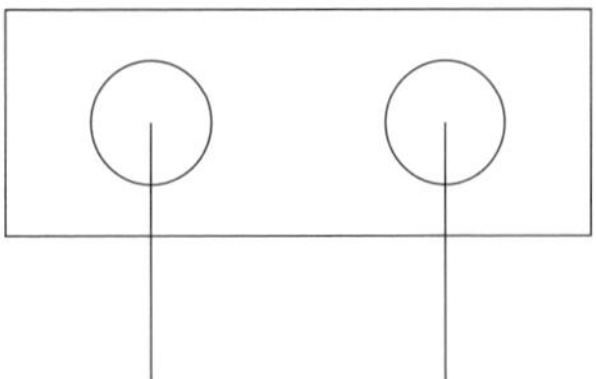

図 2-2　1966年当時の香炉配置
琉球大学民俗研究クラブの調査によるもの.
出所）『沖縄民俗』12，琉球大学民俗研究クラブ，1966年の記述をもとに筆者作成.

みた結果、およそつぎのようなことがわかった。

・一九六七年まで、香炉は二つしか置かれておらず、左がンマティダの香炉、右がヤマトカンの香炉であった。

・ところが同年、神役の一人であり、かつ村落の公的祭祀とは別に、個人的な活動として私的な神願いも行なっていたSC氏（一九一六年生まれ　写真2-7）が、ンマティダの夫であるアサティダから「自分の香炉が置かれていないので、ンマティダの香炉の横に置いて自分を祀ってほしい」という言葉を聞いた（託宣があった）として、香炉の増設を提案してきた。

・これに対して、神役たちは、神に関することは、昔から伝わっているとおり行なわなければならないので香炉の増設は認められないとしてこの提案を拒絶した。

・しかし、拒絶されたSC氏側は、神の命令にそむくことはできないとして再三にわたり香炉増設を要求した。これにより、神役たちとSC氏との間には大きな対立・葛藤状態が発生した。

・そして、そのような対立・葛藤状態が続く中、神役たちは、集落外の第三者的な立場にあるムヌス（物知り。民間巫者）のもとを訪れ、香炉増設が神意にかなっているか否かについて伺いを立てた。その結果、香炉の増設は神意にかなっているとの判示が出された。これを受けて、アサティダの香炉が増設されることとなった。

　さて、ここにはSC氏の名があがっているが、実は、SC氏は、わたしの狩俣滞在時も存命で、それどころか、SC氏は、調査の合間にわたしがよく遊びに行っていた近所のおばあ（おばあさん）の幼いころからの親友で、そのおばあの家で、わたしは何度も彼女に出会っていた。そこで、わたしは、さっそくSC氏に、香炉増設について尋ねてみた。

　すると、SC氏は、よくぞ聞いてくれたと言わんばかりに、香炉増設の顛末について語ってくれた。その内容は、元神役たちから聞いた話と大筋で合致し、かつよりリアルで詳細なものであった。またSC氏は、アサティダの香炉増設以外にも、神々からさまざまな託宣を受けており、それにしたがって集落内のあちこちに独自の聖地を創出していることもわかった。

　以上の一連の聞き取りから、わたしはウプグフムトゥの香炉の数をめぐる謎を解くことができたのだが、ここで注目すべきことは、これらの経緯は神役の世代交替の際には伝えられておらず、先に触れたように、現役の神役たちは、香炉の数は昔から変わることなく三つだったと信じている点である。

　わたしは、このことも含めて、ウプグフムトゥの香炉をめぐる一連の状況について頭の中を整理してみた。そして、つぎのような見通しを得るに至った。

写真2-7　SC氏

出所）1989年，筆者撮影．

(1) 狩俣には、村落祭祀を司る公的神役と、SC氏のように私的な宗教的世界を構築する民間巫者がいる。

(2) 公的神役においては、神霊との直接交流は行なわれず、神役たちは、「神に関することは始原（昔）から伝わっているとおり行なわれるべきだ」、あるいは、「行なわれているに違いない」と考えている。このような志向性は、神役たちの間で、かなり強く共有されており、それは、神役たちが祭祀の中で歌う神歌の歌詞にもうかがうことができる。すなわち、神歌には、「ンキャヌ　タヤ　トゥタむミョー」（昔から伝わったとおり歌いあげました）、「ニダティ　ママユタむミョー」（村立てのころから伝わったとおり、歌いあげました）という歌詞が頻出するのである。こうした「始原のまま」への志向性は、「始原遵守理念」と名付けることができる。

(3) 一方、民間巫者のほうは、神霊の声を直接聞くこと、すなわち神霊との直接交流が可能であるとされており、そこでは、神から民間巫者に下された託宣こそが優先されるべきであると考えられている。こうした志向性は、「神意遵守理念」と名付けることができる。

(4) 両者は、それぞれ異なる価値観とそれにもとづく行動様式を持っていることになり、それゆえに、民間巫者が託宣にもとづいて村落祭祀のあり方を改変しようとする場合には、両者の間に激しい対立・葛藤状態が発生する。

(5) そうした対立・葛藤状態の中で、民間巫者による改変の主張が集落外の第三者的な立場の巫者によって承認されると、改変内容は受容される。

(6) そして、一たび受容がなされると、以後、神役の世代交替の際に、改変のいきさつそのものについては伝承されず、その結果、次の世代の神役たちは、神役たちが共有する「始原遵守理念」にもとづいて、改変後の状況を「始原のまま」だと認識するに至る。改変結果は、このようにして「始原」の中へと溶解し、伝承されてゆくことになるのである。

(7)こうした「伝承のメカニズム」は、ウプグフムトゥの香炉に限らず、さまざまな「伝承」について見出されるものなのではないだろうか。

以上の見通しが、わたしの卒業論文の論旨となった。長い苦悩の末にこのストーリーを見出すことができたのは、一〇月一〇日のことだった。狩俣を離れる五日前のことである。

卒論のめどがついたわたしは、狩俣を離れる準備をはじめた。集落内のあちこちに挨拶をして回り、いよいよ旅立ちの日となった。飛行機は午後の便だったので、午前中は家にいたのだが、驚いたことに、神役をはじめとする狩俣のおばあたちが次々とやってきた。おばあたちは、みな、のし袋を持参していた。いずれののし袋にも、少ない年金の中から出したに違いない千円札が数枚入っていた。旅立つわたしへの餞別であった。

おばあたちが帰った後、わたしは号泣した。タオル三本がびしょびしょになった。あれだけ泣いたことは、わたしの人生で、先にも後にも一度もない。

6　卒論完成

本土に帰ってからは、卒論の執筆に専念した。二カ月後の一二月中旬が提出日であった。論文ストーリーができていたので、目次は明確なものを立てることができた。当時の卒論は、原稿用紙に手書きであったため、万年筆で一字一字、着実に枡を埋めていった。写真や図も貼り付け、最終的に四〇〇字詰め原稿用紙二六〇枚の大作が完成した。

その後、大学院を受験し、合格。修士課程では、沖縄の新宗教教団を対象としたフィールドワークに取り組むとともに[9]、卒業論文の内容を学会で発表し、また学術雑誌に掲載する活字論文へリライトする作業を進めた。そのようにして刊行されたのが、日本民俗学会の学会誌『日本民俗学』第一九四号に掲載された「民間巫者の神話的世界と村落祭祀体系の改変——宮古島狩俣の事例——」(一九九三年)である。

最後に、これから民俗学のフィールドワークをはじめようとするみなさんへ次のことを伝えたい。

フィールドワークが、十分な時間をかけ、深く現地に溶け込んで行なわれるべきものであることは常識だ。だが、そのようなフィールドワークを始めたとしても、すぐにはオリジナルな発見は訪れないだろう。しかし、絶対にあきらめてはいけない。粘り強く、歯を食いしばって考え続けなければならない。先行する調査報告や先行研究を何度もひっくり返しては、試行錯誤を繰り返す。わたしのように、二カ月以上かかることさえあるだろう。

その後、ふとした疑問が生じる瞬間がきっとやってくる。その疑問を大切に、追究を開始せよ。そして、その追究を通して、現象の背後にある現地の価値観といったものに到達できれば出口は近い。あとは、一連の追究の結果を整理し、それを一つのモデルとして構築すれば、論文の構想は自ずと浮かび上がってくる。みなさんの発見を楽しみに待っている。

注

（1）一九二一年生まれの民俗学者（二〇一三年没）で、沖縄研究をはじめとする膨大な著作は、『谷川健一全集』（冨山房インターナショナル、二〇〇七―二〇一三年）に収められている。

（2）一九三五年生まれの民俗学者・国文学者で、琉球大学名誉教授。『琉球学の視角』（柏書房、一九八三年）などの著書がある。

（3）一九三〇年生まれの民俗学者・宗教人類学者（二〇一六年没）で、国立民族学博物館名誉教授、元成城大学教授。『沖縄の宗教人類学』（弘文堂、一九八〇年）などの著書がある。

（4）一九二八年生まれの社会人類学者で、東京都立大学名誉教授。『神・共同体・豊饒――沖縄民俗論――』（未来社、一九七五年）などの著書がある。

（5）一九四七年生まれの社会人類学者で、首都大学東京名誉教授。『沖縄の社会組織と世界観』（新泉社、一九八五年）などの著書がある。

（6）一九二九年生まれの民俗学者で、鹿児島国際大学名誉教授。『奄美説話の研究』は、法政大学出版局から一九七九年に刊行されている。他に、『奄美のシャーマニズム』（弘文堂、一九七七年）などの著書がある。

（7）一九三三年生まれの民俗学者・社会人類学者（一九八六年没）で、元成城大学教授。『沖縄池間島民俗誌』は、未来社から一九七二年に刊行されている。他に、『南島研究の歳月――沖縄と民俗学との出会い――』（東海大学出版会、一九八〇年）などの著書がある。

（8）たとえば、狩俣を扱った先行研究として、本永清［一九七三］があり、狩俣の創世神話が分析されている。

（9）第4章参照。

第3章

民間巫者の神話的世界と村落祭祀体系の改変

――宮古島狩俣の事例――

本章は、前章で紹介した私の卒業論文をリライトし、日本民俗学会の学会誌『日本民俗学』第一九四号（一九九三年）に掲載した論文を改稿の上、再録したものである。この論文は、私の学会デビュー論文である。

はじめに

問題の所在

本章は、沖縄県宮古島をフィールドに、民間巫者(1)の神話的世界の特徴、および民間巫者と村落祭祀(2)との関わりについて明らかにすることを目的とする。具体的には、次の二つの問題を設定し、これについて検討する。

①民間巫者の語る神話的世界は、村落共同体が伝承・共有している神話的世界に対して、いかなる点で類似し、いかなる点で相違しているのか。

②民間巫者による村落共同体の祭祀体系に対する改変行為は、いかなるプロセスを経て村落共同体――特に村落祭祀の神役達――によって受容され定着してゆくのか、あるいは拒絶され定着せずに終わるのか、受容・定着・拒絶は、それぞれどのような条件のもとで決定され、進められてゆくのか。

調査地の概要

本章で事例として取り上げる村落は、沖縄本島（那覇）から南西約二八〇キロメートルに位置する宮古本島の平良市狩俣集落である。狩俣は、宮古本島最北端の村落で、同島の中心である平良の市街地からは、約一一キロ離れている。世帯数は二七九、人口は九一二で、主な生業は、砂糖黍や甘藷、葉煙草の栽培などの農業（農家戸数は一七三、うち専業は四九）。また、主として珊瑚礁海域での漁業に従事する漁家は五四（うち専業は二八）となっている（一九八七年末現在）［平良市 一九八八］。

集落の北側に小高い丘（最高標高四四・五メートル）が東西に

横たわり、そこは森となっているが、この中にウタキ（御嶽）と呼ばれる聖地が三つ存在する。またこの丘の南側の麓には、狩俣の始祖神を祀るウプグフムトゥ（これは通例、集落の人々によって大城元と表記されている。第2章29頁の写真2-4を参照）をはじめとするムトゥと称される拝所群が位置している。狩俣の人々は必ず、父系家筋ごとにいずれかのムトゥに帰属（婚出女子は夫方のムトゥに所属）することになっている。代表的だとされるムトゥはユームトゥ（四つのムトゥ）と総称され、それらは①ウプグフ、②ナーマ、③シダティ、④ナーンミの各ムトゥである。それぞれの祭神は、①が村落の始祖神、②が竜宮（航海安全）の神、③は世の主（豊作の神）、④が水の神である。村落祭祀は、これらのムトゥあるいはウタキにおいて年間夥しい回数のものが行なわれている。

この集落に存在する（した）宗教的職能者は、大きく二つのカテゴリーに分けられる。一つは、公的な村落祭祀を執り行なう神役達（男女。本章ではこの神役（達）のことを、単に「神役」「神役達」と表記する）で、そのうち、狩俣で最も高い宗教的権威を有している最高神役（女性）はアブンマといい、ウプグフムトゥの司祭責任者である。また、ウプグフムトゥ以外のムトゥにもそれぞれ司祭責任者（女性）がおり、この者達はウヤパーと総称されている。そして、アブンマ、ウヤパーの下に数多くの一般神役達が配されている。(3)

これらの神役に対して、主に私的な、個人や家の神事を担当したり、霊力によってクライエントの相談に乗ったりするのは、ニガインマ、ムヌス、カンカカリヤらである。この人たちが、本章のタイトルにある「民間巫者」に相当する。ニガインマは、クライエントをとって家や個人の神事を司る者で、神役を引退した女性がなる。ただし、神役未経験者でも、周囲から神高い生まれ（神との直接交流が可能であると見做される生まれ）と判断されていて、神からカンヌピトゥ（神の人＝神の使い）としての活動を許可するチョウボ（帳簿＝免許）を与えられたと認められている女性は、ニガインマになることができる。そして、そのようなカンヌピトゥの中で、ハンジ（判示）やアカシ（明かし）の能力がある場合にはムヌス（物知り）になり、(4)死者の口寄せができる場合にはカンカカリヤになる、と狩俣ではいわれている。ムヌス（男女）は、クライエントの依頼によってハンジやアカシあるいはアカシの内容にある神願い儀礼の実修をする。現在、狩俣には四名（全員女性）のムヌスが住んでいる。カンカカリヤは、宮古島の他の地域では、ムヌスの別称であることが多いが、狩俣では、ムヌスの行なわない死者の口寄せができる者（男女）のことをさしている（調査当時、当集落には不在）。

1 民間巫者の神話的世界

本節では、狩俣で活躍中の一民間巫者が語る神話的世界を取り上げ、それと、村落共同体の成員達、とりわけ村落祭祀の神役達が伝承・共有している神話的世界の内容とを比較検討することにより、民間巫者の唱導する神話的世界の特性を明らかにする。

資　料

ここで取り上げる民間巫者の神話は、ＳＣというニガインマ（女性、一九一六年生）によって語られたものである。

ＳＣは狩俣で生まれ育ち、数え二〇歳で台湾へ女中奉公に出た。二二歳のとき広島県因島へ移り呉服店の女中になる。二四歳のとき同地で狩俣出身の男性と所帯を持つが、この頃から体が堅くなり痛みだす。原因は不明。二七歳で長女を出産するが、この娘が生後三カ月目に肺器官を患ってしまう。あちこちの病院に連れて行くが一向によくならないので、近所の「日限りのお地蔵さん」に日参するようになるが、ちょうど一週間目に地蔵の前でカンブリ（神懸かり）し、以後は沖縄の民間巫者達が一般に経験するのと同様の巫病を体験した。

第二次大戦のさなかに狩俣に帰るが、帰ってからは、一時カンブリはおさまっていた。しかし、一九五八年に末の子を出産した直後から再びカンブリが激しくなり、原因不明の体調の不全を訴えるようになった。そしてその過程で、神の道を学ぶ必要のあることを次第に悟るようになった。神について教わろうと平良市街地に居住するムヌスを訪ねてみると、ムヌスは、「あなたの役目は、フタバオコシの役だ。[5]これをしないと、あなたの体調はよくならないよ」と教え、マウガンと称する個人の守護神を祭祀するよう助言してくれた。[6]そこで、助言どおりマウガンを祀りはじめると、その直後から、次第に狩俣の神々の声が聞こえてくるようになった。内容は、はじめは、ムスビを取りにどこそこへ行け、[7]というものであり、ＳＣはその命令どおりに沖縄各地の聖地にムスビを取りに出かけた。そのうち、狩俣の始祖神であるネヌファンマティダと名乗る神から「カンヌピトゥになって、人様のために神願いをしてもよろしい」とするチョウボがおりたので、ニガインマとしての活動を開始した。

その後、一九六七年に、村落祭祀の神役の一つであるマイビー[8]に就任した。これは、神役選出のための神籤でたまたまＳＣが選出されたからである。神役在任中はニガインマの仕事は行なわず、マイビー職に専念した。マイビー就任直後、アサティダという神から彼女に声がかかる。「自分はウプグフムトゥで祀られるべき神なのに、ムトゥには私を祀るための香炉が置かれていない。お前が私の香炉を新たに設置してほしい」と伝えてきたのだ。また、現在ＳＣが語っている始祖神話（創世神話）も、この段階でこの神から教わった。ＳＣは、アサティダからの要請どおりに行動しようとしたが、それがもとで他の神役達との間にトラブルが生じてしまった。

一九六八年には、狩俣の伝説上の予言者であるアーテアヌンマなる者からもＳＣに声がかかった。「自分はこれまで人々から神としては祀られてこなかったが、ぜひとも専用の拝所を新設し、自分を神として祀ってほしい」ということだった。そこでＳＣは、グンミザーなる拝所をこの年のうちに新設した。一九七一ないし七二年、かつてアサティダから教わった神話中に登場するテラヌプーズウイナウアマヌスからの神示に従って、ウプグフムトゥにあるパイヌヤーという建物内に、それまではなかった神棚と、テラヌプーズウイナウアマヌスおよびその妻を祀る香炉とを設置し、両神の祭祀を開始した。一九七三年、SCはマイビーを引退し、ニガインマの仕事を再開した。一九八九年現在、ニガインマとして活躍中である。クライエントは狩俣居住者が多いが、有能なニガイマだという評判を聞いた平良市街地の人々からの依頼も少なくはない(9)。

それでは、SCによる始祖神話の叙述を提示しよう。

[資料1]

私はそこらのふつうのおばあ（おばあさん）とは違い、狩俣の神様の話をアサティダ・ンマティダ両神から直接教えていただいている。

太古、人間などのまだいないころ、ンマティダという神様が地中で生まれ、狩俣のウスクミザーというガマ（洞穴）からこの世に出現した。この神様は地中で生まれたので地の神、畑の神であり、また月であり、女であり、水であって、夜である。この神様が地中でどのようにして生まれたかは（私は知っているが）、絶対に誰にも言うなといわれているので誰にも言っていない。夫にも話していない。だからあなた（筆者）にも教えるわけにはいかない。

ンマティダがウスクミザーからこの世に出てまもなく、天からヤマヌフシライという神が降りてきた。ンマティダはこの神を養女として育てることにした。なお、狩俣のおばあ達はヤマヌフシライがンマティダの実の娘のように伝えているが、そうではない。私の話はンマティダから直接聞いたものだから、こちらのほうが正しい。

ンマティダは最初、ウプフンムイに住んでいたが、海鳴りが恐ろしいところだったので、フンムイに移り住んだ。その後ンマティダのもとに若い武士が夜毎やってくるようになり、ンマティダはとうとう妊娠した。男の素性を知ろうと思い、ある夜、いつものようにやってきた若武者のカタカラズ（髷）にブー（麻糸）のついた針を刺しておいた。男が帰った翌朝、ブーのあとをついて行くと、クスヌカー（井戸の名前）に続いており、そこに片目を針で刺されたパウ（蛇）がいた。若武者がパウであることがわかった。

やがて男の子が一人生まれた。テラヌプーズウイナウアマヌス（テラヌプーズと略して呼んでもよい）と名付けた。なお、この頃ヤマヌフシライは山で怪我をして死んでしまった。

テラヌプーズは大人になってから八重山に行き、ヤーマウスメガという女性を妻として連れ帰ってきた。このときヤーマウスメガはおみやげとしてウス（牛）をたくさん連れてきた。この牛を狩俣の南の方で放牧して、ヤーマウスメガが面倒をみていた。ところがある日、盗賊達がやって来てヤーマウスメガを殺し、牛を盗んで行ってしまった。

テラヌプーズとヤーマウスメガとの間には子供が二人いた。ウプグフドノとヤーヌヌスンマとである。ウプグフドノは男である。相手は誰かわからぬが結婚をして、ヤーマウントラとクバラパーズという二人の子供をもうけた。ヤーヌヌスンマは女である。どういう人（神）かは（神から）教わっていない。

このあとのことはわからぬが、狩俣の人々はこれらの人々（神々）の子孫である。つまり、もとをたどれば、ンマティダが狩俣ピトゥ（狩俣人）のお母さん（ンマはお母さんの意）だということになる。また、ンマティダに子供を生ませたのは、（パウの姿をしていたが）実は天から降りてきたアサティダという父神で（アサは父の意）、天の出身だから天の神であり、男だから種であって、また太陽であり火であり、昼でもある。このことは狩俣のふつうのおばあ達は知らないようである。

今まで出てきた神々はみな大切に祀られているが、二十年くらい前、アサティダの神様が私に、「自分は千三百年前までは狩俣の人達によって祀られていたのに、それ以後は祀ってもらっていない。自分は押し込められている。ウプグフムトゥには私の香炉が置かれていない。どうかお前の力で私の香炉をウプグフムトゥのンマティダの香炉の隣に置き、線香を立てて私を祀ってくれ。お前は小さい頃から男のようで、誰からの反対も押し切ることができる。頼むぞ」と涙を流しながらおっしゃったことがある。アサティダは白い着物を着て髭を結った若武者の姿であった。私はアサティダの命令に従い、香炉を増設した。また、ウプグフムトゥ内のテラヌプーズとヤーマウスメガの香炉も、テラヌプーズからの神示に従って、私と私の夫が新設したものである。私達が香炉を置くまでは、テラヌプーズとヤーマウスメガはパイヌヤーに祀られていると言う人もいたが、香炉は存在していなかった（括弧内筆者、一九八九年八月聴取）。

これは、SCが筆者に語った叙述を、語られた内容に忠実に、読みやすいよう文体を改めてまとめたものである。神話のストーリーそのものと、神話をめぐるSCの民間巫者としての行為についての説明とが複合した、やや説明的なものとなっているが、これが、「狩俣の始まりの話」として、彼女がクライエントなどにもしばしば語って聞かせている叙述内容である[10]。それでは、この叙述中の神話は、これまで報告のある狩俣の始祖神話とどのように類似し、どこが異なるのであろうか。次に、村落共同体の成員達、あるいは神役達によって伝承・共有されてきていると判断される神話群を提示しよう。

［資料2］

大城御嶽

女神。豊見赤星テタナフラハイ主ト唱。（狩俣村後峰ノ上ニアリ）為船路、且諸願ニ、狩俣村中、崇敬仕也。

由来。往昔、右神、狩俣村東方、島尻當原ト云フ小森ニ、天降シテ、狩俣村後、大城山ニ住居ス。有夜、若男に取合歟ト、夢ヲ見テ、則致懐妊、七ヵ月ニ、一腹男女産ミ出ス。父ナキ子ナレバ、初而見ルモノヲ、父ニセントテ、抱出ケレバ、山ノ前ナル瀬ニ、大ナル虵、這掛リ、彼子ヲ見テ、首ヲ揚ゲ、尾ヲ振リ、舞躍ケル。其時、先夜ノ夢中ノ男ハ、虵ノ變化ニテモ、アルヤラント、思ヒシトナリ。此人ヨリ、狩俣村始リタル由、云傳アリテ、氏神ト號シ、崇敬仕ルナリ［伊波・東恩納・横山編　一九八八：五七八］。

これは琉球王府編纂の『琉球国由来記』巻二十、「嶽々由来」に記録された大城御嶽についての記述である。本資料が編纂されたのは一七一三年であり、この当時、狩俣における御嶽の由来として右のような内容の神話が伝承されていたものと思われる。

［資料3］

神遊ノ由来

往昔、狩俣村東方、島尻當原ニ、天人ニテモヤ、アルヤラン、豊見赤星テダナフラ眞主ト云フ女、狩俣村御嶽、大城山ニ、只獨住居ス。赤星、有夜ノ夢ニ、若キ男、閨中ニ忍入ル歟ト、驚キ居ケルニ、只ナラヌ懐姙シテ、七ヶ月ニ、一腹ニ、男女ノ子ヲ産出ス。男子ヲバ、ハブノホチテラノホチ豊見ト云。此人ヲ、狩俣村ノ氏神ト、崇敬仕也。

女子ヲバ、山ノフセライ青シバノ眞主ト云。此者十五六歳ノ比、髪ヲ亂シ、白浄衣ヲ着シテ、コウツト云フ、葛カヅラ、帯ニシテ、青シバト云葛ヲ、八巻ノ下地ノ形ニ巻キ、冠ニシテ、高コバノ筋ヲ、杖ニシテ、右ニツキ、青シバ葛ヲ、左手ニ持チ、神アヤゴヲ謡ヒ、我ハ是、世ノタメ、神ニ成ル由ニテ、大城山ニ飛揚リ、行方不知、失ニケル（以下略）［伊波・東恩納・横山編　一九八八：五八九―五九〇］。

この資料は、［資料2］と同じ、『琉球国由来記』巻二〇に収められた「島中祭祀之事」中の記述である。

［資料4］

大城

昔、天女が大城に降りて暮していた。或る時美しい青年が通って来て天女と通じた。天女はその素姓を怪しみ、青年の衣に麻糸を通した針を刺しておいた。翌朝、その糸を手繰って行くと洞窟の中で蛇が呻き臥していた。天女は蛇と通じた事を悲んだが、夢の裡に、汝の姙んだのは立派な人間であるとの示現を得た。将して三人の女子が生れたが之が狩俣の村人の祖先である［宮本　一九五九：一四］。

これは、宮本演彦が『日本民俗学会報』五に報告した記事で、一九三九年に採集されたものという。

［資料5］

伝統的に、狩俣の村の起こりは一柱の女神の定住によるといわれている。その神はどこか他の島からやってきて、はじめしばらくは島尻の近くで暮らし、その後、今の狩俣のある半島にやってきた。なぜなら、そこにはより多くの水があったからだ。彼女は、今、村のあるところの上の方にある丘に小さな家を建てて住んでいた。そこは今の、彼女を祀る聖地である。ある晩、彼女のところに、名前も素性もわからない一人の若者がやってきて、そして何人もの子供が生まれた。その子供達の子孫が、狩俣発祥の、そして狩俣で中心的なムトゥであるウプグフムトゥのメンバーである（Burd 1952: 117 引用者訳）。

始祖を祀るウプグフムトゥの「カミ」の名称、祭祀のときに彼女を讃えるのに使われる神名は、天の赤星、てだなうの真主（赤い星のように空で光る神）というものである［Burd 1952: 118 引用者訳］。

この資料は、一九五一年、狩俣に五カ月間滞在して調査を行なったアメリカ人人類学者ウイリアム・バード（William W. Burd）による記述を引用者が和訳したものである。

［資料６］

口碑に依れば狩俣の祖神は初め当間と称する所の黒樹川に天降りになり（まなつ部落の後方にある）此所は水が少いので水を求めて島尻村の西にある「うぷぎす原」の「ぱなぎ川」に御出になったが此所も水が少いので、更に西に向って水を求められ磯川に御出になった。此処は水も多く又これから西は海に近いので、此処に御止りになり大森の地を相して居所を定められた（磯川は大森の北方断崖を下りて行った所にある井である）《ママ》

又、この祖神は女神であらせられたが別に男も居ないのに受胎なされて「まやぬまつめが」神を御生みになった。まつめが神が生れて或《ママ》日か経ち初立の日に赤子を抱いて外出するが、初めて出逢った者がこの子の父であると祈誓して初立した所が門を出ると直に大蛇に逢った。それでこの子の父親は大蛇であると言われている（狩俣吉蔵氏談）。［稲村　一九五七：九］

宮古島の郷土史家であった稲村賢敷が記述した資料で、狩俣の住民で、キー・インフォーマント的存在であったといわれる狩俣吉蔵からの聞き書きである。

［資料７］

大城御嶽の由来

昔、「ウプグフ真主」（注１）という女の神様が狩俣の東方にある島尻部落の桃原という所に天降りした。

最初、「パナギガー」という泉をみつけ、そこで生活を始めようとしたが、その泉は良質であったけれども水量が少く、これでは生活できないといって水を求めて西の方へ、西の方へと進むと、二番目に「カッファー（アラヌガー）」を見つけたがやはり水量が少い。それで更に西の方へと歩を進めると、ようやくにして狩俣の北の海岸に面した所にある「イスガー」を捜しあてた。

その水はおいしく水量もたくさんあったのでフンムイ（注２）（海に面した山の頂上）に屋敷を構えて住んで居たが、そこは海風が強く吹きつけるので、そこでも生活できないといって海岸と反対側の方へ下って住んだ。そこが現在の大城御嶽であり、大城元（ウプグフムトゥ）と呼ばれ、部落発祥の地とされている。それで大城の子孫だけでなく部落全体が狩俣部落の祖神として祭の一番に拝んでいる。

（注1）　ウプグフ真主＝大城真玉と同じ

（注2）　屋敷のあったところをフンムイというそうであるが、現在はその山全体を総称して言う。又毎年十月～十二月にかけての祖神祭りに三十人の神人達が山籠りをする所がある。

人蛇婚伝説

狩俣の祖神である「ウプグフ真主」が年頃に懐妊したので驚いた母親は「どうしたのだ、相手の男は誰か?」と責めると、彼女は「夜毎、夜毎、夢心地で容姿端麗な若い男が現われ、又いつともなしに帰っていく」と答えた。心配した母親は一計を案じ、それではその男の人が帰る時にブー（麻糸）を通し、男のカタカラズ（頭の髪を結ってある所）に針をさせと娘に教えた。幾日か経たある日、プシュ（麻糸を巻いてある道具）の糸が減っているのを見て、母親に教えられた通り、その糸をたどって行ってみると「イスガー」に続いていて、そこに片眼に針が突き刺さり、ゴラマキ（とぐろを巻いている）している大蛇を見つけ、彼女は自分の夫が蛇であることを知った。

やがて二人の子供（注1）が生れたので、その子の父親を捜しに子供を連れてイス井戸に行き、片眼ヘビに向って「もしその子があなたの子であるならば浴びせてくれ」と言ったらヘビは喜んで尾に水を浸して子供二人に水をかけ、そのまま消えていったそうである。そういうことから今でも狩俣のヘビは一眼蛇で神様だとして怖れられている。

（注1）　祖神ニーリに、真主には七人の子供がいると謡っているが七人皆蛇との間の子であるか明かでない。

［琉球大学民俗研究クラブ　一九六六：五五―五六］

これは、琉球大学民俗研究クラブの手によって一九六六年に採集された資料である。

［資料8］

昔、ンマテダ（母天太）と呼ばれる母神がヤマヌフシライ（山の運命神）と呼ばれる娘神を連れて、テンヤ・ウイヤからナカズマに降臨した。しかし、二神が降臨した地は飲み水がなく、そこから西へ移動してカンナギガー（湧泉）を探した。そこの水は飲んでおいしかったが水量が乏しかった。それで再び西へ移動してクルギガー（湧泉）を探した。そこは水量は豊富だったが、反対に飲んでおいしくなかった。それで更に、西へ移動してヤマダガー（湧泉）を探した。そこの水には海水が混じっていた。それで更に西へ移動し、今の狩俣の後方でイスガー（湧泉）を探した。そこは水量も豊富で飲んでおいしかったので、その近くのウプフンムイで小屋を建てて住み着くことを考えた。しかし、そこで小屋を建てる途中に、ヤマヌフシライが怪我して死んだ。ンマテダはひとりで暮らしていかねばならなくなった。長い月日がたった。ンマテダはウプフンムイからナカフンムイへ住居を移して暮らすようになった。ところがそこへ移ってから不思議なことが起った。毎夜、ンマテダの枕上でひとりの青年が坐ると夢見、いつのまにかンマテダは懐妊した。それで、ンマテダはその青年の素姓を確めようと思って、ある晩、その青年が帰りかけたときにその右肩に千尋の糸をつけた針を射しておいた。翌朝、ンマテダが起き出して見ると、その糸は戸の隙間から庭へずっとのびていた。ンマテダがその糸をたどって行くと、その糸は近くの洞穴の中へ入り、そこには一匹の大蛇が右目に針を射されて苦しんでいた。ンマテダはあまりの恐怖におののいて家へとび帰ったが、その晩、いつものようにその青年がンマテダの枕上に現われ、自分はテンヤ・ウイヤから降臨した神であるが、必らず男の子が生まれるだろうと言って消えた。その後、数カ月して本当に男の子が生まれたが、その朝、大蛇は七光を放って天上へ舞い上って消えた。

アサテダとンマテダの間に生まれた子供はテラヌプーズトユミヤ（天太の大按司豊見親）と名付けられた。テラヌプーズトユミヤはすくすくと育って、りっぱな若者に成長した。しかし、狩俣には妻とするべき女性がいなかった。それでテラヌプーズトユミヤは八重山へ渡り、ヤーマウスミガ（八重山押すミガ）という女性を娶って帰った。二神の間に、ウプグフトヌ（大城殿）、ナカヤシドトユミヤ（中屋勢頭豊見親）、ヤーヌスンマ（家の主婆）が生まれた。ウプグフトヌは長男である故、地元の女性と結婚して家を相続し、そして三男五女をもうけた。マールユプズトユンシュー（廻り世大按司豊見主）、マヤマブクイ（真屋?）、ユマサズ（世勝り）、マーズミガ（?）、スウイミガ（?）、ママラズ（?）、マカナス（真可愛し）、マーズマラ（?）である。そのうち、マールユプズトユンシュー、スウィミガ、ママラズ、マカナス、マーズマラが幼児で死んだ。一方、ナカヤシドトユミヤはビギマリヤ（?）という女性と結婚したが子供ができなかった。また、ヤーヌスンマは一生を未婚で終った［本永　一九七三：八―一〇］。

この神話は、本永清が、村落祭祀の神役マンザンマをしていた川満メガから採集したものである。神役によって語られた伝承である。

考　察

以上、狩俣の始祖神話としてこれまで報告されてきた資料を列挙してきた。資料中に話者名が明記されているのは、［資料6］と［資料8］である。この両資料の話者は、両者とも巫者的性格は持っていなかったようである（狩俣吉蔵については遺族から、川満メガについては本人に面接して筆者確認）。また、［資料2］から［資料8］までの資料に語られている神話は、いずれも今日でもほぼ同様のものを村落共同体の（巫者的性格を有しない）成員から聴取することができるので、［資料2］から［資料8］までの神話は、どれも村落共同体の一般成員あるいは神役らが共有し、伝承してきたものであるといってよいであろう（とくに神役達は［資料8］のような神話を語り、一方、神事に直接関与しない人々、とりわけ男性達は［資料4］や［資料6］のような神話を語る傾向がある）。

さて、問題は、SCの語る神話とそれ以外の資料群との比較である。資料群の内容を整理した「始祖神話構成要素一覧表」（表3−1）を参照しながら検討してゆこう。

まず、ストーリー展開だが、【資料1】においても、それ以外の資料においても、母神の出現、妊娠、子供（狩俣の人々の祖先）の出生を語っており、SCの語る神話と、村落共同体が共有してきた神話群との間で、基本的なストーリー展開に大差はない。このことは、SCが基本的な部分において、村落共同体の伝承・共有する神話を知識の源泉とし、それに依拠する形で自己の神話的・祭祀的世界を構築したことを示唆するものである。しかし、同時に、基本的ストーリー展開以外の面では、明らかな相違点がいくつかある。SCによる神話叙述においては、その内容が神から共時的・直接的・具体的に教えられたものであることが強調されていることがその一つだが、この他、以下に検討する三点が特徴的なものといえる。

一番目は、SCの叙述内容には、二元対立的な世界観が他の資料群におけるよりもより明確に存在しているという点である。SCによれば、ンマティダは地中で生まれ、ウスクミザーというガマを経てこの世に出現した。アサティダは天で生まれ地上に天降りしてきて、蛇の姿・若武者の姿になった。そして、ンマティダが女であり母であり地であり畑であり月であり水であるのに対して、アサティダは男であり父であり天であり種であり日（太陽）であり火であるという。このような二元対立は、他の資料群にはそれほど顕著ではない。もっとも、ンマティダ＝女＝母、アサティダ＝男＝父という程度の認識はどの資料にも基本的には見られるものであろうし、また、本永清は【資料8】と同一のテキストを【資料8】の出典とは別の書物に記述しているが、その記述の際に、「アサティダとは父なる存在の神という意味で、太陽によって象徴される。またンマティダとは母なる存在の神という意味で、この神は月によって象徴される」［本永 一九八七：四八二］と述べており、おそらくこの記述の根拠となる発言をする話者も存在していたのであろう。しかし、ンマティダが地中で生まれてガマから出現し、天降りしてきたアサティダと結ばれるという天地結合の構造は他の資料群には全く見当らない。筆者自身も多くの住民から上掲資料に類似する神話を聴取しているが、天地結合を語る者にはSCを除いて出会うことはなかった。天の父と地の母との二元対立。SCの叙述では相対的に二元対立的世界観が強調されていると考えてよいだろう。SCは、神話的世界の二元対立的な構造を強調することによって世界観構造の輪郭を明確にし、叙述内容の完結性をより高めているのである。

二番目は、SCの叙述の場合、父神であるアサティダに対する意味付けが他の資料群とは異なっているという点である。SCによると、アサティダは長らく押し込められていた神であり、彼女によるアサティダのフタバオコシが行なわれるまで、ウプグフムトゥでは、村立ての神はンマティダしか祀られていなかったのだという。次の〈資料〉を参照されたい。これは琉球大

表 3-1　始祖神話構成要素一覧表

資料No.＼構成要素	記録年	母神出現	母神神名	ヤマヌフシライ	巡行	母神妊娠	苧環モチーフ	父神出現	父神神名	子供
資料1　SC	1989	地中で誕生，洞穴から出現	ンマティダ	天降し、養子に	ウプフンムイ ↓ フンムイ	若武者が夜毎やって来る。とうとう妊娠	苧環	天降	アサティダ	男の子 テラヌプーズ
資料2　『琉球国由来記』（嶽々由来）	1713	天降	豊見赤星テタナフラハイ主		島尻當原 ↓ 大城山	有夜，若男取合歟夢見，則致懐妊				一腹男女
資料3　『琉球国由来記』（神遊ノ由来）	1713	天人ニテモヤ，アルヤラン	豊見赤星テダナフラ真主	蛇との子	島尻當原 ↓ 大城山	有夜夢，若男閨中忍入歟，驚居，只ナラヌ懐妊				一腹男女 男＝ハブノホチテラノホチ豊見 女＝山ノフセライ青シバノ真主
資料4　宮本演彦「狩俣の村」	1943採集	天降				美しい青年が通って来て妊娠	苧環			三人の女子
資料5　Burd "KARIMATA"	1951	どこか他の島	天の赤星てだなうの真主		島尻の近く ↓ 狩俣	ある晩，一人の若者がやって来る。そして何人もの子供				何人もの子供
資料6　稲村賢敷『宮古島庶民史』	1957	天降			当間黒樹川 ↓ 大森	別に男も居ないのに受胎				まやぬまつめが
資料7　『沖縄民俗』12（大城御嶽の由来）	1966	天降	ウプグフ真主		島尻桃原 ↓ 大城御嶽					
資料7　（人蛇婚伝説）	1966		ウプグフ真主			夜毎，夢心地に容姿端麗な男，現われる	苧環			二人の子供
資料8　本永清「三分観の一考察」	1973	天降	ンマテダ	テンヤ・ウイヤからンマテダとともに（娘神）	ナカズマ ↓ ナカフンムイ	毎夜，枕上に一人の青年が坐る夢。いつの間にか懐妊	苧環	テンヤ・ウイヤから	アサテダ	男の子 テラヌプーズ トユミヤ

出所）筆者作成.

学民俗研究クラブが一九六六年に行なった調査結果の記録である。

〈資料〉

ウプグフムトゥは村立の神としての女神がまつられており、字民の崇敬の場となっている。ウプグフムトゥは前は茅葺きであったが現在は瓦屋根の二棟より成り、南向き北寄りの棟には火の神としてのカマドや神棚がある。神棚には、二つの香炉がならび向かって左側は村立の神、右側は大和カンという天照大神を祀る香炉である。このムトゥでの祭祀は、アブンマとヤーヌヌスンマを中心として行なわれ、ニガリ（祈願）はアブンマ。線香をたてたり、祈願の世話をする神人がヤーヌヌスンマである。氏子は五〇余戸である。（以下略）［琉球大学民俗研究クラブ 一九六六：八六、傍線引用者］

この調査の段階では、明らかに、村立ての神は「女神」であると認識されていることがわかる（第2章32頁掲載の図2-2も参照）。そして、男神＝父神についての記述がない点にとくに注目させられる。

この点に関して、さらに検討してみよう。第2章32頁掲載の図2-1を参照されたい。これは、一九二七（昭和二）年に狩俣を調査した鎌倉芳太郎が、ウプグフムトゥの建物（右の〈資料〉における「南向き北寄りの棟」と同一のもの）内部の様子を記録したものである。[11] 図中、香炉の意味付けに着目したい。狩俣では、火のついた線香を香炉に立てることによって神を祀っており、それぞれの香炉には特定の祭神が対応させられている。神棚に二つ並んでいる香炉のうち、東（右）側がリューグーヌカム。これは、現行の伝承ではヤマトカンとされている香炉である。西（左）側はネヌファンマテダヌカムで、これが多くの資料に類似の神名で登場している村立ての女神をさすことに間違いはないであろう。一方、図中、男神＝父神＝アサティダについての記述は見当らない。右の〈資料〉においても、第2章図2-1においてもアサティダについては全く言及がなされていないのである。

古橋信孝は、かつて狩俣の始祖神話について論じた際に、アサティダという神の存在に関して次のように述べている。

アサテダについては（C）の神話（本章における［資料8］をさす）にしか知られず、明確でないのである。（A）（本章における［資料2］をさす）、（B）（本章における［資料3］をさす）の神話では通ってきて子を孕ませたことしかなく、名さえ明らかにされていない。この意味するところは、母神からの系譜が重要なのであって、子を孕ませた父神は問題ではないということである［古橋 一九八二：一五六］（括弧内引用者）。

古橋の見解に筆者が付言をしておこう。『琉球国由来記』における宮古島の御嶽についての記述には、御嶽の祭神の性別についての言及がなされている場合が多い。神名を記す前に、

「男神」「女神」「男女神」などと記されているのである［比嘉 一九八三：二四二］。狩俣大城御嶽の項（［資料2］）には「女神」とある。この場合、そのあとに記述されている神話では、「女神」は「若男」に化身した大蛇と結ばれて狩俣の始祖となっているのに、「男女神」とは出ていない。これはどういうことだろうか。祭神の性別の書き分けが全く無意味になされているとは考えにくいとすると、おそらくここには、大城御嶽の祭神は「女神」であって、蛇は、神秘的なものではあるけれども正式な祭神ではなく、専ら「女神」を孕ませるために登場したものなのだ、という人々の認識が表出されているということになるのではないだろうか。

同様のことは二百年後の資料からも言える。［資料4］である。この資料においては、天女は、「蛇と通じた事を悲」しみ、のち、「夢の裡に、汝の姙んだのは立派な人間であるとの示現を得た」とされているが、この叙述では蛇は忌むべきおぞましいものだという意識が前面に出ており、始祖神として明確に祭祀の対象として位置付けられているようには思われない。また、この他、男神＝父神の名が明らかにされていない事例としては、［資料2］、［資料3］の他に、［資料4］、［資料5］、［資料6］、［資料7］もあげることができる。

これら一連の資料から、狩俣ではアサティダはあまり重要な地位を与えられていなかった、ということができよう。ただし、それは、相対的に、という意味でそういえるのだということには注意しておく必要がある。［資料8］のように、アサティダとンマティダとを比較的対等に位置付けている資料も存在しているる。したがって、アサティダが過去において全く祀られていなかったとはいえない。資料としては記録されなかった、多くの話者達の語った神話叙述には、アサティダを重視するものもあったかもしれない。と、同時に、重視しない立場も少なからずあったであろうことは、今あげてきた資料群の存在から推測できる。

さて、ＳＣとしては、このアサティダ軽視の状況が気になって仕方がなかったようである。さきに検討したように、ＳＣの神話的世界観には、天／地二元対立的認識が骨組みとしてある。アサティダが天であり、ンマティダが地であると認識するＳＣにとって、アサティダ、ンマティダ両神の地位が対等でないということは、世界を構成する対立二項―天／地―のバランスが崩れていることになり、これは宇宙の乱れを意味している。こうした状況は、速やかに回避し、安定した秩序ある状態を回復させなければ危険だ。このような認識があるからＳＣによるアサティダのフタバオコシが敢行されるのであるが、それについては次章で詳細な検討を行なうこととして、ここでは、ＳＣには、村落共同体が伝承・共有している神話的世界をきわめて整合的に補完しようとする姿勢が窺えるのだということを指摘しておきたい。

［資料1］とその他の資料群との相違点の三つ目は、ＳＣの叙述においては、母神ンマティダが出現したとする聖地が他の資料群に見られるものと比べて独特だということである。ＳＣ

は、ンマティダの誕生、出現について、地中で生まれ、ウスクミザーという洞穴からこの世に出現したのだと述べているが[12]、このような内容は他の資料群には見られないものであり、筆者もSC以外の者からはこのような内容の話を聞くことはなかった。「始祖神話構成要素一覧表」(表3−1)を参照されたい。【資料2】においては、女神は、「天降シ」たとなっている。また、【資料3】では、女神は、「天人ニテモヤ、アルヤラン」とある。【資料4】、【資料6】、【資料7】、【資料8】も、女神の天降りを述べている。また、【資料5】では、女神は、「どこか別の島からやって来」たとなっている。こうして見てくると、地中からの誕生、洞穴からの出現を述べるのは【資料1】のSCだけである。これは、さきに指摘したように、SCの神話的世界観には明確な二元対立的世界観の骨組みがあるために、天からのアサティダ／地からのンマティダという対立が必然的に導きだされることになり、そのためにンマティダの地中での誕生、外界への出口としての洞穴からの出現、というモチーフが語られるのだということである。

ところで、このンマティダが出現したとされるウスクミザーという洞穴は、SC以外の村落共同体成員にはいかなるものとして認識されているのであろうか。狩俣に生まれ育ち、神役を二〇年間つとめ、自他ともにキー・インフォーマント的人物であると認めているKU(女、一九〇二年生)は、ウスクミザーについて次のように語る。

大昔、宮古島に牛泥棒がいた。彼は、宮古島の各地や八重山、シナから牛を盗んできては、狩俣のウスクミザーに隠していた。そして、ときどきここから牛を出し、前の浜で潰して食べていた。ウスクミザーとは、ウス(牛)を閉じ込めていたところという意味で命名されたものである。

KUはこの話を「昔のおばあさん」達から聞いて知っているのだという。これと同様の話は、狩俣の他の高齢のキー・インフォーマント的人物からも聴取することができた。ただ、KUをはじめ、多くの人々は、ウスクミザーの存在は話として知っていても、実際にこの洞穴に行ったことはないという状況である。また、この、牛を隠していたというやや漠然とした伝承よりも、さらに詳しい内容の伝承はないものかと、筆者は、狩俣に滞在中、折りにふれて、いろいろな人からこの洞穴についての話を聞き出そうと試みたが、ここに提示したものよりも詳細な伝承を聴取することはできなかった。

このように、ウスクミザーは、かなり断片的な伝承しか伝えられていない場所なのである。この洞穴をめぐって、過去において何らかの神話的伝承が語られていたことが考えられなくもないが[13]、少なくとも現在では、ここは、村落共同体の一般成員や神役にとって、神話的意味付けの曖昧な場所となっている。ここを、SCは、始祖神ンマティダが出現した始原的聖地として位置付けし直したのである。SCは、神話的意味付けの曖昧となっていた場所に新たな意味を付与し、伝承世界の活性化をはかろうとしたのだと指摘できよう[14]。

２　村落祭祀体系の改変

前節で検討したように、ＳＣの神話的世界は、村落共同体の神話的世界を下敷きとしつつ、それを補完したり、世界観の輪郭を村落共同体の神話的世界のそれよりもより明確なものにしたりして構築されたものであった。この場合、注目したいのは、ＳＣが、こうした自己の神話的世界を単に自分一人のプライベートな世界として唱導するのではなく、自己の神話的世界観に基づいて村落共同体の公的な祭祀体系を実際に補完・改変すべく、神役達にはたらきかけてきたという点である。そして、実はこのような改変の主張・実行は、狩俣において、ＳＣのみならず、類似の民間巫者などによっても行なわれてきているところであった。そこで本節では、筆者による調査で確認できた、ＳＣによる改変行為の事例、および、ＳＣ以外の者によってこれまで狩俣で主張された／行なわれた類似の改変事例を取り上げ、村落祭祀体系の改変に関する考察を行ないたい。

事　例

［事例１］　アサティダのフタバオコシ

狩俣の中心的なムトゥであるウプグフムトゥの、ウイヌヤー（二棟あるウプグフムトゥの建物のうち、南向き北寄りの棟のこと。48ページ〈資料〉中の説明を参照）の祭神は、ンマティダ、アサティダ、ヤマトカン（＝大和神＝アマテラスオオミカミ）の三神であり、また、パイヌヤーの祭神は、テラヌプーズ、ヤーマウスメガの二神である。これらの神々に一つずつ香炉が与えられているが、これらの香炉のうち、アサティダ、テラヌプーズ、ヤーマウスメガの香炉は、ＳＣによって新たに設置されたものである。まず、はじめにアサティダの香炉の増設について取り上げよう。

ウイヌヤー内の香炉配置の状況を時間の経過にしたがって整理すると以下のようになる。

①一九二七年

前節（48頁）で言及した鎌倉芳太郎による調査記録を参照されたい（第２章32頁の図２-１も参照）。さきに確認したとおり、この図の左上にある神棚には、ネヌファンマテダヌカム、リュ－グ－ヌカムそれぞれの香炉が描かれているが、アサティダの香炉にあたるものは記入されていない。

②一九六六年

前節（48頁）において引用した琉球大学民俗研究クラブによる調査記録（〈資料〉）を参照されたい（第２章32頁の図２-２も参照）。これを見ると、この調査が行なわれた当時、ウイヌヤーには「村立の神」の香炉と「大和カン」の香炉の二つが置かれていたことがわかる。そして「村立の神」は、同資料中に「村立の神としての女神」とあることから、「女神」だと認識されていたらしいことが理解できる。もちろん、この「女神」は①で参照した第2章図2-1のネヌファンマテダヌカムと同一のものであろう。なおもう一つの、「大和カン」のほうは、図2-1では「リューグーヌカム」となっている。両資料間の差異については何ともいうことができない。一九二七年当時に「リューグーヌカム」であったものが、ある時期に「大和カン」に変換されたのかも知れないが、よくわからない。筆者の狩俣滞在中、「リューグーヌカム」なる神をウプグフムトゥで祀っていたという話は、ついに聞くことができなかった。現行の伝承では、第2章図2-1において「リューグーヌカム」とされた香炉は、〈資料〉に見られる記述と同様、ヤマトカンの香炉だとされている。ただし、このヤマトカンについても、「新しい神様だと」は聞いている。しかし、これを、いつ、誰が祀りはじめたかはわからない」と答える人々ばかりで、ついにヤマトカンの祀りはじめについては聞くことができなかった。

③一九六七年

SCは、マイビーになって間もない頃、アサティダという神から、「自分のことを狩俣の人達は千三百年前までは祀ってくれていたのに、それ以後は祀ってくれていない。自分は押し込められている。お前の力で私の香炉を妻であるンマティダの香炉の隣に置いて祀ってくれ。フタバオコシをしてくれ」と声をかけられた。アサティダからのフタバオコシの要請だった。当時、ウプグフムトゥのウイヌヤーの神棚には、東にヤマトカンの香炉、西にンマティダの香炉が置かれていたが、たしかにアサティダの香炉といわれているものはなかったという。また、ンマティダの香炉でアサティダを一緒に祀っているという話も聞かれなかったという。そこに、SCの働きかけによってアサティダの香炉が置かれることになるわけである。SCは、アサティダからの指示を受けると、早速、アブンマをはじめ、神役達にこのことを知らせ、香炉の増設を勧告した。しかし、神役達は、「カン（神）のことはンキャヌママ（昔のまま）でなければならないのだから、勝手なことをするわけにはいかない」と口々に言って、この申し出を拒絶した。だがSCはアサティダの命令に背くわけにはいかず、何度も香炉増設の話を神役達に持ちかけた。「私、どんなに苦労したことか。アサティダあげなさいっていうあれで、詳しいこと言っとったら（神役達に事情を説明していたら）、もぉー、みんなが文句言って、もうものすごかったよ」。SCはこのときのことをこのように回想している。

しかし、時間が経つにつれ（一カ月くらいだったという）、神役達の中から、そんなにSCが言うのなら、ムヌス（他集落ののところで伺いを立て、SCの主張していることの内容が本当にアサティダのおっしゃっていることなのか、確認してみようという意見が出るようになった。そこで、アブンマらは平良市街のムヌスを訪ねた。そこでの判定結果は、SCの主張内容は真正なるアサティダの神意であるから、神役達はSCの（アサティダの）主張を受け容れるべきだ、というものであった。そのため、神役達はＳＣの主張を受け容れた。

やっと自分の主張が認められたＳＣは、早速、集落内の各戸から寄付を集め、夫とともに市街地の神具店で香炉を購入した。購入の際には狩俣区長も同行した。香炉を買って狩俣まで帰り、東門（集落入口の門）の前で、白衣を着て待機していたアブンマとヤーヌスンマに香炉を渡した。彼らは、ウプグフムトゥへ直行し、神棚の一番西側、ンマティダの香炉のすぐ隣にこれを置いた。このときから、アサティダは、自分専用の香炉で、線香を立てて拝まれるようになったのである。この日、アサティダはＳＣの前に姿を現し、涙を流してお礼を言ったという。このようにして、ついにアサティダの香炉は設置されたわけだが、その後しばらくの間は、「勝手なことをしたものだ」と言って、ＳＣの悪口を言い続ける人もいないことはなかった。

④現　状（一九八九年九月）

ＳＣによる香炉増設以降は、香炉配置に変動はなかったという。現状は、第2章31頁に掲載した写真2-6のとおりである。アサティダ、ンマティダ、ヤマトカン三神の香炉が並べられている。現在、ウプグフムトゥでの祭祀を担当している現任神役達は、アサティダの香炉がＳＣによって増設されたものとは思いもせず、これがかなり「昔」から設置されていて、連綿とアサティダが祀られてきていると考えているほどである。たとえば、現任神役達へのインタビューの結果は次のようなものである。

島村　あの、その香炉（アサティダの香炉）はいつ置かれましたか。

Ａ　前から。

Ｂ　何百年前から。

Ｃ　そう。昔から。ずーっと昔から。あの、アマテラスオオミカミだけは、あのあとさね。あれはヤマトカンだけど、あれはあとから出ているはずよね。あのヤマトユー（大和世）になってからね。日本になって、ヤマトユーになってから。

Ａ、Ｂ、Ｃは皆、ウプグフムトゥでの村落祭祀において主要な役割を果たしている神役達（Ａはクルマンマ、ＢとＣはフサヌヌスという神役）である。全員、アサティダの香炉が増設されたことを知らないのであり、アサティダの香炉よりもヤマトカンのそれのほうが後から置かれたと考えているのである。もちろん、実際には、48頁の〈資料〉で見たように、アサティダの香炉増設前からすでにヤマトカンの香炉は存在していた[15]。また、狩俣の最高神役であり、ウプグフムトゥの祭祀を司祭している現任アブンマＩＭ（一九二五年生。香炉増設当時のアブンマの次の次の代のアブンマで、一九八三年にアブンマ就任）も筆者の、「アサディダの香炉がいつ置かれたかということはわかっていますか」という質問に、「もう、ずっと伝わってるねえ。昔かららしいさね。だから何百年前からずうっと昔の、うちなんかも知らんですねえ、これは」と答え、また、この香炉は巫者などによって新設されたものではないかという問いには、「知らん、わかりませんけど」と答えてくれた[16]。改変結果の定着ぶりを示すデータであるといえよう。

写真3-1　ウプグフムトゥ・パイヌヤー
出所）1989年，筆者撮影.

【事例2】　テラヌプーズ、ヤーマウスメガのフタバオコシ

現在、ウプグフムトゥのパイヌヤー（ウプグフムトゥ内の北向き南寄りの棟のこと。写真3-1）には二つの香炉が設置されているが（東がテラヌプーズの、西がその妻ヤーマウスメガの香炉）、これらは、SCとその夫SSによって約二〇年前に新設されたものである。それまではパイヌヤーには香炉は一つも置かれていなかったらしい。

SCによると、アサティダのフタバオコシから四、五年後、今度は、始祖神話の中でンマティダ、アサティダの息子であるとされるテラヌプーズから、「狩俣の人達は、私達（テラヌプーズとその妻ヤーマウスメガ）を神歌の中では名前をあげて讃えてくれているが、私達には神棚も香炉もなく、線香を立てて祀ってくれていない。お前の力で私達のフタバオコシをしてほしい」と声をかけられた。そこで二人は早速、夫婦で市街地に行き、香炉を二つ買ってきた。そしてSSが、パイヌヤーの中の、祭祀の際に使う道具が置かれている棚を改造して神棚を作り、ここに香炉を二つ置いた。フタバオコシの使命はSCにあり、神からの声がかけられたのもSCであったが、パイヌヤーは男性の祭場であり、女性は神役の一人ヤーヌヌスンマしか入ることが許されていないので、夫に頼んで香炉を置いてもらった[17]。

図3-1を見てみよう。鎌倉芳太郎による「大城本アサギの平面図」で、一九二七年の記録である。図中、アサギというのはパイヌヤーのことをさす。この建物は一九五六年に建て替えられているが、この図にある建て替え前の状況と建て替え後の状況では間取りその他に変更はないという（KS、男、一九二四年生教示）。SSが神棚を作って香炉を置いたのは、図中の「スタナ」と書かれた棚の部分であるが、この図には香炉は描かれていない。SCの言うとおり、以前は香炉が置かれていなかったのであろう。

さて、香炉新設当時、パイヌヤーに集まる男性神役のうちで

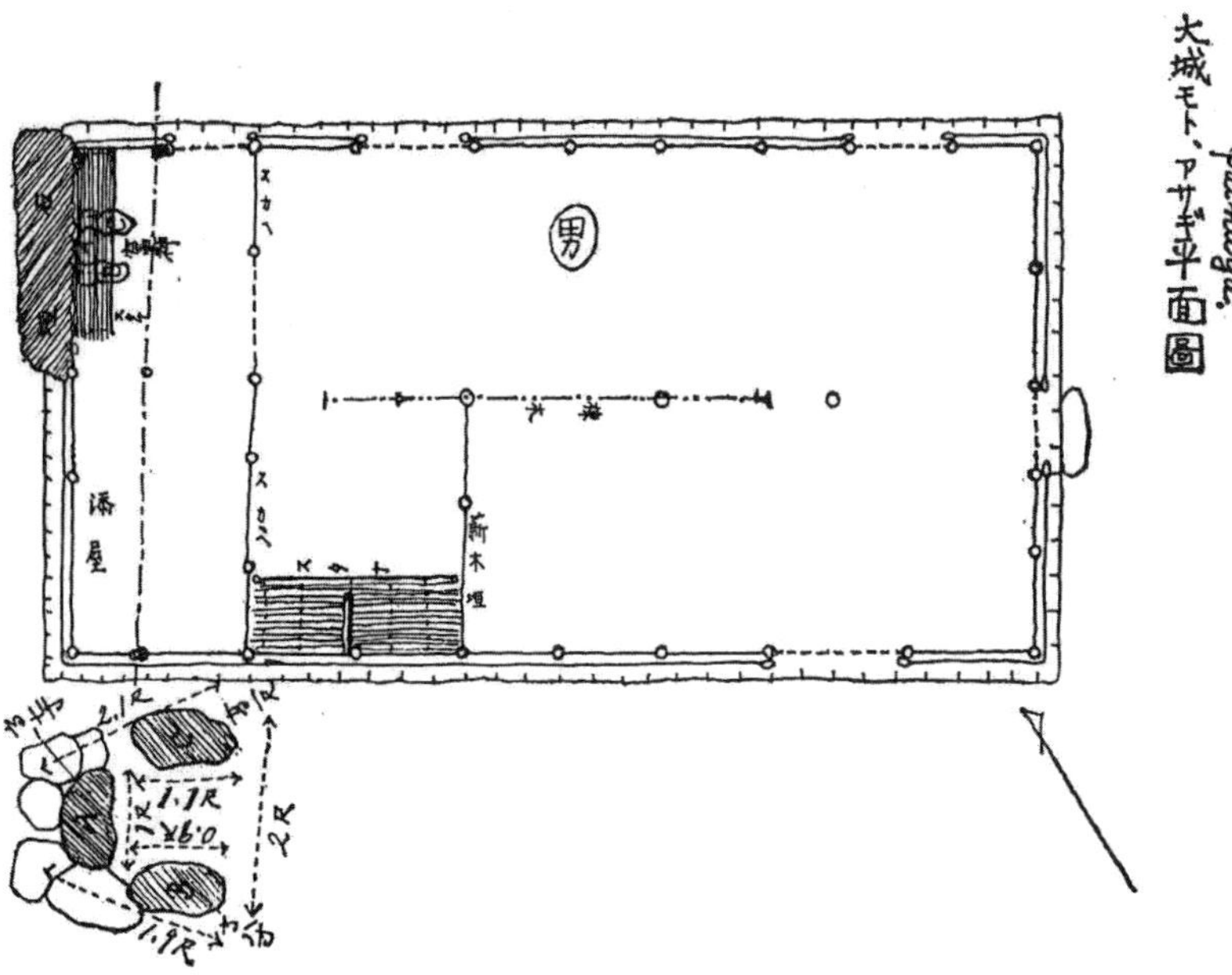

図 3-1　ウプグフムトゥ・パイヌヤーの香炉配置

出所）「大城本アサギの平面図」［鎌倉 1982：18］.

も中心的な役職であるアーグ主をしていたKS（一九二四年生）やKK（一九一九年生）によると、SCの夫SSは神棚を自分一人で作ってから、まずテラヌプーズの香炉を一つ置き、しばらくしてから（一年も経たないうちだったという）、その西側にヤーマウスメガの香炉を置いたのだという。この行為については「みんな反対していた。自分達だけでことを運び、まずいなぁと思っていた。だが、そうは思いながらも、神様の前では争いごとを避けなければならない、争いごとをした者は一年以内に神に命を取られてしまう、ということで、香炉をめぐってのSC・SSらとのトラブルを避けようとして、改変結果を何となくそのままにしてしまい、香炉を取り外すことはなかった」（KS・KK談を要約）。ただ、当時のヤーヌヌスンマ（ウプグフムトゥの女性神役の一つで、ムトゥの管理や、神前に線香を立てたり供物を供えたりする仕事を担当）は、ウイヌヤーの香炉には線香を立てていたが、パイヌヤーの香炉には、「勝手に新しく置かれた香炉に線香を立てるわけにはいかぬ」と言って一切線香を立てなかったために、SSがムトゥでの祭祀に参加するときには彼が自分で線香を立てていたという[18]。

現在、パイヌヤーにはこの二つの香炉が置かれ（写真3-2）、祭祀のたびにヤーヌヌスンマが線香を立てている。また、筆者がインタビューをした現任神役達のほとんどは、男性も女性も皆、この二つの香炉が「昔からのもの」であると主張している。パイヌヤーの香炉新設の事情を知らないようなのである。たとえば、現ヤーヌヌスンマのCS（一九七九年に就任）は、パイヌヤーの香炉は誰かが新しく置いたものか、という筆者の質問に対して、「わからない。昔からのものではないのか」と答えており、また筆者は狩俣滞在中にウプグフムトゥでの祭祀の参与観察を十数回行なったが、いずれのときもこのCSがパイヌヤーの香炉に線香を立てているのを確認している。どうやら、SC夫婦によって強引に行なわれた改変の結果は、当初葛藤状態を引き起こしながらも、結果的には受容、定着の方向へ向かったようである。

写真3-2　ウプグフムトゥ・パイヌヤーの香炉
出所）1989年，筆者撮影．

［事例3］　ヤマトカン

現在、ウプグフムトゥ・ウイヌヤーの神棚にはヤマトカンの香炉が設置されている。だが、［事例1］でも指摘したように、一九二七年の記録にはヤマトカンの記述はなく、この神は祀られていなかったらしい。おそらくその後、皇民化教育が影響して祀りはじめられたものだろう。現在、現任神役達は、この香炉（神）はヤマトユーになってから置かれたものだと述べている。しかし彼らは、これがいつ、誰の手によって設置されたものなのかについての知識を有しているわけではない。現任のヤマトンマ（ヤマトカンの祭祀を担当する女性神役）の三代前のヤマトンマKY（一八九四年生。数え五八歳から六〇歳まで担当）も、いつ、誰が置いたのかはわからないと述べている。現在、ヤマトカンはヤマト（本土）に出ている狩俣出身者を守護する神として人々から信仰されている。祀りはじめのいきさつは定かではないが、何らかの契機で祀りはじめられたヤマトカンは、現在では狩俣の祭祀体系の中にすっかり定着したものとなっているのである。

［事例4］　グンミザーの創設

グンミザーは、SCが創設した拝所である[19]。一九六八年のある日、SCは、狩俣における伝説上の登場人物であるアーテアヌンマから声を掛けられた。「自分は押し込められた状態にあるから、拝所をつくってフタバオコシをしてくれ。狩俣の人々皆で私のことを祀ってほしい」というものだった。SCは、この指示に従わねばならないと考え、早速、他の神役達にこの啓示の内容を知らせ、拝所を創設してアーテアヌンマの祭祀を開始するよう勧めた。しかし、その勧めに従おうとする者は、当初一人もいなかった。今までなかった新しい神をこしらえるわけにはいかないというのだった。しかし、SCは再三フタバオコシ実施を要求する。するとしばらくして、そんなに言うならムヌスに尋ねてみよう、という意見が神役の中から出るようになった。そこでアブンマをはじめ、数人の神役が他集落のムヌス（平良市成川に住む一九一二年生の女性ムヌス。狩俣の人々は、よくこのムヌスのところにハンジ・アカシをしてもらいに行っていた）のところへ伺いを立てに行った。そこでの判定結果は、SCはアーテアヌンマなる人物から確かにフタバオコシの要請を受けているようだから、SCの主張を受け入れて拝所を創設し、神役達も参加する祭祀を開始したらよかろうというものであった。ここにおいて、やっとSCの主張は大方のコンセンサスを得ることができたのだった。拝所の敷地は、アーテアヌンマの屋敷跡といわれている土地のすぐ東に確保し、SC夫婦が建設作業を行なった。一通り完成したところ、始祖神ンマティダから、拝所の名前はグンミザーとするように、またアーテアヌンマ以外の重要な神々もあわせて祀るように、という指示があり、SCらはこれに従った。

はじめて神を祀る儀礼を「ミチアケ（道開け）」という。それまでは閉じられていた「神の道」を開くという意味だという。ミチアケの期日がいつであったかは、SC自身記憶が曖昧になってしまっている。ミチアケの祭主は前出の成川のムヌスで、参加者は、SC夫婦、アブンマ、ユームトゥのウヤパーとその次の位の神役（ただし、SCはこのことには触れないのだが、当時のナーマムトゥのウプツカサ——ナーマムトゥのウヤパーの次の位の神役——だけは、グンミザー創設に絶対反対だといって出席しなかった）、ヤーヌヌスンマ、シマヌヌス、ウイヌピャー、クルマンマ、イスヌヌス、ヤマトンマ、マンザンマ、カニャンマ、トモンマ、サズ達であった。狩俣の最高位神役アブンマをはじめ、女性神役達のほとんどが参加したことになる。儀礼は午前八時に開始された。成川のムヌスがニガリフツ（願い口＝呪詞）を唱えて祭神達の降臨を願い、その後、参加者全員がウプグフムトゥに移動して、ンマティダにグンミザーの創設を報告した（写真3-3）。

これ以後、日常的にはSCが、また、旧暦毎月一日のシィータツニガイ（朔日願い）や、麦ブーイ、粟ブーイなどの大きな村落祭祀のときには、SCだけではなく、ウプグフムトゥの神役であるサズ二名がこの拝所での儀礼を行なうことになった。サズというのは、ムトゥでの祭祀のときに掃除や、儀礼で使用した食器を洗ったりする役であり、狩俣の人々に言わせれば「召使いのような神役」である。しかし、村落祭祀の女性神役の一つであることに変わりはない。ミチアケの際に神役のほとんどが集まり、その後、村落祭祀のたびにサズが通うようになったということは、グンミザーが村落祭祀の体系の中に受容されたことを意味するものである。

写真3-3　グンミザーで儀礼の準備をするSC
出所）1989年，筆者撮影.

写真3-4　ナーンミムトゥ
出所）1989年，筆者撮影.

ミチアケから七年間は、グンミザーはこうして村落祭祀の体系の中に組み込まれていた。狩俣では、二月マーイと称して、毎年旧暦二月に村落外部（他集落）の巫者を訪ね、その巫者を通して、神役の交替について神の意向を尋ねたり、村落祭祀に関してフソク（不足。祭祀において行なわれるべき事柄が行なわれていないことや、神への無礼）がないか神に伺いを立てることになっているが、その際にこの拝所に関してフソクが指摘されることは、この七年の間にはなかったという。しかし、一九七五年、ウプグフムトゥのサズの一人としてグンミザーでの祭祀に携わっていたNM（一九〇九年生）の孫（一九七一年生）の体中に、できものができてしまった。NMは、どうしたものかと思い、平良市西原に住むムヌスのところへ相談に行った。そのムヌスは、「暗い、墓場のようなところで、してはいけないニガリ（祈願）をしていないか。そこでのニガリをやめないと、孫の体はよくならない」という。まさに、NMが拝んでいるグンミザーは、木が欝蒼と茂っており、暗く、墓場のようなところであった。そこで、NMはすぐにアブンマと相談し、グンミザーへのサズによるニガリは以後、中止することになった。グンミザーが村落祭祀の体系からはずされることになったとき、かつてミチアケの儀礼への参加を拒んだナーマムトゥの元ウプツカサは、それ見たことか、と言ったという。現在では、SCと、彼女のクライエントの数名がグンミザーでの祈願を行なっているだけであり、現任神役達の中には、グンミザーがかつて村落祭祀体系に組み込まれていたことを知らぬ者も少なくはないという状況である（写真3−3）。

［事例5］　ナーンミムトゥの香炉増設[20]

ナーンミムトゥでも、香炉の増設が行なわれていた（写真3−4）。現在、このムトゥの神棚には香炉が二つ（右側が「水の神」、左側が「トコロガン」）並んでいるが、かつての香炉配置状況は

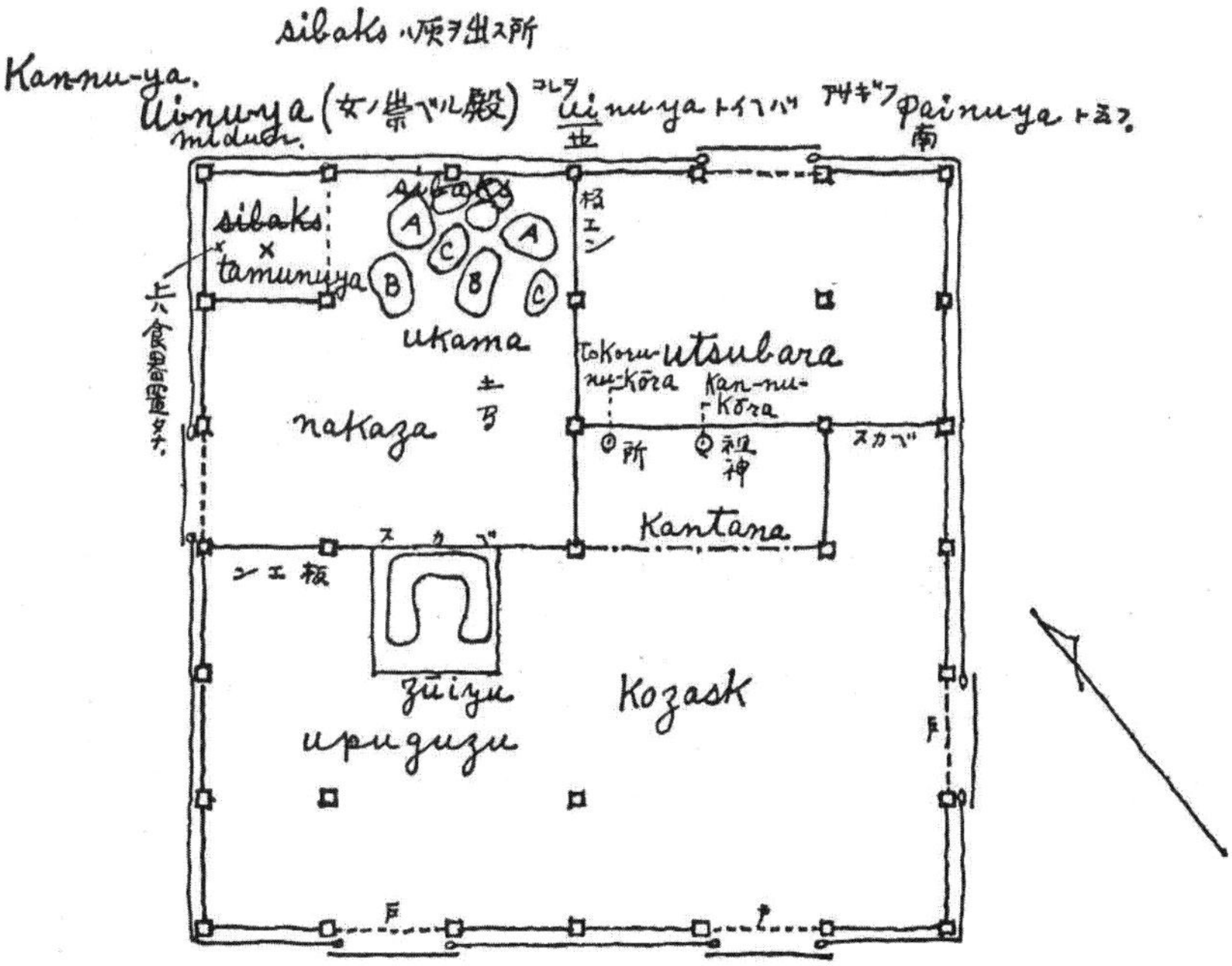

図 3-2　ナーンミムトゥ・ウイヌヤーの香炉配置

出所）「仲嶺本上の家の平面図」［鎌倉 1982：26］.

どのようなものだっただろうか。鎌倉芳太郎報告によって一九二七年当時の状況を確認してみよう（図3‐2）。ここでは、右側の香炉が「Kan-nu-Kōra」＝「祖神」とされ、左側の香炉は「Tokoru-nu-Kōra」＝「所」とされている。現行の祭神伝承における「水の神」は鎌倉報告における「祖神」の香炉に相当し[21]、「トコロガン」は鎌倉報告における「Tokoru-nu-Kōra」＝「所」そのものであると考えられる。

さて、問題となるのは「トコロガン」である。実はこの「トコロガン」の香炉は、日露戦争後にある兵士が買って奉納したものである。この兵士はＮＭ（女、一九一二年生、ナーンミムトゥのウヤパーを歴任）の父で、日露戦争に出兵し無事に帰って来ることができたために香炉を購入して奉納したのだという。この当時の改変のいきさつは定かではないが、この香炉は一九七〇年頃までは「トコロガン」として「水の神」（「祖神」）の香炉とともに祭祀のたびに用いられてきたものである。しかし、香炉奉納者の娘ＮＭは、ウヤパー在任中（一九六六年～一九七八年）、二月マーイのときに市街地に住むムヌスのところで、置いてはいけない香炉を置いているだろうと指摘される。そこで彼女は、自分の父が奉納した香炉がその香炉なのだと悟って、以後これを祀らなくなった。ただ、その指摘をしたムヌスによると、置くべきでない香炉であっても、一度置いてしまったものを撤去することはできないので、神としては祀らなくても香炉そのものはそのまま置いておくべきだということだったため、香炉は現在も神棚に置かれたままである。なお、NMはじめ狩俣の人々によると、そもそも「トコロガン」というのは、その屋敷地の守り神で、屋敷の北東隅に祀られるものであり、神棚に香炉を置いて祀るようなことはしないものなのだという。

現在、毎回の祭祀では、「お茶のトード」という祭祀の開始時に行なわれる献茶儀礼においてのみ左側の香炉にも火のついた線香を六本だけ（右の香炉には一二本）立て、それ以外のとき（祭祀のメイン・プログラムである呪詞や神歌の奏上儀礼のときなど）には、右側の香炉にのみ線香（一二本以上、場面に応じて一二の各倍数本）を立てている（ムヌスの指摘がある以前には、左右の香炉は線香の本数の面などで全く対等の扱いを受けていたという）。

【事例6】 シダティムトゥの香炉増設主張

シダティムトゥには現在、世の主を祀るとされる香炉が一つ設置されているが、ここでも香炉をもう一つ増設すべきだという主張がなされている。これを主張しているのは狩俣在住のムヌスSN（一九〇六年狩俣生まれ。四〇歳代後半で成巫して以来、狩俣でムヌスとして活躍）であり、彼女の言い分は次のとおり。

「シダティムトゥの祭神は、久米島から兄妹相姦の罪を犯したために海に流され狩俣に漂着した兄妹二神である。しかし、シダティムトゥの神棚には、兄神（世の主）を祀るとされる香炉が一つ置かれているのみで、妹神のほうを祀るための香炉は置かれておらず、妹神は祭神としての扱いを受けずにいる。そして、神役達の中には、シダティムトゥの祭神は兄妹のうちの兄のみであって妹のほうはどこかへ追放されたのだ、などと伝え話をしている者もいるくらいである。しかし、妹神は、別に、追放されたわけではなく、人間側の至らなさの故に、長らくフタバ押し込めの状態にされてきているのである。本来は妹神も兄神と対等に祀られなければならないのだ。これまでは、ものごとの道理のわかる神役やカミノヒト（神の人）が狩俣にいなかったために、妹神押し込めの状態が続いてきてしまっているのであるが、私こそは正しい神の道開けを行なう使命を持ったカミノヒトである。そこで私は、妹神の香炉を設置して、祭神としての正式な扱いを開始するよう神役達に説いている。もうこの説得を続けて二〇年近くになる。しかし彼らは香炉を置こうとはしない。彼らはものの道理を理解しないのだ。私が香炉を置いてもいいが、やはりムトゥを預かる神役達が納得してからやらなければ意味がない。私が元気なうちに絶対に置かせてみせる[22]」。

神役達はこの香炉増設の主張を受け容れることを拒絶している。というのは、現在のウヤパー、前任のウヤパー、さらにその前の代のウヤパーが、それぞれウヤパー就任中にこの主張を受け容れるべきかどうかを問うため村落外部のムヌスを訪ねたところ、いずれのときにも、このようなことを受け容れたら大変なことになると言われたからである（SNが香炉増設の主張をはじめたのは前出最古のウヤパーのさらにもう一代前のウヤパーの時代だったらしいが、そのウヤパーが村落外部の民間巫者を訪ねたかどうかはわからない)。歴代ウヤパー達が、村落外部の民間巫者による、香炉を増設すべきではないという判定に従っているため、ＳＮの主張は受容されないまま今日に至っている。

考　察

右の事例群における改変主張／行為があってからの経過について分類してみよう。改変の主張が大方の神役のコンセンサスを得て、村落祭祀体系の中に受容された事例は［事例１］と［事例４］である。そのうち、改変結果が人々から違和感のないものとして受けとめられた（すなわち定着した）のが［事例１］、いったん受け容れられながら後に拒絶されたものが［事例４］である。［事例２］は、改変が神役達のコンセンサスを得ないままで強行されたものであるが、この事例は結果的には受容がなされ、ついには定着までしたというものである。また、現時点での聞き取り調査では、神役のコンセンサスがあったか否かという点は判然としないが、改変結果がともかく受容されたと見られるのは［事例３］と［事例５］、うち、受容後の改変結果が定着したのが［事例３］で、定着の方向へ向かわずに拒絶されたのが［事例５］である。そして、神役達のコンセンサスを得ることとなく、改変が行なわれないまま、改変の主張だけが続けられてきているのが［事例６］である。このような整理が可能であるが、それではこれらの受容・拒絶・定着はどのような要因で決定され、進められるのであろうか。以下この問題について、受容・拒絶・定着を方向付ける主要な要因と考えられるものを三点取り上げることによって考察してみたい。

一つ目は、〈村落外部の民間巫者による神意判定〉という問題である。後述するように、村落祭祀の神役達は、祭祀体系は過去（理念的な〈始原〉）から伝えられている状態のまま維持されねばならないとする〈始原遵守理念〉を持っており、自ら進んで改変を企図するようなことはない。ところが、そうした理念を持たない民間巫者などは[23]、神示に従ったり、自己の考えによって改変実行を主張する。この主張に対して神役達は、まず最初は〈始原遵守理念〉に基づいて、これを拒絶しようとする。しかし、再三の勧告があった場合、神役達は、この改変勧告が民間巫者の妄言ではなく、村落祭祀で祀られるべき神霊の真正なる神意であるかもしれず、神意であるならば改変を実施すべきだ、と考えるようになる（たとえば［事例１］、［事例４］。そしておそらく［事例６］もこれに該当する事例だろう）。あるいは、民間巫者ではない者による改変主張の場合（［事例５］）も、それが神意にそぐうものであるかもしれず、それならば改変をするべきだ、と考えるようになるものと思われる。神役達の〈始原遵守理念〉が揺らぐのだ。そしてここにおいて、神役達は、神の真意は村落外部の民間巫者を訪ねることで明らかになるとし、神意確認を村落外部の民間巫者に依頼するのである。そしてその結果が、改変を否とするものであれば、改変主張は拒絶され、改変は実施されないのであるが（［事例６］）、諾とするものであれば、改変主張は受容され、改変が実施されるのだ（［事例1〕、〔事例4〕）。改変主張の受容／拒絶が〈村落外部の民間巫者による神意判定〉によって決定されるのである。もっとも、改変はいつも〈村落外部の民間巫者の神意判定〉を経てから実施されるわけではない。〔事例2〕のように、強引に改変が行なわれてしまう場合もある。その場合、神役達には葛藤状態が生じるが、しかし、改変結果撤回の際に起こりかねない、神前での神役達と改変者との間の争いを避けるために――神前では争いごとはしてはならぬとされ、その禁を侵した者の生命は神に取られてしまうのだとされている――改変直後の原状復帰の強行は行なわれず、改変結果はそのままにされるらしい[24]。ただし、いったん改変が行なわれたからといって、その結果の定着が約束されたわけではない。事例記述から窺えるように、改変後にも、村落外部の民間巫者を通しての神意確認は折りにふれて行なわれるのである。すなわち、二月マーイとして行なわれる定期的な民間巫者訪問や、改変関係者の身辺に何らかの災厄が発生した際に行なわれる臨機的な民間巫者訪問の際に行なわれる神意判定がそれであり、ここにおいて突如、いったん受容された改変結果の拒絶が決定されることもありえるのである（二月マーイの際に拒絶が決定されたのは〔事例5〕、臨機的訪問の際に拒絶が決定されたのは〔事例4〕）。改変結果が定着し、不動のものとなるには、何度となく、改変結果の再拒絶に結びつきかねない、〈村落外部の民間巫者による神意判定〉の機会を潜りぬけねばならないのである（本章でとりあげた事例群の中で、そのような機会において拒絶が決定されなかったのは〔事例1〕、〔事例2〕、〔事例3〕の三例である）。

なお、村落祭祀の神役達自身が神に真意を尋ねることは行なわれていない。これは、少なくとも現在の狩俣においては、神役達が、直接神霊からの指示を仰ぐことはできないものとされているからである。たしかに神役達の中にも幻視・幻聴を体験したり、ウヤガン祭祀のときなどに神がかって失踪する〔本永一九九一：一五五〕など、シャーマニスティックな性質を持つ者もいないことはない。しかし、彼らのシャーマニスティックな能力は、偶発的に発現するものであり、民間巫者のごとく意図的に神意を伺い、体系的な答えを受け取ることは不可能だといわれている（多くの神役談）。そこで、神意は村落外部の民間巫者を通して尋ねられることになるのである。また、仮に神役の中に意図的・体系的に神示を受け取ることができる者がいたとしても、やはり、神意の判定は村落外部の民間巫者に依頼すべきであるとされている。その理由は、村落内部の事情を知っている者が神意を問うと、神の意志ではなく人間の意見が神意として提示されかねないからだという[25]。神霊と直接交流し、具体的な神示を受け取る能力を持ったプロの巫者で、なおかつ第三者的存在である者として、村落外部の民間巫者が必要とされているのである[26]。

第二に取り上げたいのは、〈改変事実の伝達停止〉ということである。〔事例1〕、〔事例2〕のように、民間巫者による改変が受容され、定着した場合、現任神役達は、改変後の状況が民間巫者によって改変されたものであるとは知らずに、それが

「昔」（理念的〈始原〉）から変化することなくあったものだと見做している。これは、彼らが改変の事実を知らないために生じる現象であろう。筆者は、現任神役達の、改変事情についての知識の所有状況を確かめるべく、【事例1】における香炉配置の改変結果に関して、合計一〇名の現任神役（彼らは全員、改変当時の神役の次の次の代の神役である）を対象とした個別面接調査を試みたが、(27)その結果、一〇名のうち九名が、現在の香炉配置が約二〇年前に改変されたものであることを知らなかった。これらの神役は、全員、神話や祭祀次第についての知識は豊富に所有しており、問題の香炉群の祭神名についても正確な知識を有している。しかし、その香炉配置が改変されたものであることは知らないのである。改変後の時間の経過におけるある段階において、神役間に〈改変事実の伝達停止〉が生じたのだと考えられよう。

では、どの段階において、〈改変事実の伝達停止〉が生起したのであろうか。【事例1】の改変に関して、前節で記述しておいたように、アブンマは改変の事実については知識を有しておらず、改変結果を「昔」のままの状態だと見做しているが、そのアブンマの前任のアブンマNC（女、一九一五年生、一九七五年から一九八三年までアブンマをつとめた）は、次のように語っている。

　ウプグフムトゥのアサティダの香炉は、ムヌスであったSS（SCの夫）の指示に従って置いたと聞いている。(28)はじめ、神役達は反対していたが、平良のムヌスに相談した結果、置いてもよかろうという判定が下されたので、当時の区長が香炉を買ってきたらしい。自分はこの頃には未だ神役にはなっていなかったので詳しいことはわからない。このことはムトゥに上がった（神役になった）当初、神役の誰かが話していたのを聞いて知ったものである（括弧内筆者）。

NCは、香炉を置いたのはSSであると述べている。だが、フタバオコシの役目はSSではなくSCにあったのであり、当時の改変騒動の当事者達は、香炉を置かせたのはSSではなくSCだと証言している。直接経験をしていないNCが事実と異なる理解をしているわけである。(29)が、ともかく、NCの段階までは香炉増設の事実が伝えられていたことが確認されよう。

【事例2】においても、現任神役ヤーヌヌスンマは改変の事実を知らず、実際には改変の行なわれている現状を、「昔」からのものと見做しているが（事例記述参照）、その前任のヤーヌヌスンマKT（女、一九二〇年生）も、ウプグフムトゥ・パイヌヤーの香炉はいつ置かれたものかという筆者の質問に、「わからない」と述べた上で、

　自分がヤーヌヌスンマになったとき（一九七四年）、パイヌヤーには香炉は二つ置いてあった。線香はヤーヌヌスンマである自分が祭祀のたびにきちんと立てていた。ウイヌヤーの香炉に立ててから、パイヌヤーのほうにも立ててい

た。前任のヤーヌヌスンマがパイヌヤーの香炉に線香を立てていたかどうかはわからない。自分は、ヤーヌヌスンマの仕事は教わったとおりやっていたのだから、立てていたのではないか。自分勝手に祭りの仕方を変えることは許されていない。もし、祭祀の方法に神意にそぐわない点があれば、体を痛め付けられたり、家族に不幸が生じたりするが、そういうことはなかった。自分の祀り方に誤りはなかったと思う（括弧内筆者）。

と語っている。

以上二つの例をふまえて整理をすると、【事例1】の改変に関しては、改変当時の神役の二代目にあたる神役は、誤解を含みながらも改変の事実を知っていたのであったが、三代目である現任神役は改変事実を知らないのであり、二代目から三代目の間で改変事実の伝達が停止したことになる。また【事例2】の改変に関しては、すでに二代目の神役においても改変事実についての知識は所有されていないのであり、改変当時の神役から次の神役への世代交替の際に、〈改変事実の伝達停止〉が起こったと考えられるのである。

それでは、なぜこのような〈改変事実の伝達停止〉が生起するのか。おそらく、次のような仕組みがあるからだ。初発の段階での村落外部の民間巫者による神意判定を経た後に行なわれた改変であれ、そうした手続きを経ずに強行された改変であれ、改変直後には、神役達は改変行為と〈始原遵守理念〉との間の葛藤に悩む。しかしその後、その改変行為が神意による（そぐう）ものではなかったとする判定が村落外部の民間巫者によってなされたり、神役らが何らかの災厄を当該祭祀体系の改変行為と結び付けて解釈したりするということがないままに、時間が経過してゆくと、神役達の間には改変結果承認の雰囲気が強くなってゆく。すると、改変事情を知っている当事者、あるいは未だ改変結果の承認が進んでいない葛藤期[30]に改変事実を伝えられた者は、改変事実を知っていても、それを知らない新任神役に伝達する必要を感じなくなる。伝達しなくなるのである。

ところで、このような仕組みで〈改変事実の伝達停止〉が生起すると、次にはどのような状況が現出するのか。改変結果は、ついには、「昔」（理念的な〈始原〉）から変化することなく伝えられてきたものだ、と見做されるに至るのである。そしてまた、逆にひとたび「昔」からのままだと見做されはじめてしまうと、改変事実が想起され伝えられたりすることはありえなくなってゆくのである。

なお、はじめに、【事例1】に関して現任神役の中でも一名は改変事実を知っている者がいると述べたが、この者（ヤマトンマKC、女、一九八一年就任）は、たまたま母親が改変当時ヤーヌヌスンマをつとめていた者で、何かの折りに、母親から、彼女がヤーヌヌスンマ在任中に関わった【事例1】の香炉増設騒動の話を聞かされたのだという。これは、例外的な事例といってよかろうが、この事例においても、この者は改変事実を他の神役達に伝達しようとはしてこなかったようである。おそらく、右の考察で指摘したように、彼女も、改変事実を伝える必要性を感じていないから、伝達をしないのであろう[31]。

改変主張／行為の受容・拒絶・定着を決定・進行させる要因の三番目としてあげられるのは、神役達に共有されている〈始原遵守理念〉である。改変当時の神役達は、民間巫者による改変の主張に対して、当初、猛反対をしているわけだが、その理由は、神役達の間には、神事に関することがらは「昔からのまま」に保たれねばならないという考え方が存在しているからである。この「昔からのまま」という共通語には、「ンキャヌママ」「ニダティママ」という宮古島方言が相当する。筆者による神役へのインタビューにおいてもこの表現は聴取することが可能であった。筆者が神役達に、拝所の香炉を誰かが新たに設置したという話は聞いていないか、という質問をぶつけてみたところ、神役の一人（ウパルズンマKH、女、一九二九年生）は、

そんなにはしないと思うんだけどね。だから、カンのこと（神のこと、すなわち神事）はネダテママ（の状態を維持しなければならない）って言っているからさ、別に、ねぇ、いらんことしたら、（その後の状況は）そんな、ネダテママじゃないよね（括弧内筆者）。

と答えてくれた。

「ネダテママ」（＝ニダティママ）あるいは「ンキャヌママ」という言葉は村落祭祀の場において、神役によって歌われる神歌（タービ、ピャーシ、フサ）や呪詞（ニガリフツ）の中にも頻出する表現である。次の資料を参照されたい。

ザアウンガニ

1　ザウンガニ　ムい　ヤいタい〈ザウンガニ〈神名〉という　守り姉であった〉

2　イつつガニ　ムい　ヤいタい（五人の男の子の　守り姉であった）

3　イつヌ　ウパーニ　ウパーニ　ヨーイ（五人の子の守り姉は）

ナナヌ　ファーヌ　ウパーニ　ヨー（七人の　子の守り姉は）

むマヌカむ　ウミュープギ（むマヌカむ〈母の神。神名〉のおかげで）

ヤグミ　カむ　ウミュープギ（恐れ多い　神の　おかげで）

4　ユラサマい　ウミュープギ（お許しくださる　おかげで）

プガサマい　ウミュープギ（ご承諾くださる　おかげで）

5　バガ　ニフつ　ウクイヨーイ（わたしが　うたいはじめた　お歌を）

カむム　ダマ　マクイヨー（神の　分の　ま歌を［神である私自身を讃美する歌を］）

6　タカビフつ　ウクイヨーイ（崇べる　歌を）

ビユギフつ　マクイヨ　（座してうたう　ま歌を［座謡を］）
7 ウトゥム　ユむ　トゥユマイ（他のタービにつけ加えてもらって　うたいあげて　豊かになろう！）
ウつき　ユむ　ミャーガライ（他のタービにつけ足してもらって　うたいあげて栄えよう！）
（中略）
15 イつヌ　カミ　ウパニヨー（五人の　男の子の　守り姉よ）
ナナヌ　カミ　ウパニヨー（七人の　男の子の　守り姉よ）
16 むマヌカむ　ウミュープギ（母の神〈神名〉の　おかげで）
ヤグミ　カむ　ウミュープギ（恐れ多い　神の　おかげで）
17 ユラサマい　ウミュープギ（お許しくださる　おかげで）
プガサマい　ウミュープギ（ご承諾くださる　おかげで）
18 バガ　ニフつ　ウクイヨ（わたしが　うたいはじめたお歌を）
カむム　ダマ　マクイヨ（神の　分の　ま歌を［神である私自身を讃美する歌を］）
19 ウトゥム　ユむ　トゥタむミヨー（他のタービにつけ加えてもらって　うたいあげた）
ウつキ　ユむ　ユタむミヨー（他のタービにつけ足してもらって　うたいあげた）
20 ンキャヌ　タヤ　トゥタむミヨー（昔から　伝わった通り　うたいあげた）
ニダティ　ママ　ユタむミヨー（村立ての頃から　伝わった通り　うたいあげた）
［平良市史編さん委員会編　一九八七：五六二―五六三、傍線引用者］

これは、「ザアウンガニ」のタービと称し、麦ブーイ（旧暦二月に行なわれる麦の収穫祭）などの祭祀のときにウプグフムトゥで、アブンマによって歌われる神歌の歌詞である。結びの部分（傍線部）に「ンキャヌ　タヤ　トゥタむミヨー　ニダティ　ママ　ユタむミヨー」という表現が見られる。採録者の本永清は、この部分を「昔から　伝わった通り　うたいあげた／村立ての頃から　伝わった通り　うたいあげた」と訳し、また、同じ神歌を別途採録した外間守善と新里幸昭は、この部分を「昔の力〈霊力〉をとった／根立てたままを申し上げた」と訳している［外間・新里編　一九七八：三二］。「ンキャ」は「昔」を、「ニダティ」は「根立て」＝「村立て」を意味していることになるが、これらの「昔」・「村立て」は、もちろん歴史的事実としての始原ではなく、神話的・理念的な〈始原〉というべきものであろう。神役達は筆者に、神事というものは〈始原〉のままで伝承されなければならぬと語り、神歌においては、「〈始原〉のままを歌った」ことが宣言されている。ここに我々は、狩俣の神役達の持つ〈始原遵守理念〉を指摘することができるのである。この「ニダティママ」という表現は、多くの神歌の中に繰り返し繰り返し登場する。[32] 儀礼のたびに何度もこの言葉が歌われることによって、神役達は、〈始原遵守理念〉を常に確認しているのである。狩俣の人々は、タービのような神歌について、「とても不思議なことだが、遠い昔の神様（あるいは頭の良い人かもしれぬ）が、シマダテ（村立て）の様子やシマ（村落共同体）の歴史など、後世に伝えておくべき事柄を歌にしたものが神歌であり、これを間違えて伝えたり、勝手に（章句を）減らしたり増やしたりして伝えることは許されていない。『ニダティママ』歌うということは、シマが根立てられた（できた）とき、あるいはその歌が根立てられた（つくられた）ときから伝えられているとおり歌うということだ」と言っている。むろん、実際には、神歌は口頭伝承であるから、「減らしたり増やしたり」されているのであり［渡邊　一九九〇：一七二―一七六］、厳密には「ニダティママ」歌っているとはいえない。しかし、そのように考えるのは、研究者の目で見るからであり、狩俣の人々は、神歌は「ニダティママ」に伝承されているのだと信じている。そしてまた人々は、神歌に限らず、神事に関することがらは「ニダティママに伝えねばならぬ」と考えているのであり、さらに、「ニダティママに伝えねばならぬということは、神事に関わるものごとは今まで当然、ニダティママに伝わってきているに決まっている」という認識をも持っているのである。

こうして、〈始原遵守理念〉が浸透しているからこそ、神役達は、改変の申し出があった場合には、まず拒絶をする。しかし、その後この理念が揺らぎ、改変行為が受容され、その結果が定着した場合には、今度は改変後の状況が「ンキャヌママ」、「ニダティママ」として認識されるに至るのであり、さらにそう認識されることによって、定着の度合いはいっそう増してゆくのである。また、いったん受容されているものでも、再び拒絶をすべきだとなったときには、やはりこの「ンキャヌママ」、「ニダティママ」理念があるために、すみやかに原状復帰が図られる。したがって、〈始原遵守理念〉の存在は、改変の拒絶を決定することもあるし、逆に改変結果の定着を促進することもあるのであり、〈始原遵守理念〉は、拒絶・定着双方の決定に影響を与えるものだと指摘できる。[33]

結　び

以上、宮古島狩俣集落をフィールドに、民間巫者の神話的世界と村落共同体の神話的世界・祭祀体系との交渉の様相について検討を行なってきた。最後に、本章での議論の内容をまとめるとつぎのとおりとなる。

①本章で取り上げた民間巫者ＳＣの語る始祖神話叙述における基本的なストーリー展開は、村落共同体が伝承・共有している神話のそれと類似したものとなっている。このことは、Ｓ

Cが、村落共同体の神話を自己の神話的知識の源泉とし、これに依拠することで神話的世界を構築したのだということを示すものである。と同時に、ストーリーの中に登場する神々や聖地の位置付けの面では、村落共同体の神話的世界には見られない二元対立的な世界観が強調され、世界観構造の輪郭は村落共同体の神話的世界に見られるものよりもより明確なものとなっている。

②SCは、村落祭祀のレベルでは、祭神として明確に意識されていなかったふしのある神々を祭神として明確に祀り直したり、村落共同体の一般成員や神役らにとっては意味付けの曖昧であった場所を神話的・始原的な聖地として意味付けし直したりして、村落共同体の伝承的世界を補完、活性化するような内容の神話的世界を構築した。そして、その際とくに注目されるのは、その補完内容がきわめて整合的なものであった点である。

③SCは、自己の神話的世界を、自分一人のプライベートなものとして構築したのではなく、村落共同体の祭祀体系を改変させるべく、実際に、神役達に具体的なはたらきかけを行ない、それが受容され定着する場合もあったことが注目される。また、このような改変は、SCのみならず、他の民間巫者や村落祭祀に関心を持った者などによっても主張され、それが受容されることもあった。このようなことから、村落祭祀体系は決して静態的に存在するものではなく、しばしば改変される可能性を持っているものだということが改めて確認された。

④こうした民間巫者などによる祭祀体系の改変は、受容・定着する場合もあれば、拒絶されることもある。その改変の、受容・定着・拒絶それぞれのプロセスとそこに見られるメカニズムは次のとおりである。民間巫者などによる、村落祭祀体系を改変しようという主張は、それがなされた当初は神役達によって、改変を行なえばその結果は「〈始原〉のまま」ではなくなるとして拒絶される。これは、神役達に〈始原遵守理念〉が浸透しているからである。しかし、主張が再三にわたる場合には、神役達の〈始原遵守理念〉は揺らぎ、彼らは〈村落外部の民間巫者による神意判定〉によって改変の是非を問うようになる。そして、そこでの判定結果が、改変を可とするものであったときには改変主張を受容して改変を決行し、否とするものであったときには改変主張を拒絶する。ただし、こうしたプロセスを経ないで、改変が主張者によって強行される場合もある。この場合、神役達は改変強行者とのトラブルを避けようとするために、改変結果を撤回して原状復帰を図ることはなされず、改変結果はそのままにされてしまう。もっとも、〈村落外部の民間巫者による神意判定〉を経て行なわれた改変の場合も、強行された改変の場合も、改変決行後にも、改変の是非について〈村落外部の民間巫者による神意判定〉の機会がしばしば設けられるのであり、ここで、いったん受容された改変結果の拒絶が決定されることもある。逆に、この機会において改変結果の否定がなされない場合、異なる世代の神役間を中心に〈改変事実の伝達停止〉が発生し、最終的には、改変の事実を知らない神役達によって、実際には改変されたものである祭祀体系の内容は、

「〈始原〉のまま」のものだと見做され、定着するに至るのである。これは、彼らの間に〈始原遵守理念〉が浸透しているためであろうと考えられる。

注

（１）　ここで民間巫者とは、村落祭祀の公的司祭者に対する、私的巫者のことをさす。
（２）　ここで村落祭祀とは、村落共同体単位で行なわれる公的な祭祀のことをさす。
（３）　神役は、狩俣に出生し、居住している者のうち、女性は五〇～六〇歳代の者から、男性は数え五五～六五歳の者の中から、村落外（他集落、市街地）の民間巫者による神託（候補者とすべき者の干支を託宣）に基づいて行なう神籤によって選出される（ただし、候補者選定の範囲については、神役の種類によって、叙上の年齢層のうちでも、①全集落から、②特定父系家筋の男性から、③特定父系家筋の嫁から、というようにそれぞれ異なる規定がなされている）。個々の神役についての説明は、本文中で必要に応じて行なうことにするが、狩俣の神役制についての詳細は、佐々木伸一［一九八〇：一六三］、宮城栄昌［一九九〇：二八―三〇］、平良市史編さん委員会編［一九八七：二八八―二九〇］などを参照のこと。
（４）　ハンジとは、クライエントが抱えている災厄などの原因を判定して示すこと。アカシとは、ハンジを踏まえて、問題解決のためにはどのような対策をとればよいかを示すこと。
（５）　ＳＣ自身によるフタバオコシについての説明を要約すると、「フタバオコシとは、（それを行なおうとする者にとって）本来祀られてしかるべき神や先祖が祀られていない状態（これを『押し込め』とか『フタバ』の状態という）にあるとき、これを祀る（祀り直す）こと」となる。なお、桜井徳太郎［一九七三：二七五―三〇五］による沖縄本島与那城村屋慶名のユタが実修した巫儀についての報告の中に、元祖のフタバウシクミがクライエントの周囲にある、とユタが述べている部分がある。桜井はフタバウシクミに「塞場押し込め」という文字をあて、「正しい道開けが行なわれないために障害のおこることをいう。押し込みフタバ（嫡子押し込みなど）・カーフタバ（井戸閉塞）・ハカフタバ（墓閉塞）などその種類が多い」と説明している。
（６）　通常、男女とも四〇歳くらいになったらこの神を祀りはじめ、祀りはじめるときには民間巫者に祀りはじめの儀礼を行なってもらう。家屋内にマウ棚という神棚を設け、これに香炉を置いて祀る。人々は、毎朝お茶と線香を供えて一日の無事を祈ることになっている。
（７）　二つ以上の神々あるいは聖地の間に何らかの関係を結ばせることを「ムスビをとる」という。神・聖地Ａと神・聖地Ｂとを結びあわせたいときには、Ａで祈ったときに持参した線香をＢで祈るときに用いると、両者は結ばれたことになる。
（８）　村落祭祀には、神役達が神歌を歌いながら神酒を回し飲みする場面があるが、このときに神酒を注ぐ役をする神役。
（９）　ここで、ＳＣが巫者（シャーマン）であるか否かについて一言触れておこう。ここでは、シャーマンの規定は佐々木宏幹［一九八〇］によるものに従うこととする。佐々木［一九八〇：二二］は、シャーマンの特質として、①超自然的存在との直接接触による力能の獲得、②超自然的存在との直接交通・交流による役割、③異常心理状態、の三つをあげているが、SCは、自分のマウガンやクライエントの家のウカマガン（火の神）などの神霊に、ニガインマとしての神祀りの方法を常に直接的に教わっており、また、神の指示に従ってある種の予言をしたりすることから、右の条件のうち、①をまず満たしているといってよい。また、直接的に神の声を聞いたり、ときには姿を見たりし、SCの側からも神へ話しかけそれに対応する答えを神から与えられながら民間巫者としての活動を行なうことから、条件の②も満たしているといえる。さらに、神との直接交流時には欠伸の連発や体の震えが見られることから、③も満たしているのである。よって、SCは巫者（シャーマン）であると見做してよいものと考えられる。なお、ここでは詳述する余裕はないが、巫儀の観察に基づいて、SCは佐々木［一九八〇：三二］のいうところの「憑霊型」に属し、その中でも「霊感型」［佐々木 一九八〇：五六］のシャーマンであると認定できるものである。

(10) 筆者は、SCが巫儀の際などに、クライエントに向かってこの神話叙述を散文の口頭表現（宮古方言）で語っているところを何度も確認している。ただし、儀礼に用いる呪詞・神歌にこの神話の内容が取り入れられているということはないようである。

(11) 以下、本章で引用する鎌倉による拝所の記録図中に、調査期日の記載はないが、この図面の収められている『沖縄文化の遺宝』中の別の箇所に、一九二七（昭和二）年に狩俣を調査し、ウプグフムトゥ、ナーンミムトゥなどについて「その状態を記録し実測した」［鎌倉 一九八二：七五］とあり、本章で引用する図はその実測記録であることから、鎌倉による狩俣関係の記録は一九二七年当時の状況を伝えるものであると考えられる。

なお、この第2章図2-2に描かれている建物は、一九五六年に現在のコンクリート製の建物に建て替えられた。しかし、建て替えの前と後とで間取りなどに変更は見られない。

(12) 狩俣の「北の浜」から少し南側の森の中に入ったところにこの洞穴はある。奥行き二〇メートル、横幅一〇メートル、高さ五メートルくらいのスペースで、入り口は一ヶ所、地面はちょうど宮古島を空から見下ろしたときのような形をした空間である。村落祭祀がここで行なわれることはない。また神役によってここに祀られている神もない。

(13) 山下欣一［山下 一九七九：五三―七〇］は、南西諸島各地に伝承されているある種の説話群を集成・検討した上で、それらからは「他界への入口」としての洞窟や干瀬、「他界の動物」としての牛などのシンボリズムを抽出できるとし、そこに南島の他界観の基層的な原理が読み取れるのではないか、と指摘している。そしてまた、これらの事例群の背景には巫女群の関与を感知できるとも述べている。もしかするとこのウスクミザー伝承は、山下が集成し検討したような説話群に類似した何らかの神話的伝承の断片なのかもしれない。しかし、今日ではその原形があったのかどうかさえも知ることはできないようである。

(14) SCは、KUが語ったような伝承は、子供の頃に祖母から聞いたことがあると述べている。そして、巫者になってのち、ンマティダから、ウスクミザーはンマティダ出現の聖地であり、牛泥棒の話は、ずっと後の時代の出来事であると教わったという。

(15) 神役達が、ヤマトカンの香炉は「あとから」置かれたものだと述べているのは、「ヤマトの神を祀りはじめたのはヤマトユー

（大和世＝琉球処分以後、ただしアメリカ統治時代はアメリカユー）になってからだろう」という先入観があるからである。もしも、この香炉が土着的な神名の神の香炉であったなら、この香炉も「昔から」のものだと認識されているであろう。

(16) ただしＩＭはこの発言の後に、もっともこういうことはあったとして、彼女がアブンマに就任する以前、シダティムトゥのウヤパーをしていたとき（一九八一～一九八三年）に体験したシダティムトゥの香炉配置改変主張事件（後出［事例6］）のことを話している。

(17) ＳＣ自身は筆者に、テラヌプーズ、ヤーマウスメガ両神の香炉を一度に新設したように語っているが、実際には二度に分けて設置されたもののようである。おそらくＳＣに記憶違いが生じているのだろう。

(18) ＳＣは、当時のヤーヌスンマが新設された香炉には線香を立てていなかったということについては、筆者に語ってくれていない。この事実を知らないのかもしれないし、あるいは自己の行為の正当性を否定するような出来事については語りたがらないのかもしれない。

(19) この拝所は、集落北側の丘の麓に、ウプグフムトゥなどと並ぶような形で設けられている。クライエントがＳＣに依頼した各種の祈願がここで行なわれることも多く、ＳＣはここを自分にとって最も重要な聖地だと位置付けている。グンミザーのグンミとは、神々が集まって審議をすることであり、ザーは座で、場所を表わすから、グンミザーとは「神々が審議をする場所」という意味だという。敷地の周囲は石垣で囲まれ、区画内には、アーテアヌンマをはじめとする諸神を祀る香炉が八つ配置されている。この拝所の主神であるアーテアヌンマは、狩俣住民の間で語り継がれてきた伝説上の予言者で、宮古島の東南から七つの帆をあげた船が来たら宮古は統一されるとか、狩俣の北海岸にある二つの石がくっついたときには一大事がおきるなどという予言をしたと伝えられている。ただし、この者はグンミザー創設以前には人々から神として認識されることはなかった。

(20) 本事例における祭祀体系の改変者は民間巫者ではなく一般人であったようだが、本章での考察を展開する上で参考になるデータと考えられるので、この者による改変事例もここに取り上げることとする。

(21) 現行伝承でも、「水の神」がナーンミムトゥに帰属する人々の「祖神」だと説明されることがある。現在、この「水の神」は、久米島から兄妹相姦の罪を犯して流されてきた兄妹および彼らの守姉のうちの守姉であり、この者が井泉を発見したために水の神とされたのだなどと伝承されているが、この神がナーンミムトゥ帰属者の始祖神だとされることもないことはない。状況によっては、自分達（ナーンミムトゥ帰属者達）はウプグフムトゥの始祖神の子孫ではなく、「水の神」の子孫なのだという語られ方が漠然となされる場合もある（ただし、「水の神」を始祖と位置付ける明確な始祖神話は存在していない）。しかし一般的には自分達の始祖神がウプグフムトゥの神なのか「水の神」なのかを厳密に区別しようとする動きはないようである。

(22) シダティムトゥの祭神伝承は次のようなものである。

昔、久米島に特別睦まじい兄妹がいた。妹は美貌にすぐれ、気だてもやさしかったので、兄は他の男へ嫁にやるのがつらさに妹と夫婦の契りを結んでしまった。そのことが両親にばれて、二人は父親から勘当され、守り姉一人をつけて島流しにされることになった。いよいよ三人が小舟に乗せられようとしたとき、兄妹の母親が現われた。そして、島流しにされる二人のわが子を不憫に思い、泣きながら娘の着物の袖下に五穀の種子を忍ばせてやった。三人が漂着した場所はいまの狩俣の南の浜であった。三人は上陸して、どこか適当な場所を選んで村立てしようと考え、まず飲み水を探し求めた。けれども、見知らぬ土地で飲み水を探すことは容易でなかった。三人は毎日朝から晩まで飲み水を求めてさまよい歩かねばならなかった。ところが上陸して七日目の朝、三人が疲れた足どりで歩いていると、前方の草藪のなかから一羽の鴉が両翼をぬらして飛び立つのが見えた。三人がその場所へ急いで近づいてみると、草藪のなかから清水がこんこんと湧き出ていた。その清水を両手ですくって飲んでみると、とてもおいしい水であった。三人はともに喜び合い、さっそくその近くに村立てすることにし、新しく土地を耕して畑をつくり、五穀の種子を播いた。種子は発芽し、すくすくと成長して、豊かに実るようになった。三人はその場所でしばらく同居していたが、その場所はあまりに狭かったので、のちに兄妹二人は守り姉をそこに残して今のシダティムトゥの建つ場所へ住居を移した。…後世、兄はユーヌスと呼ばれてシダティムトゥの祭神となった。妹はユーヌスミガ（ミガは女性名）と呼ばれたが、ひとり近親相姦の不義をとがめられ、シダティムトゥにまつられることなく追放された。また守り姉はミズヌヌス（水の主）と呼ばれてナーンミムトゥ（仲嶺元）の祭神となった［本永 一九八七：四八四―四八五］。

　たしかに、SNが述べているように、妹を追放したという伝承が語られているのである。ただし、筆者の調査では、祭神を兄神のみとはしない伝承事例の存在も確認している。たとえば現シダティムトゥウヤパーのKM（女、一九三〇年生）は、一つの香炉で兄妹二神を祀っているのだと述べている（KMは、妹神が追放されたという伝承の存在を知らないようである）。

(23) シャーマンである民間巫者は、神霊との直接交流によってそれらの徹底した影響下におかれ、そのために無限定ともいえる自己表現（神意による行為）が行なわれることになる［佐々木 一九九一：三八五］。したがって神意が〈始原〉を遵守するものでない場合にも、民間巫者は臆することなくその神意に従うのである。

(24) もっとも、だからといって強行された改変の結果がすぐに受容されてしまうわけではない。［事例2］で見たように、改変結果はたしかに「何となくそのままに」なってしまうのだが、しかしこの場合でも当時のヤーヌヌスンマは、新設された香炉には線香を立てないという拒絶の表現をしている。これは、改変強行直後においては、神役達は受容と拒絶の中間に位置する葛藤の状態にあることを示すものである。

(25) 村落外部の、第三者としての民間巫者に巫儀を依頼する例は、個人の問題を解決すべく行なわれる巫者訪問においても一般的である。それは、クライエントの周囲の事情を知らない巫者の判示のほうが信憑性があるとされているからである。

(26) この場合、できることなら一人の民間巫者ではなく複数の民間巫者を訪ね、その判定が同一のものであるときに神意判定の結果を受け容れるべきだと神役達は述べている。ただし、本章で記述した事例群においては、何軒の民間巫者を訪ねたかは、話者達の失念のために判然とせず、このあたりの、人々の論理と心意とを事実に即して究明するのは今のところ困難である。

なお、狩俣を含む宮古島の多くの村落で、神役候補者の選出範囲や現任神役の適否を問うたり、また、祭祀が誤りなく行なわれているか、神に通じているか伺いを立てたり、あるいは村落の吉凶を占ってもらったりするために、神役達による村落外部の民間巫者への訪問が行なわれているが［大本　一九八三：九四―九五、佐々木　一九八三：九九―一〇〇］、本章で扱っている、祭祀体系改変の是非を問うべく行なわれる民間巫者訪問も、これに該当するものである。なお大本憲夫は、このような、神役と村落外部の民間巫者との相関の事例をあげた上で、「神役たちは巫者（村落外部の民間巫者）によって祭祀行動上の一つの枠組を付与されていると考えることができる」［大本　一九八三：九五］（括弧内引用者）と述べている。

(27)　調査したのは、アブンマ、ヤーヌヌスンマ、ヤマトンマ、ウイカンマ、クルマンマ、ウパルズンマ各一名と、フサヌヌス、サズ各二名である。［事例1］の舞台であるウプグフムトゥには他にも数名の神役が所属しているが、諸般の事情でそれらの神役へのインタビューは行なっていない。

(28)　SS（一九八〇年に死亡）はムヌスをしていたという。ただし、フタバオコシは専らSCの役目で、SSにフタバオコシの神示が下ることはなかったという（SC談）。

(29)　この他、NCと同時期に神役をしていたある女性（アサティダの香炉増設時には神役未就任）は、筆者に対して、「神役達の反対にもかかわらず、ある晩、SCがアサティダの香炉を勝手に置いてしまった。翌朝になってそれを発見した神役達はたいへん驚いたが、その後、神役の代表を平良のムヌスのもとに派遣して神意を問うてみた。すると、神の意志にかなっているとの判示が出たため、結局、香炉増設を認めることになったという話を聞いたことがある」と語っている。こうした「異伝」の存在については、渡邊欣雄［一九九〇］を参照。

(30)　この葛藤期間がどれくらいの長さであるかを解明するのは困難であるが、災厄や心身不調が当該改変事実と結び付けられなくなり、また〈改変事実の伝達停止〉が生じはじめる段階までの間を葛藤期間と考えておきたい。すると、たとえば［事例2］では、筆者による調査でわかっている限りにおいては、改変当時のヤーヌヌスンマから次の代のヤーヌヌスンマに交替した段階で〈改変事実の伝達停止〉が見られるので、少なくともヤーヌヌスンマ交替までの三ないし二年間（改変があったのは一九七一ないし一九七二年で、ヤーヌヌスンマ交替は一九七四年）が葛藤期だったといえる。しかしその後も、別の神役によって改変事実の伝達が新任ヤーヌヌスンマになされたり、何らかの災厄発生があった場合にその原因が改変行為に結び付けて解釈されたりする可能性もあるので、三あるいは二年間で葛藤状態が終了したと断定することはできない。なおまた、［事例4］においては、改変の七年後に改変行為が災厄の原因として解釈されている。少なくとも［事例4］では、七年間は葛藤状態が続いていたということになろう。

(31)　また、このような要因によるほか、アブンマも知らぬ改変事実を話題にすることを憚っているからかもしれない。狩俣の神役達には、アブンマに対して「余計な口出し」をすべきではない、という考え方が深く浸透しているのである。

(32)　狩俣の神歌の中にこの表現が頻出すること自体は、すでに国文学者による指摘［関根　一九八一：一〇一］があるが、本章の意図は、この表現を〈始原遵守理念〉の表出と捉え、この語が象徴する理念が神役達の神事観を構成する重要な要素となっていることを論じるところにある。

(33) なお、本章では〈村落外部の民間巫者による神意判定〉の項に含めて説明したが、改変が行なわれた後の、受容・拒絶・定着を決定・進行させる契機の一つとして、神役らの身辺に、彼らをして改変結果が神意に反するものだったと認識させるような災厄・心身不調の発生があるか否か、という要素もあげることができることを確認しておきたい。また、本章で扱った事例群からは何とも言えないが、改変者の持つある種のカリスマの内容や強さ、あるいは改変者の村落内での社会的地位などが、受容・拒絶・定着を左右する要因となることも予想される。これについては他地域の事例も検討した上で理論化を試みたい。

第4章 沖縄における民俗宗教と新宗教
――龍泉の事例から――

大学院に進学したわたしは、沖縄で生まれた新宗教を民俗学の視点から考察することを修士論文のテーマに決め、沖縄本島宜野湾市に本部をおく新宗教「龍泉《いじゅん》」の調査を開始した。沖縄の新宗教をテーマに選んだ理由は、卒論調査で宮古島狩俣に滞在中、借りていた空き家のすぐ近くに住んでいたおばさんが、「このまえ、沖縄本島からすごい男のユタ（民間巫者）が来ていい話をしていった」と言いながら、龍泉の機関紙を見せてくれたことに発する。機関誌を読むと、この「男のユタ」とは、龍泉教祖の高安六郎氏で、龍泉は、沖縄のユタ的世界を止揚して形成された新宗教教団であることがわかった。当時、創価学会や天理教などの本土系新宗教が沖縄で盛んに布教していたことは知っていたが、沖縄で発生した新宗教があることは知らなかったため、わたしは大いに興味を持った。そして、この教団を観察することを通して、現代沖縄の社会や文化のあり方を論じることができるのではないか、このように考えて、龍泉を研究対象に設定したのである。

調査は、修士課程一年目の夏から二年目の秋までの間、数回に分けて合計約六カ月にわたり実施した。調査開始の数日間は、ホテルに泊まりながら教団に通ったが、その後、教祖の計らいによって教団本部の準構成員となり、また教団本部の建物の一室に居候させてもらえることになった。こうして、日中は教団の宗教活動の手伝いとその合間を縫っての聞き取り調査、夜は教団本部に一人寝泊まりして留守番をするという生活がはじまった。文字どおりの参与型フィールドワークである。

さて、調査内容であるが、新宗教研究の定石どおり、教祖や信者のライフヒストリーの聞き取り、儀礼の観察、教義の解釈などからはじめていったが、ここでも前章で触れたのと同様、基礎的な調査データは十分に集積されていくものの、修士論文で展開すべきストーリーはなかなか見出せなかった。卒業論文のときと同じ焦燥感を味わうこととなった。

転機が訪れたのは、調査も終盤に近づいた、修士論文提出の三カ月前である。信者の個人指導（副教主が、霊能を用いつつ、個々の信者の抱える相談ごとに対して対処法を教示する場）に同席しての調査を繰り返しているうち、系図や位牌祭祀に関わる相談が多いこと、そこで教団側が提示する系図や位牌祭祀についての意味付けは、沖縄の民俗宗教に関する既存の研究で報告されている事例とは異なる論理によるものであること、龍泉が用意している儀礼や教義、修行といった宗教体系は、この系図・位牌祭祀に関する龍泉独自の意味付けと有機的に結びついていること、などに気づいたのである。

このようにして、調査・分析のポイントが定まったあとは、この観点にもとづき、信者たちからの聞き取り、儀礼の観察、宗教体系全体の分析へと作業を進め、修士論文を作成することができた。以下に再録するのは、この修士論文のエッセンスをまとめ、日本民俗学会の学会誌『日本民俗学』第二〇四号（一九九五年）に掲載した論考である。[1]

はじめに

沖縄の宗教についての研究は、今日膨大な成果を蓄積している。だが、それらは主に村落部の伝統的な民俗宗教を扱っており、「本土化」［津波 一九九二］とも称される社会変化の中で大きく変容している現代沖縄の宗教様態について取り上げたものはほとんどない。[2]しかし、我々はフィールドにおける社会・文化の眼前の動態に注目し、そこで対象社会の人びとが、自らをとりまく状況の変化にいかに苦悩し、また対応しているのかといったことをもっと積極的に記述し、考察するべきである。それこそが「現在学」たる民俗学の取り組むべき課題ではないか。

本章では、このような問題意識のもと、沖縄の社会変化の中における民俗宗教と新宗教との関わりについて、第二次世界大戦後に沖縄で創出された新宗教を事例に考察したい。

1 民俗宗教の展開と新宗教の創出

「門中化」とユタ

近代沖縄の民俗宗教の展開に関して、注目すべきことは、沖縄社会とくに平民層における「門中化」現象であろう。門中とは、「父系出自集団と規定され、始祖を共通にし、父系血縁によって成員が結びつく集団」［比嘉 一九八七：一八］のことで、「一七世紀以降、近世琉球の身分制度の確立の過程のなかで、士族層を中心に形成されてきた比較的新しい生活様式」［比嘉 一九八七：五三］のことである。この門中制度は、近世の段階では士族社会にのみ見られるもので、各地の平民層にはハラ・ヒキなどと呼ばれる必ずしも父系血縁原理が貫徹されていない融通性に富んだ出自体系が存在していた〔比嘉 一九八七：八六〕。しかし明治期以降、身分制度が撤廃されると、平民層においても、出自集団を従来のものから父系血縁原理によって組織される「門中」に再編成しようとする動きが生じる。これが「門中化」といわれる現象である。この動きは、明治時代以降、宮古地域以外の沖縄県下ほぼ全域において展開したとするのが今日の沖縄研究における通説である(3)。

門中制度における位牌の祭祀と継承は、父系血縁原理に則って規定された四種類の禁忌に従って行なわれ、この禁忌は今日まで一般的にはかなり厳しく守られてきた。禁忌の内容は次のとおりである。

①チョーデーカサバイ（兄弟重牌）の禁忌。生家の仏壇の同じ位牌立てに兄弟の位牌を並べて祀ることを忌避すること。長男が生家を継承し、次三男などは、分家もしくは父系出自を同じくする「門中」内の継承者のいない他家に養子に入る、という規範と関連している。

②チャッチウシクミ（嫡男子押し込め）の禁忌。長男が健在であるにもかかわらず次・三男が生家を継承してしまうことを禁じ、また死亡した長男の位牌を生家から排除することなどを忌避すること。生家の継承はあくまでも長男に規定されている。

③タチーマジクイ（他系混交）の禁忌。父系出自の異なる「門中」に所属する者が、養子や婿養子として家を継承することを忌避すること。父系出自に連なる祖先（男子とその妻）以外の位牌を祀ってはいけないということである。

④イナググヮンス（女元祖・女位牌）の禁忌。生家を娘が継承することや女子が家を創設することなどを忌避することで、生家に娘しかいない場合でも、娘を婚出させ、同じ「門中」内から男性の養子をとり、家を継承させるのが原則だとされているものである（以上四点の記述は喜山朝彦〔一九八九：一五七〕にもとづく）。

これらの禁忌は、沖縄の人びとには常識的な知識として共有されているが、その場合これを強調して人びとに提示しているのは民間巫者のユタである。ユタは巫儀の場において災厄・問題の解決法をクライエントに示すが、その際に示される解決法の一つにシジタダシと称される行為の実践がある。これは、叙上の禁忌の侵犯状態を是正する行為のことで、ユタの勧告に従って位牌およびそれに付随する財産の継承・相続者の変更や帰属する宗家の変更などを行なうものである。シジタダシの対象となるのは、出自集団における父系血縁原理貫徹のための禁忌が守られていない継承事例である。ということは、シジタダシは出自体系の父系化を導くものに他ならないことになるが、出自体系の父系化、これはすなわち「門中化」である。ユタによって実践が勧告され、それに従ってクライエントが行なうシジタダシこそ「門中化」の契機となっているものであり、結局はユタの活動が「門中化」の原動力となっているのだということになる。

このような「門中化」は、すでに第二次世界大戦以前にかなり進展していたようである(4)。しかしその後、第二次世界大戦を迎えた沖縄は国内唯一の地上戦を経験し、沖縄本島の中南部は灰燼に帰し、人びとの生活は壊滅状態に陥ってしまう。門中制度や民俗宗教の世界も混乱・崩壊してしまった。

戦後民俗宗教の復興と展開

第二次世界大戦後のアメリカ統治下における社会不安の中で、ユタの需要はきわめて大きかった［桜井 一九七三：二二］。ユタの力を借りつつ、人びとは戦死者の供養に勤しみ、あるいは、戦禍で崩壊・混乱した聖地の復元や門中の再編成、ブームにまでなった系図の作成といった民俗宗教の再生行為に没頭し、その結果、戦前の状況に「優るとも劣らない社会生活と精神的祭祀生活の再生に成功」［村武 一九八四：一三二］したのだった。

もっとも、この場合の「再生」とは従前の民俗宗教の忠実な再現というものではない。村落祭祀の復興もたしかに見られたが、趨勢としては、村落祭祀は衰退の方向に向かった。それに対して見事な復興を見たのはユタの世界である。そしてその際、前節でふれた「門中化」があらためて徹底されていったのであった。次の事例はその一例である。

沖縄本島南部大里村のある婦人は、戦後数年して生活がやや落ち着いてきた頃からさかんにユタ買い（ユタのクライエントとなること）を行なうようになった。それは、戦死した夫の声をユタの口寄せを通して聞くためと、同時に、彼女は嫁入後間もない段階で婚家の両親らをも戦争で亡くし、婚家の祖先の系譜をほとんど学んでいなかったために、戦後、婚家の祖先を祀ろうにも祖先に対する知識が皆無で祀りようがなく、彼女が新たに祖先祭祀を行なってゆくにあたっての必要な知識をユタの霊能によって学習しようとしたためであった。その際、訪れた先のユタらは、しばしばシジタダシの必要性を指摘し、実際彼女はその指摘に従ってシジタダシを行なった。そしてこのようなシジタダシを行ないつつ、戦後二〇年をかけて、彼女は婚家の系譜・祭祀体系を整備してきた（筆者調査）。

これは、「門中化」の一つの動きに他ならない。こうした事例は他にも多く確認されるのであり、ユタの勢いが増すのと並行して、戦後ますます「門中化」は徹底されてきたといえる。

ところで、戦後沖縄における民俗宗教の根強さを考えるとき、本土系外来新宗教の沖縄での展開の様相に注目させられる。とりわけ本土復帰後は本土の新宗教の新たな信者獲得の場として沖縄がターゲットにされ、多くの新宗教が沖縄での布教を行なったが、その場合、激しい他宗排撃を行なう一部の教団を除いて、多くの外来新宗教は沖縄の民俗宗教との妥協をはかりつつ宗教活動を進めている。たとえば、天理教は布教の過程で沖縄の民俗宗教を否定することをせず、むしろこれを包括し位置付けることを行なっているし、生長の家はさらに積極的で、民俗的儀礼の改変などの要求は一切せず、意味付けの変更のみを求めるという姿勢をとっており、信者らは生長の家の教理の大枠そのものは維持しつつもその範囲内では民俗宗教を再解釈して活性化するような信仰を実践しているという状況である［洗一九七八：二九三―三一八］。これらの事実も、民俗宗教の力が戦後もなお衰えなかったことを示している。こうした根強い民俗宗教の土壌から沖縄独自の新たな宗教も創出されたのである。

新宗教の創出

戦後沖縄の宗教史の上で、いま一つ注目すべきことに、戦前には見られなかった沖縄根生いの新宗教の創出というトピックがある。前節で見たような旺盛な民俗宗教の土壌から教祖が出現し、新しい宗教運動を創始して教団を形成したのである。現在確認されている沖縄産新宗教には生天光神明宮やミロク教（ともに一九五四年に開教）、そして龍泉などがあるが、いずれも戦後の創出である(5)。これらのうち、本章で取り上げるのは宜野湾市に本部をおく龍泉《いじゅん》という教団である。龍泉とは龍宮から湧出する生命力の泉という意味で、「いじゅん」は泉の沖縄方言である。

龍泉教祖の高安六郎（写真4-1）は、一九三四年、那覇市に生まれた。幼少の頃から予言などを行ない、周囲からサーダカンマリ（霊力のある生まれ）として認識されていたという。小学校卒業後、彼は沖縄芝居の役者になり沖縄中にその名を轟かせたのであるが、同時に一九歳のとき、本土からの外来新宗教である生長の家に入信。教団の活動に熱心で、のちには講師として活躍する。宗教教団運営のノウハウは当然ここで学ばれたものであろう。

三三歳のとき、同教団の沖縄県における教学組織のトップである沖縄県教化部講師会長に就任したのだが、この頃から彼の心身に大きな異変が生じることになる。それは、生長の家とは「全然別の雰囲気」［高安　一九八二：二一］の、「次元の異なったところの世界からインスピレーション」［高安　一九八二：二一］を受けることから始まった。彼はそのインスピレーションに従って生長の家の信者に対する個人指導を行なうようになったの

写真 4-1　龍泉教祖　高安六郎

出所）1990年，沖縄県島尻郡知念村，筆者撮影．

だが、その内容は「三代前の御先祖のスーカーワタイの供養（潮川渡り。沖縄の民俗語彙で、海上あるいは海外で死んだ者の霊の供養）がなされていないね、これを行なえば問題は解決するよ」というようなもので、これらは沖縄のユタの言動にきわめて類似したものである。すなわち、高安がインスピレーションを受けるようになった別の次元の世界とは沖縄の民俗宗教の世界に他ならないのであった。このようなインスピレーションにもとづく個人指導は、沖縄の信者達には大いに人気を博した。しかし、教団幹部の間からは、高安のやっていることは生長の家の教学方針から逸脱したものだという批判の声が上がるようになる。さらに、これは東京の本部のほうでも問題化し、次第に高安の教団内部での人間関係はうまくいかなくなり、ついに彼は生長の家を辞めざるを得なくなってしまった。前節で見たように、本土系新宗教には沖縄の民俗宗教に対する寛容さがあったが、高安の行動はその許容範囲を越えていたのだろう。それほどまでに彼の宗教的志向は沖縄的だったのである。

生長の家脱退の前後、高安は、一般にユタへの成巫過程にある人びとが経験するものに類似したカミダーリ（巫病）に罹った。それは慢性的吐き気や不眠、夢遊病者のごとき市中徘徊というものであった。だが、そのような日々の続くうち、一九七三年一一月、瞑想中の高安のもとに、のちに龍泉を設立する際に主神として奉斎されることになるキミマンモム大神がはじめて降臨し、「我は、琉球の主神である。すでに三六〇年もの間、我はお前たちの前に姿を現わしてはおらぬ。我の名前はキミマンモムと申す」［高安 一九八六：三五］という神示を与えたのであった。以後、彼はこの神を自己の守護神として仰ぐようになる。そして、彼はこの神からクライエントの持ち込む問題に霊的に応じる力能を与えられ、また「琉球神道」についての種々の啓示も受けるようになった。キミマンモム大神との出会い以後、巫病は徐々に治まっていったという。

キミマンモム大神と出会った高安は、主神キミマンモム大神を祀り、その教えを世に広めるための組織づくりに着手した。主神降臨の翌年一月に「琉球神道龍泉の会」という組織が結成されている。この会に集まってきたのは、多くは高安の生長の家時代の信奉者達だった。彼らは「琉球神道龍泉の会」発足と同時に生長の家から転信してきたのであった。正確な数字は不明だが、このような転信者は、五〇〇名は下らなかったとされている（複数の古参信者談）。

この頃の高安は、自己の宗教運動の趣旨について、「琉球神道の復興と普及と正しい研究を明らかに行って（中略）、この暗澹たる現代の世相を、特に沖縄を浄化して行きたい」［高安 一九七四：二二］とし、また、「琉球ほど、行政や文化が変わる所はあまりないんじゃないですか、唐の世から日本の世、そしてアメリカ世となって再び日本の世に帰り、落ち着くかと思えば、今度は不況と混乱（思想的に）が渦を巻く。一体人びとは何を求め、何をどうすればよいのかさえつかめないままに、やたら進んできたように思うんですね（中略）。琉球を善くしようと思うなら、私達は再び琉球の原点に帰り、意識の革命から始めなければならないんです」〔高安 一九七七b：九七〕とも述べている。こうした高安における新たな信仰へのめざめの背景には、第二次世界大戦によって米軍の占領下におかれた沖縄が、一九七二年に再び日本国に帰属することになった本土復帰という歴史的出来事が横たわっているものと推測される。高安がキミマンモム大神と出会ったのは本土復帰の翌年のことであるが、本土復帰による民族的アイデンティティの混乱を、「琉球の原点」に回帰する宗教運動を展開することで収拾しようとする志向があったものと考えられる。

ただその場合、宗教伝統の単なる復古がめざされたわけではなかった。高安は、「真の伝統とは、伝統そのものの内を流れている生命」〔高安 一九八一：一五七〕のことをいうのであり、「過去の因習的な習慣を伝統と誤認してはいけない」〔高安 一九八一：一五七〕と述べている。そして龍泉こそは、そのような認識に立ち、「現代感覚をもって琉球神道の復興をさせよう」〔高安 一九七七a：四〕とする運動なのだとしている。これは宗教伝統の再解釈を志した発言であるが、この理念が後述の民俗宗教の改革を推進せしめたといえる。

さて、「琉球神道龍泉の会」は順調に規模を拡大していった。一九七五年には首里に本部道場を建立。一九八〇年には宗教法

写真 4-2　龍泉本山

出所）1990年，沖縄県宜野湾市，筆者撮影．

写真 4-3　龍泉本山における祭祀

出所）1990年，沖縄県宜野湾市，筆者撮影．

写真 4-4　龍泉本山における祭祀

出所）1990年，沖縄県宜野湾市，筆者撮影．

人化し、その際に教団呼称が宗教法人「龍泉」に改められている。一九八三年には現在地に本山（本部）を建設。一九九五年現在、公称信者数は一万で、沖縄県内各地に一三の支部を置くに至っている。なお、当初キミマンモム大神と称されていた主神は、一九九〇年にキンマンモンと改称されている。本章では以下この主神をキンマンモンと表記する（写真4−2、4−3、4−4）。

2 「悟り」と「修行」

「悟り」

龍泉がユタや他の沖縄産新宗教と際立って異なっている点として、体系性の高い教義とシステマティックな宗教実践の存在をあげることができる（写真4−5、4−6、4−7、4−8）。

龍泉の教義の柱は「悟り」にある。すなわち、

「悟り」の境地とは、「空」あるいは「無」の境地、意識の覚醒した境地であり、それは災厄・迷い・不安などとは無縁の、生命力に満ちた真の幸福の世界である。このような境地は、どの人間にも「本性」として潜在的に備わっているものだ。しかし、ふつうの人間（およびその祖先）は、「自我（エゴ）」が障壁となって、自己の内面奥深くに存在する「本性」には目醒めないでいる。

本来、災厄はこの世には存在しない。それなのに現実にはそうしたものに悩まされるのは、内面の「自我」が形をとって表面化したときに災厄となるからだ。したがって、「自我」を消し去り「本性」に目醒めたならば、すなわち「悟り」に至ったならば、災厄は存在しえず、絶対なる幸福が実現する。

太古の琉球では、人びとは「悟り」の象徴であるキンマンモンを祀り、皆「悟り」の境地に生きていた。そこは楽

写真 4-5　教義について講演する教祖　高安六郎
出所）1990年，龍泉本山，筆者撮影.

写真 4-6　教義について講演する教祖　高安六郎
出所）1991年，沖縄県宜野湾市，筆者撮影.

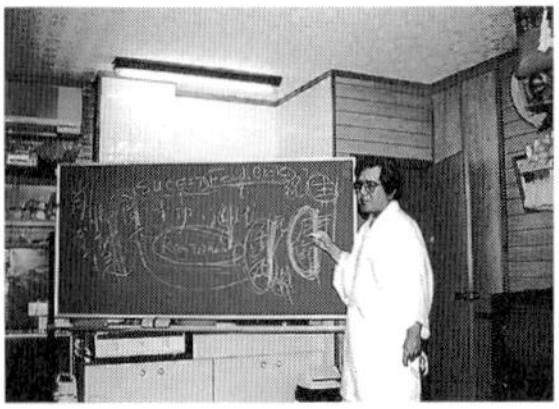
写真 4-7　教義について講演する副教主　宮城重典
出所）1990年，沖縄県浦添市，筆者撮影.

写真 4-8　支部における儀礼
出所）1990年，沖縄県那覇市，筆者撮影.

園であった。しかし、時代が権力横行の按司時代になり、人間の心の中に「悟り」到達の妨げとなる「自我」が生じるようになり、世の中は「人間自我王国」となって乱れてしまった。キンマンモンの存在もこのときに忘れ去られ、大神も自ら姿を隠してしまう。大神の庇護も失った沖縄にはその後長い混乱の世が続いた。しかしそのような世界にやっと救いの手立てがもたらされた。それは高安へのキンマンモンの降臨だ。キンマンモンこそは、混乱した時代にあって人びとに「悟り」への到達の道を説き、人びとを救済する神である。したがって、人は、この神が使わしめとしている高安のもとでキンマンモンの教えを学び、「修行」をすることで、祖先とともに太古の琉球人のごとく「悟り」の境地に到達することができるのだ（以上は、教義書および教祖の口頭講義の内容にもとづく）。

「悟り」という表現はユタの間でも用いられている場合がある（筆者調査）。そこでは、神霊からのメッセージを受け取り、それが何を意味しているのか知ることが「悟り」であるとされる。しかし、龍泉でいう「悟り」はそれとは異質であり、仏教などでいう「悟り」に近い。高安は、成巫過程において、自己のユタ的性格からの脱却をめざし、東西の宗教書を貪り読んだという。その過程で学習した仏教教理や、生長の家時代に獲得した宗教知識を用いつつ、自己の到達した宗教的境地を体系化したのが叙上の教義内容なのだろう。

現在、教団内の人間で悟っているのは高安のみとされ、あとは皆「悟り」へ向かう途上にある者だとされている。一方、祖先のほうは、子孫よりも一足先に「悟り」に至ったものも少なくないとされている。

「修行」

では人が「悟り」へ到達するためにはどうすればよいのだろうか。教団では、信者が所定の「修行」をこなし、それが深化してゆけば「悟り」に近づくことができるとしている。ここで、龍泉で実修されている「修行」の内実について検討しておこう。当教団において「行」とか「修行」という呼称で位置付けられている宗教実践について、その実修者に関して整理した表4-1を参照されたい。以下、一番下の項目から順次上に向かって言及してゆく。

まず、④「御奉行・ミサマ行」[6]。これは当教団の信者は全員が行なうとされている最も基本的な「修行」である。毎朝、各家庭の床の間に設置した龍泉の「御宝塔」（一種の神体）の前に着座し、礼拝、祝詞奏上そして瞑想を行なうものである。瞑想は、半跏趺座ないし正座で、瞑黙、深呼吸をして行なう。その際、自己が宇宙全体と一体となり、自己の存在の永遠なることを意識することが肝要だとされる。なお、この瞑想は生長の家の「神想観」に形態的に類似しており、生長の家からの影響が考えられる。これら一連のプロセスは平均一五分程度でなされている。

表4-1　龍泉における「修行」

No.	実修者 種類	教祖	副教主	神官	信　者			クライエント
①	山蔭神道での行 （禊・断食・行脚）	○	○	○	×	×	×	×
②	沖縄での 寒中（海中）禊	○	○	○	○	×	×	×
③	マントラ	○	○	○	○	○	×	×
④	御奉行・ミサマ行 （祝詞と瞑想）	○	○	○	○	○	○	×

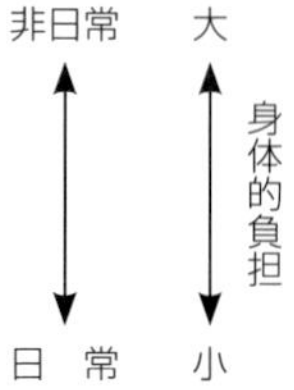

注）信者の欄を三つに設定しているが，これは単に，実修した「修行」の違いを示すために筆者の側で便宜上三つに分けて表記したものにすぎない．教団組織の上で信者が三種類に分類されているわけではない．
出所）筆者作成．

次に③「マントラ」。これは信者のうち何らかの特別な祈願がある者が行なうものである。教祖によって個人的に授けられたマントラ（真言）と印を、毎朝起床直後に唱え、結ぶ。これを六〇日間続けると終了であるが、終了後に奇跡が起こったという体験談も語られている。

ついで、②「沖縄での寒中（海中）禊」。冬季などに沖縄県内の海岸で行なわれていた海中での禊である。なお、これは、教団草創期につながりのあった本土の古神道系新宗教である山蔭神道[7]の修行に学んで設定したものという。

最上段の①「山蔭神道での行」は、本土の浜松市にある山蔭神道の道場に泊まりこんでの「修行」で、浜名湖での寒中禊や断食、あるいは市中の行脚をするというもの。

以上が「修行」の内容であるが、これらを身体的負担・非日常性の大小という観点から眺めてみると、③、④が身体的負担が小さく、逆に②、①は身体的負担が大きいこと、また、④が最も日常的であり、③、②、①という順で非日常性が増してゆくことを指摘できる。

次に表4-2を参照されたい。これは①と②の「修行」に関して、その実施年月・名称・内容・実修者・実修場所について整理したものである。この表および表4-1における「実修者」の欄を見ると、①の「山蔭神道での行」は龍泉設立以来今日までの二〇年間に三回しか行なわれていないこと、その実修者は教祖と副教主および専任神官のみであること、一九八七年以降は今日までこの行が行なわれていないことが理解できるだ

表4-2　日常の「修行」以外に行なわれた「修行」一覧

年月	「修行」の名称	内　容	実修者	場所
1977・1	山蔭神道大寒禊	寒中禊	教祖・副教主	浜名湖
1978・1	山蔭神道大寒禊	寒中禊	教祖・副教主・神官１名	浜名湖
1979・6	与儀支部学生会海中禊	海中禊	教祖・副教主・信者36名	玉城村
1980・1	幹部養成スヂャ練行	寒中禊・瞑想	教祖・副教主・信者25名	金武町
1981・1	第１回スヂャ練行	寒中禊・瞑想	教祖・副教主・信者44名	勝連町
1982・1	第２回スヂャ練行	寒中禊・瞑想	教祖・副教主・信者43名	勝連町
1983・1	第３回スヂャ練行	寒中禊・瞑想	教祖・副教主・信者55名	玉城村
1984・1	第４回スヂャ練行	瞑想（寒中禊はなし）	教祖・副教主・信者57名	教団本部
1987・5	山蔭神道百ヵ日修行	禊・断食・行脚	神官１名	浜松市

出所）筆者作成.

ろう。また、②についても、これが行なわれたのは二〇年間で五回のみであり、実修者は、教祖および教団幹部のほかに、一部の熱心な信者（最高五七名。この人数は一九八〇年代の信者数五〇〇〇名（筆者の面談調査による）からすると全信者の約一パーセントにすぎない）であること、一九八三年以降今日までの一〇年間にはこの「修行」が一度も行なわれていないこと、が把握されよう。目下のところ、専ら行なわれているのは③、④の「修行」であり、①、②のような「修行」の実施は計画されていない。①、②のごとき身体的負担の大きい、非日常的な「修行」の必要性はとくに認められてはいないのである。

これについては教祖自身、「琉球の修行は自然体だ。本土の人びとのように霊感を開発することを目的としたりして体を痛めつけなくても、沖縄の人はたいてい生まれつき霊感が強いのである。むしろあふれんばかりの霊感をどう整理してこれを悟りへ昇華させるかが問題なのだ。体を痛めつける修行は沖縄の人びとにとっては必要ないのだ」と述べている（筆者聴取）。こうしたことから、当教団においては、身体的負担が大きく、また非日常性の高い「修行」は、教団草創期に一時導入されたことはあったものの、結局のところ根付くことはなかったのだ、ということができる。

ところで、沖縄の民俗宗教の宗教的世界と日本本土（北奥羽）の民俗宗教の宗教的世界とを、修行の問題を中心にして比較検討した池上良正は、修行の輪郭をかたち作る指標として「身体的・行動性」・「主体的・自発性」・「段階的・定型性」の三つをあげ、本土の民俗宗教においては、それら三つの指標項目をすべて満たした「修行」が存在しているが、沖縄の民俗宗教においては、生得的・必然的運命観への強い自己委譲という文化的特性が存在するために、その宗教実践の中に、指標項目のうちのとくに「主体的・自発性」や「段階的・定型性」といった要件を満たす「修行」はほとんど見られないと指摘し、このことを図式的に、本土の文化＝「修行の文化」、沖縄の文化＝「生まれの文化」として整理している［池上 一九八九：五五―八七、池上 一九九二a：一五三―一六二］。

ここで、この見解をふまえて龍泉の「修行」の特性について検討してみたい。池上にならって、修行についての三つの指標ごとに検討をしてみよう。まず、「身体的・行動性」、すなわち観念・理屈よりも身体的行動を重視するか否かという点であるが、さきに指摘したとおり龍泉には身体的な負担の大きい内容を持った行動的な「修行」は定着していない。したがってこの指標は満たされていないことになる。ついで「主体的・自発性」であるが、信者による毎朝の「御奉行・ミサマ行」「マントラ」は主体的・自発的な行為として行なわれている。したがってこの指標は満たされているといえる。そして「段階的・定型性」であるが、龍泉の「修行」は一定のフォーマットに則って行なうものとされ、「修行」が進めば「悟り」への段階が上昇するという説明もなされていることから、これも満たされているといえる。よって、龍泉の場合、「身体的・行動性」は満たされていないが、「主体的・自発性」と「段階的・定型性」は十分に「修行」の中に見出されるのだといえる。このことは、明らかに在来の民俗宗教における状況とは異なっている。かといって「身体的・行動性」の指標を満たしているわけではないので、本土の民俗宗教における「修行」の特性ともまた異質なものとなっている。これは、これまでの沖縄の宗教伝統には見られなかった特性のあり方である。このような特性の位相を、図式的にまとめるならば、龍泉の「修行」の特性は、沖縄と本土の中間的な位置にあるということになる。

3　災因論と儀礼

民俗宗教における災因論と儀礼

表4-3を参照されたい。これは、那覇市在住の婦人ＳＫ（一九九〇年から龍泉会員）が一九八七年から一九八九年までの間にクライエントとしてユタのもとを訪れた際に示された災因論（災厄の原因、およびそれへの対処法についての一連の論理）とその対処法実行状況について表化したものである。(8) ここに示されている災因論の事例は、筆者の調査による多くの類例をふまえ、ユタの世界に広く見られる一般的なものということができる。ＳＫが抱え込んだ主な災厄は、娘ＳＳが精神を患うようになったこと（一九八八年以降は精神科の患者として入院中）、またＳＫ自身がチムサーサー（一種の不定愁訴）に悩まされていることの二点である。ＳＫは、一九八七年から一九八九年までの間に五名のユタのもとを訪れている。

表 4-3　SK がユタに示された災因・対処法・実行状況

ユタ	No.	災　因	対処法	実行状況	時期
A	①	SS の父方祖母のヌジファ未実修	ヌジファの実修	○（＝実行。以下同じ）	1987
	②	SS の 4 代前の父方祖父，金銭に関し無念。これがチジウリ	•当該位牌の前でウガン（拝み） •関連拝所でウガン	○ ○	
B	③	SS のチヂは自分（ユタ B）より高い。したがって判断できない。			1987
	④	SK のチムサーサーはマブイウティ	マブイグミの実修	○	
C	⑤	SS の 5 ～ 6 代前父方祖先へのウガンブスク（拝み不足）。そこからのチヂウリ	•ナカムートゥ（中宗家）でウガン •関連拝所でウガン •首里12箇所でウガン	×（＝実行せず。以下同じ） △（＝一部実行。以下同じ） ○	1987～1989
	⑥	SK はクディ（神役）になるべき生まれなのになっていない。そのフスク（不足）が SS のほうに表出	•クディになるべし •それが無理ならウヌビウガン（延期願い）を実家および関連拝所で実修する •首里12箇所でウガン×3回	× ○ ○	
	⑦	イナググヮンス（女元祖）の香炉を分割していない	•イナググヮンスの香炉分割 •首里12箇所でウガン	×（何代前のことか確認できなかったため） ×	
D	⑧	SS はカミンチュ（神人＝神役）になるべき生まれなのになっていない	ユタの指示した拝所で，時期が来たらなるので SS の病いを治して下さいと祈る	○	1988～1989
	⑨	この家族はかつてクチグトゥ（口事＝悪口）を多く受けていたが，クチゲーシ（口返し）ウガンをしていない	クチゲーシウガンを自宅で実修	○	
	⑩	⑨のクチゲーシウガンが通っていない	•クチゲーシウガンあと2回 •首里12箇所でウガン	○ ○	
E	⑪	とくに言及せず	北部地方の拝所でウガン	△	1989
	⑫	SK の夫の姉のスーカーワタイ(潮川渡り)未実修	三重城でスーカーワタイ実修	○	
	⑬	SS はカミンチュになるべき生まれなのになっていない	•病院退院させる •関連拝所でウガン • SS をカミンチュにする	× × ×	
	⑭	イナググヮンスの香炉分割していない	イナググヮンスの香炉分割	×	

注 1）SK が明確に記憶しているもののみを取り上げた．実際にはもっと複雑であり，また，はっきりと災因論を示してもらえなかったケースもあるらしい．
注 2）ユタ買いの経験はこの表に示されたもの以前からかなりあった．
出所）筆者作成．

ＳＫがユタによって示された災因は、たとえば「娘の父方祖母は沖縄戦当時、国頭地方（沖縄本島北部）のある村に疎開していたが、そこで病死。ところがその霊魂は未だ同地に留まったままで、本来安住すべきグショー（後生。ここでは墓だという）に納まっていない。この場合、その霊魂を同地から墓地へ移動させて供養するヌジファ儀礼（抜霊巫儀）を執行すべきだがこれを行なっていないため、早くヌジファをして欲しいともがく霊の念が孫娘の症状として表面化しているのだ」（表4-3のNo.1）とか、「ＳＳの父方の五～六代前の祖先に、やはりこの娘と同じような症状を示していた者がいたが、その者に対する子孫からのウガン（拝み）がフスク（不足）している。したがってその祖先は供養を要求しており、その念がこの娘にチヂウリして（霊的に伝わって）きて娘の症状となっている」（No.5）というものなど表のとおりである。

これらの災因論の特色は、災因がいずれも個人に外在する霊的・超自然的存在との関係に求められていることにある。池上良正によると、ユタによって担われてきた民俗宗教の救済体系には、不幸や災難の究極原因を、その本人の人格内部の責任問題としてではなく、個人の外側に広がるさまざまな対象や関係性のなかに転嫁・拡散する、災因の大幅な「外在化」という特質があるというが［池上 一九九一：九〇］、表4-3からもそれがうかがえる。ここではそのような災因論を外因的災因論と称することにしたい。

次に、災因への対処法であるが、ヌジファの未執行に対してはヌジファ儀礼の実修が、祖先のチヂウリに対してはその祖先の位牌の前および関連する拝所での供養儀礼の実修がユタによって指示されている。ここからもわかるように、ユタの指示する対処法は儀礼の実修という形態をとるのが一般的であるが、この場合、儀礼の対象は、災因一つひとつに対応して設定される、きわめて個別的・多元的な神あるいは霊的存在である。

たとえば、ＳＫがユタの指示に従ってユタとともに赴いて儀礼を実修した場所は、表4-3のNo.6の場合、ＳＫの実家（本部町）と周辺の拝所群、今帰仁地方の拝所群、首里の寺院五カ寺で、合計四〇箇所を越えるものであった。こうした儀礼における個人と神霊との関係はきわめて個別的・多元的であるといえるが、この関係の様態を模式図で示すと図4-1のようになる。

ところで、ユタによる災因論と儀礼が、これまで一定の救済を人びとにもたらしてきたことは疑いない。その需要は第1節で指摘し

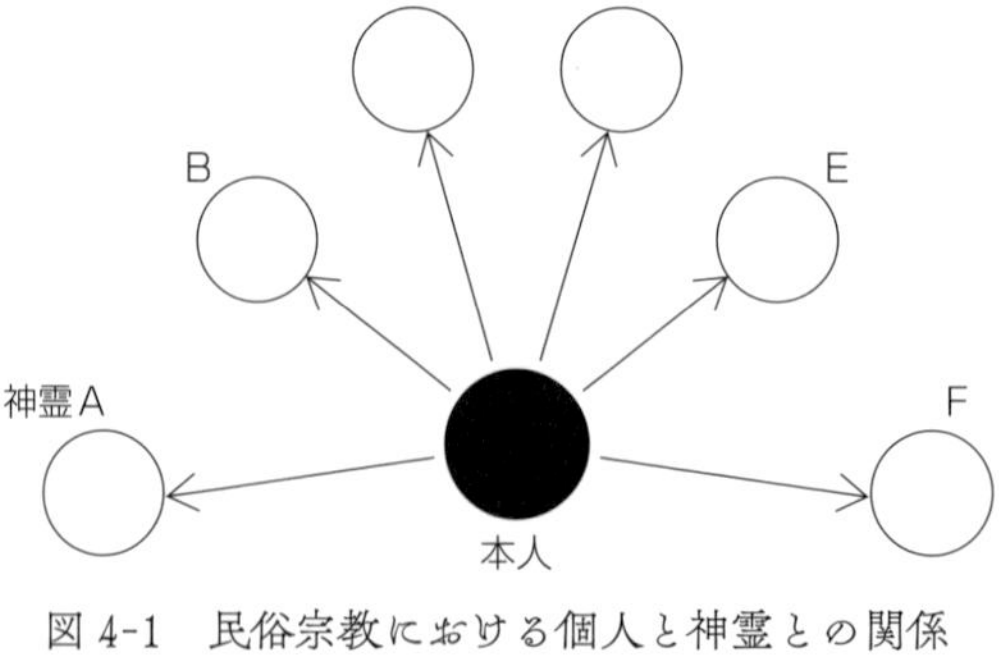

図4-1　民俗宗教における個人と神霊との関係

出所）筆者作成.

たように戦後においてもほとんど衰えることなく今日に至っているといえる。しかし一方で、現在、ユタの災因論・儀礼を受け入れがたいと感じている人びとが現われてきていることもまた事実である。ＳＫもそのような一人であった。

ＳＫは次にあげる①～④のようなことが重なるうち、「ユタの拝みとは、ずいぶん無理難題をふっかけてくるものだ」、「正直言って、ユタの拝みにはつきあいきれたものではない」（以上二つともＳＫ自身の発言のまま）と思うようになったという。

①ＳＫは週のうち四日間は勤めに出ており、儀礼は休みの日をやり繰りして行なっていたが、ユタに指示された全儀礼をこなすことは時間的にかなり負担であった。一部の儀礼を実修しきれなかったこともあった。その場合ユタは、「全部の儀礼を行なわないと祈りは『通らない』（祈願・供養の念が神霊に通じない）」と主張した（表4－3のNo.5およびNo.11）。

②すでに一度実修した儀礼について、その後ユタから、「その儀礼は『通っていない』のでもう一度実修しなければならない」と言われたこともあった（表4－3のNo.10）。

③ナカムートゥ（中宗家）の仏壇の前での儀礼が必要だというユタの指示に従い、ユタを伴ってナカムートゥを訪れたものの、先方の当主がユタを迷信視し、同家に上がり込んでの儀礼実修を認めなかったために、同家での儀礼を断念せざるをえなかった（表4－3のNo.5）。この場合ユタは、同家での儀礼が行なえないときには、ＳＫの家の火の神からのウトゥーシ（お通し＝遥拝）によって一時的には祈願が通るが、それは暫定的なものにすぎず、いずれナカムートゥの当主が改心をしてＳＫの申し出を承認し、同家で儀礼を実修しない限り災厄の根本的解消は実現しないと述べた。なお、このようなケースは、儀礼を行なう必要があるとされた家が祖先祭祀を否定する宗教団体の信者となっている場合にも生じるが、その場合もユタは相手方の家の改宗、儀礼の実現を見ない限り災厄の解消はありえないと述べることが多いという。

④経済的にもユタの儀礼に要する出費はかなりのもので、その額は、丸一日ユタに伴われて巡拝儀礼を行なって回ると、ユタへの謝礼の他、供物代や交通費（聖地間の移動に用いるタクシーの運賃）、食事代などをあわせて、五～七万円かかった。これは大きな負担であった。なお、現在の沖縄では、「ユタの儀礼は経済的に過度の負担をともなうもので、ユタの世界にのめり込むと金をどんどん吸い取られ、ついには身代を潰すところまでゆくものだ」という言説が広く語られている。

筆者の調査によれば、現在ＳＫのごとき体験をしている者はきわめて多いが、ここに例示したような事例からは、人びとが、ユタによる災因論と儀礼とを、実行可能な範囲を越えた過剰な負担を強いるもの、過剰拘束的なものとして受けとめるようになっていることがうかがえる。そして、その背景に、生業形態の変化による生活リズムの変化、都市型生活の浸透、宗教意識の世俗化、あるいは外来宗教への転信などがあることは右の記述からも読みとれるが、これらは要するに、現在進行中の沖縄の社会変化にともなう生活様式・価値観の変化である。こうした変化の中で、ユタの側は旧来の災因論・儀礼を合理化させることなく、むしろ逆に交通体系の発達や貨幣経済の定着に呼応して合理化とは反対の方向でそれらを増幅させてきている。[9] ユタをとりまく人びととユタとの間に齟齬が発生し、それが次第に大きくなってきているのが現状といえよう。

　とはいえ、その際、クライエントの多くはユタの世界を否定しきることまではしていない。ユタへの不満を抱きながらもユタのクライエントになり続けているというのが一般的な現状である。なぜなら、現在、沖縄のユタは、「クライエントが、ユタの説く災因論や儀礼を受け入れないならば、その者あるいはその者の子孫に必ずや祟りがふりかかるのだ」としばしば強調しており、クライエントもこの考え方を受け入れている場合が多いからである。[10] 結局、「祟り」恐さに、人びとはユタの世界を否定したくてもできないのである。こうしたわけで、彼らは民俗宗教と新しい生活様式・価値観とのせめぎあいの中に置かれ、これに苦悩しているのだといえる。

龍泉における災因論と儀礼

それでは、前節で見た民俗宗教における災因論と儀礼の現状に対して、龍泉における災因論と儀礼とはいかなるものであろうか。

　龍泉では、信者・クライエントの抱える個人的な悩み・問題についての指導を行なうために「個人指導」の場を設けている。これは所定の期日に本部内の一室で副教主（男性、一九二七年生）[11] よって行なわれており、災厄・問題を抱える者は、ここでその災因と対処法を示されることになっている（写真4-9、4-10）。

　表4-4は、叙上のSKが、表4-3にあるユタ訪問を繰り返した後、一九九〇年以来龍泉において示された災因論に関して整理したものである。表4-4と同様の災因論は龍泉において多くのクライエント・信者に対して提示されている。本表の事例は龍泉における災因論の典型例といってよい。この事例では、災因について次のような説明がなされている。

　①本来、災厄はこの世に存在しない。それなのに災厄が生じるのは、心にある迷いの想念がウチュシ（映現）として災厄になるからだ。よく、ユタは災厄の原因を人間のウガンブスク（拝み不足）に対する神霊の警告あるいは祟りに求めるが、これは人間の心の迷いを神霊に責任転嫁しているものにすぎない。災厄の真の原因は、SS、SKそしてその家族の心の迷いにある。

　②SSは生家の門中のクディ（神役）になるべきで、またSK本人も実家の門中のクディになるべきなのになって

いない。究極的な災因は①のとおりだが、このことも災因となっている。もっとも、単にクディになっていないという表面的なことが災いの原因ではない。問題の根は、SSおよびSKが自分達がクディになるべき宗教的使命を持っているのだということを自覚していないところにある。

③SKの実家方祖先（とくに五～六代前のカミンチュ（神人＝神役）だった女性）への感謝の祈り・儀礼がなされていないことも災因となっている。ただし、これはユタの言うような、ウガンブスクに対する祖先からの警告・祟りとし

写真4-9　個人指導

出所）1991年，龍泉本山，筆者撮影．

写真4-10　個人指導

出所）1991年，龍泉本山，筆者撮影．

表4-4　SKが龍泉において示された災因・対処法・実行状況

No.	災　因	対処法	実行	時期
①	SSとSKそして家族の心にある迷いの想念がウチュシとなっているため。神霊による警告・祟りなどではない	SSとSKそして家族は，内面の「悟り」をめざして龍泉で「修行」すべき	○	1990
②	SSとSKはそれぞれの生家の門中のクディになるべき宗教的使命があるのにこれを自覚していないため	SSとSKは龍泉の信者として「修行」に励む。伝統的な形態のクディになる必要はない	○	1990
③	SKの父方祖先（とくに5～6代前のカミンチュだった女性）への感謝の祈り・儀礼がなされておらず，そうした祈り・儀礼を行なうことでもたらされる心の成長がSKやSSそして家族に生じていないため	5～6代前のカミンチュだった祖先も含めて，祖先への「子孫弥栄祭」を実修。定例祭祀や日常の祈りでも祖先への感謝の祈念を欠かさない。いずれも「修行」として行なうこと	○	1990

出所）筆者作成．

ての災因ではない。祖先への感謝の儀礼を行なうことでもたらされる心の宗教的成長がまだＳＫ、ＳＳおよびその家族に生じていないことが災因となっているのだ。

ここでは、当事者の心＝内面の状態に災因が求められている。このようなユタによる外因的災因論とはずいぶん異なる言説である。この災因論をここでは内因的災因論と称したい。この災因論が、前節で見た、災厄は内面が悟っていないために発生するとする「悟り」の教えにもとづくものであることはいうまでもない。

次に災因への対処法について検討しよう。表４‐４の事例では、災因①〜③に対応する対処法はそれぞれ次のとおりであった。

①ＳＳ、ＳＫそして家族は、内面の「悟り」をめざすべく龍泉で瞑想その他の「修行」をすべきだ。

②現代では、龍泉の会員こそが旧来のカミンチュ、クディに相当する使命を持った聖職者である。したがって、ＳＳとＳＫ、家族は龍泉の会員として「悟り」へ向けての「修行」に励むべきだ。そうすることでＳＳ、ＳＫはクディとしての使命を果たすことになる。伝統的な形態のクディになる必要はない。

③五〜六代前のカミンチュだった祖先も含めて、ＳＫの実家の祖先達に対し、「子孫弥栄祭」という特別儀礼を本部で実修する。また、定例祭祀の場や日常の祈りにおいてもＳＫの実家方祖先への感謝の祈念を行なうこと。いずれにしても、形式的な祈りではなく、「悟り」をめざした「修行」を行なっているという意識で儀礼に参加し、祈りを実践すること。なお、祖先の位牌の祀られている家や祖先と所縁のある拝所などへ直接赴いて儀礼をする必要はない。

これらは、いずれも内面の「悟り」を第一に必要なこととし、前節で検討した「修行」を災厄解消の手段としている。そしてその上で儀礼の実修をせよとしている。内面よりも儀礼の形式的完遂のほうを終始強調するユタの災厄解消法とは相当異なったものとなっている。

災厄解消のプロセスの一つとして行なわれる儀礼は次のようなものである。まず、教団全体で行なわれる定例の公的祭祀儀礼としての「本山御修法」。これは、毎週日曜日に本山（本部）で行なわれ、護摩を焚く火祭りの形式をとる。各信者・クライエントは、各自の祈願内容を専用の用紙に記して提出。教祖・神官らが祈願の上、これを護摩の中にくべることになっている。また、信者・クライエントにとくに大きな祈願ごとがある場合には、各家単位で特別に実修する「子孫弥栄祭」なる私的儀礼もある。これも本部で行なわれ、儀礼プロセスは公的な火祭りとほぼ同様であり、いわば家族貸切の火祭りというべき儀礼である。

こうした儀礼で祀られるキンマンモンについては、琉球はじめ世界中のありとあらゆる神霊がこの神に帰一すると説明され、キンマンモンに祈願することで、あらゆる神霊への祈願がなされたことになると説かれている。その場合、一般のユタが説くような個別的・多元的な神霊の存在自体を否定することはしていない。したがって、個人指導において、一見ユタが示す災因論と類似した災因論が提示され、その際に図4-1におけるA、B、C……といった神霊に対する儀礼の必要性が説かれることもある。しかしその場合は、直接的に個別神霊のもとに赴いて儀礼を行なわなくても、当教団の本部において主神キンマンモンへ祈願を行なうことによって、キンマンモンに帰属する個別的神霊への祈願・供養は全て「通る」とされている。これは一元統合的な儀礼的世界（図4-2）といえる。これによって、信者・クライエントがたとえ個別的な神霊のもとでの直接的な祈願をすることができなくとも、災厄解消ができないのではないかという不安を彼らが持たずにすむことが可能になっている。

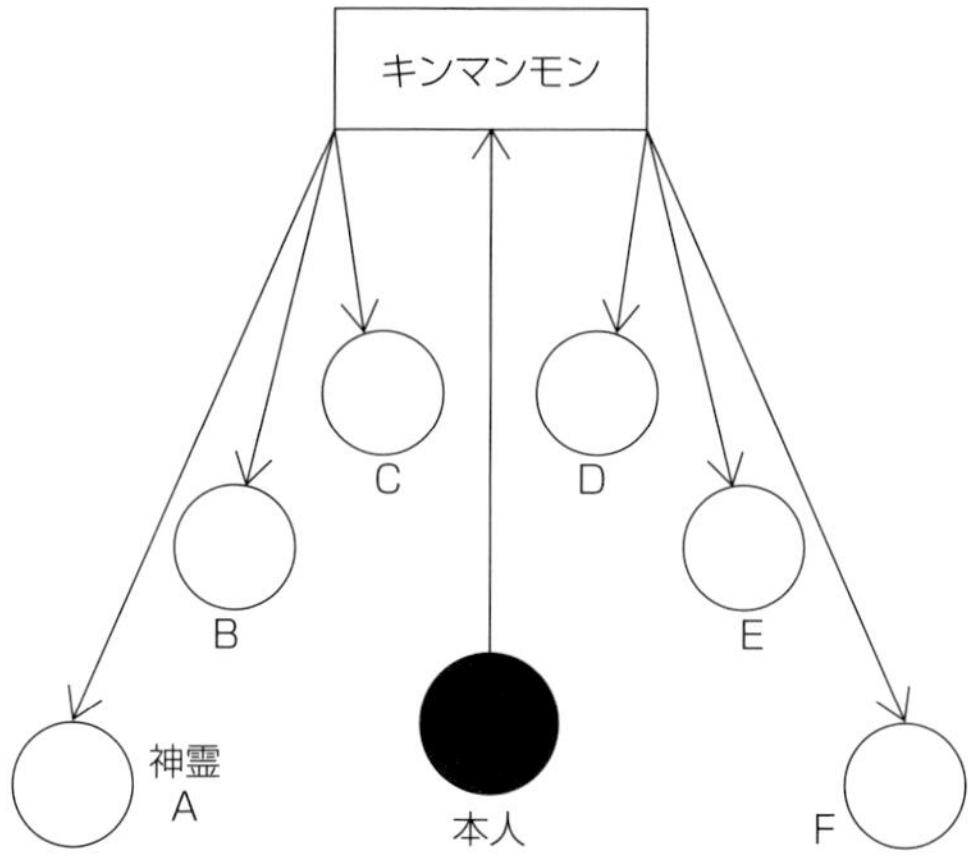

図4-2　龍泉における個人と神霊との関係
出所）筆者作成.

なお、龍泉のクライエント・信者がユタの世界を否定し、龍泉の災因論・儀礼を受容する場合、先に見た「祟り」への恐怖をどうクリアするかが問題となろう。龍泉ではこれについて、信者・クライエントが「悟り」をめざして「修行」を続けている限りにおいて「祟り」は生じないとしている。前節で触れた「悟り」と「修行」の教義が、霊的制裁を打ち砕くことを保障する論理としてここに持ち出されているのである。現在、龍泉の信者・クライエントはこの説明を根拠にユタの世界を否定し、龍泉の災因論を受け入れている。

さて、前出SKも、龍泉と出会ってからその宗教的世界を受容し今日に至っているが、現在、次のように述べている。「ユタコーヤー（ユタのクライエント）をしていた頃には、絶えず祟りを気にし、祈りが通らないのではないかと不安で落ち着かない毎日を送っていた。拝みというものが、時間的にも経済的にも大きな負担でありながら、やらなければ災いから解放されることがない面倒なものとして感じられ、祈りが自分の内面の成長の糧になるなどとは思ってもいなかった。しかし龍泉に出会って、拝みは通るもので、通らないように見えるのは自分の心の修行が足りないからであること、災いは自分の心が招くのだということを知り、救いへの新たな道が開けてきたような気がしている」。このような声は当教団の中では多く聞かれる。右に見てきた龍泉の宗教的世界は、沖縄社会の変化、生活様式・価値観の変化の中で、旧来の民俗宗教と新しい生活様式・価値観との間のせめぎあいに苦悩している人びとに新たな救済への回路を提供し、それにより、そうした苦悩から人びとを解放しているといえよう。

4　位牌継承と財産相続

民俗宗教における位牌継承と財産相続

第1節で指摘したように、沖縄の「門中化」が進んだ地域では、位牌継承は父系血縁原理にもとづく長男による継承を原則としている。また不動産などの財産は位牌に付随する形で位牌継承者が全額ないし大半を相続することを原則としている。そして、長男が存在しない家の場合には、父系近親者のうち別の位牌を継承する義務のない者が「養子」になってその家の位牌・財産を継承・相続すべきだとされている。以上のような慣習は、民法の「子、直系尊属又は兄弟姉妹が数人あるときは、各自の相続分は、相等しいものとする」（民法九〇〇条第四項）という規定と相容れないものとなっている。しかし沖縄では今日でも一般に右のような慣習に従って継承・相続がなされているのである。

ところで、このような慣習のもとでは、女性による位牌・財産の継承・相続は許されていない。これは今日の人権意識からすると、明らかに女性の人権を侵害する状況である。たとえば、父親が亡くなって、その父親の子供が娘ばかりの場合、彼女達には位牌継承・財産相続は認められない。また、異なる門中から婿養子をとったり、婚出後に生まれた子供のうちの次、三男などの中から位牌・財産の継承・相続者を選定したりして継承・相続を行なうことも認められない。長く一緒に暮らしてきた父親の位牌も財産も、慣習に従って、今までは家族の一員でもなければ父親と一緒に生活したこともなかった親戚の誰かによって継承・相続されるのである。この場合、「女ばかりの遺族は、住み慣れた家屋敷や畑まで〈養子〉に明け渡して出ていかねばならず、生活基盤を失う例も珍しくはない」［堀場 一九九〇：一八八］のだが、こうした状況に女達は長い間「悩み抜きながら」、「なお、口を閉ざしたままでいた」［堀場 一九九〇：一八八］。

しかし一九八〇年になって、地元の新聞社が、女子に位牌の継承・財産の相続を認めない慣習は民法に反し、人権問題であるとして、「女が継いでなぜ悪い」というフレーズをスローガンにキャンペーンを繰り広げた。そして、この慣習の是非、存廃についての論争は次第に社会問題にまで発展した。これがいわゆるトートーメー論争である。トートーメー論争の背景には、新民法の施行（沖縄では一九五七年から）、夫婦家族制理念の浸透、女性の人権に対する意識の高まり、といった社会変化、生活様式・価値観の変化がある。このような変化の中で、旧慣のはらむ問題点が声高に指弾されるようになったのである。

たしかに、第1節で述べたように、戦後においても「門中化」は進行し社会に定着してきた。しかし一方では、位牌継承についての慣習が、現代の状況から見て矛盾したものとして人びとに受けとめられるようになってきてもいるわけである。

トートーメー論争は盛り上がり、それなりの結果を生み出した。たとえば、沖縄弁護士会は、一九八〇年に、旧来の位牌継承・財産相続の「慣習を根絶するために全力を傾ける決意を表明」（「トートーメーと男系相続問題に関する声明」沖縄弁護士会）している。しかし、それは現実の継承・相続の場面では建前にとどまるきらいがあり、位牌継承・財産相続をめぐる矛盾は、キャンペーン後、必ずしも解決に向かったとはいえないのが実状である。沖縄の人びとにとってこの慣習の破棄は容易ではないのである。

では、なぜなかなかこの慣習の破棄がなされないのか。それは、人びとの心の中に、慣習の破棄が祖先の「祟り」を招くのではないかとする根強い不安が存在しているからである。この場合、前節でも指摘したように、「祟り」の観念を民衆に植え付けているのがユタである。ユタの唱導する、「親子の情愛は断ち難く、誰だって親の位牌は自分で守りたい。しかし、あの世の掟は厳しく、女の子にはそれが許されない。その掟を破ったものにはたたりがくる」［琉球新報社編　一九八〇：一五一―一六］という観念が広く人びとに共有されてきているのである。

一方では新民法の施行や新たな家族理念の浸透、近代的人権意識への目覚めがありながら、一方ではユタへの信仰、「祟り」への恐れを一掃することができないでいる、というのが沖縄の人びとの置かれている一般的な状況である。人びとはこの両極の間のせめぎあいに苦悩しているのである。

龍泉における位牌継承と財産相続

では龍泉における位牌継承・財産相続はどのようなものだろうか。次は、位牌継承・財産相続をめぐるトラブルの事例である。(12)

図4-3を参照されたい。本事例の話者は3a（調査時、七〇歳代）である。3aは現在、沖縄本島中部地方のある村落に居住している。3aと3bとの間には子供は娘が二人のみ。3aの家には、祖先伝来の土地および3a・3b夫婦が築いた財産（土地）があったが、そのうちの大半は米軍の軍用地で、その軍用地収入はかなりのもの（一家が楽に暮らせるくらいのものだという）となっていた。位牌継承・財産相続をめぐる問題は、彼らに男子が無かったことから発生した。3bは長男で、一九八四年に死亡したが、その際、彼および4aの位牌と財産の継承・相続に関しては、沖縄の慣習に従い、女子である2b・2cによる継承・相続は当然行なわれないものとされ、3bと父系出自を同じくする者のうち、慣習上、養子として継承・相続が可能とされる1iが頃合を見て養子になることとなった。これは3aも含め近親者全員の一致した見方であった。ただ、位牌の継承は、3aがしばらくは自らのもとで夫の位牌の祭祀を

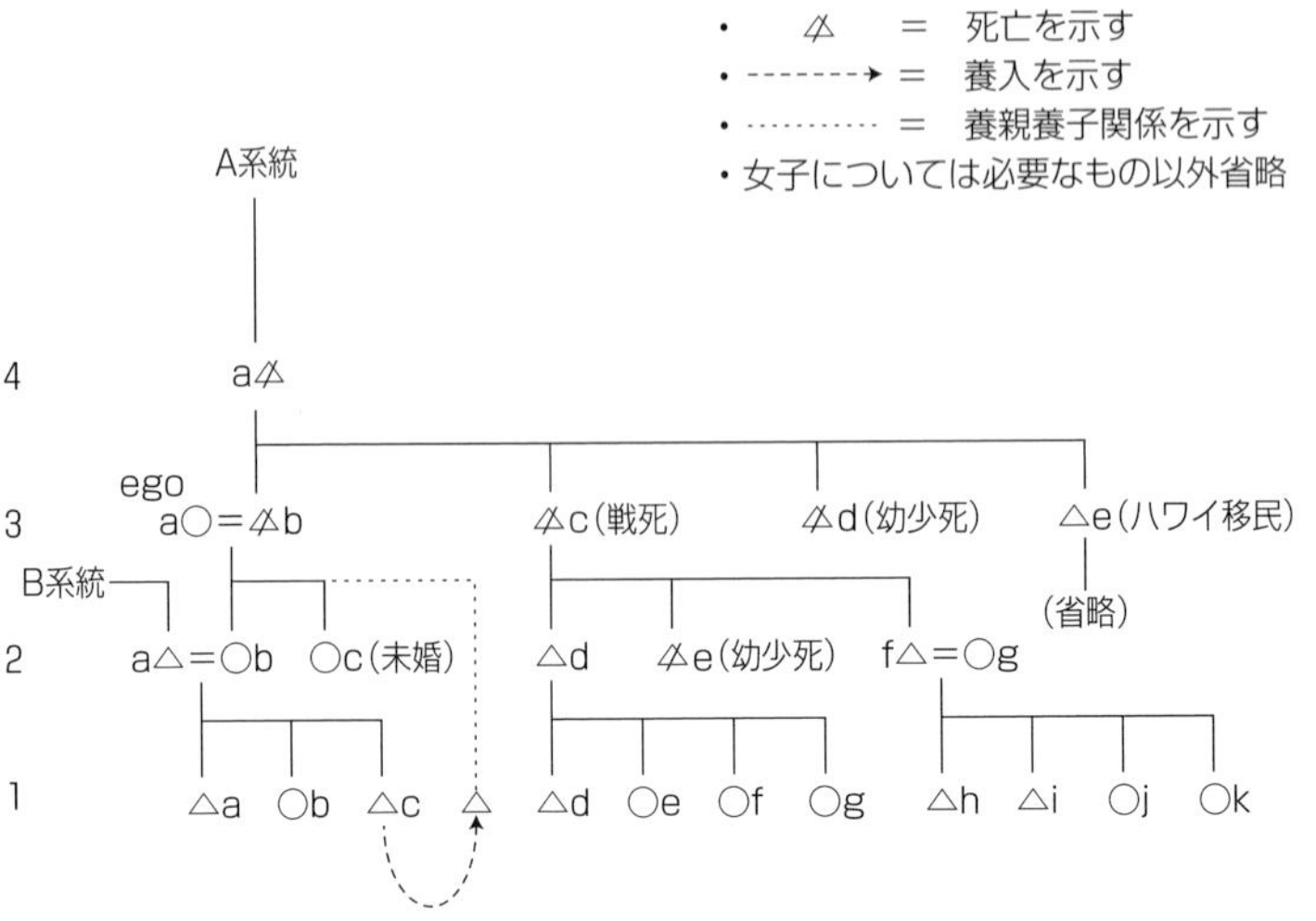

図 4-3　*タチーマジクイ*禁忌破棄の事例

出所）筆者作成.

行ないたいと希望したために、すぐには行なわれず、また財産の相続も、当時、1iが未成年であり、かつ3a自身の老後の生活のこともあるので、もう少し時間が経ってからということになったのである。もっとも、そうはいうものの、将来の養子なのだからということで、財産の全額相続以前に一部（民有地約三〇〇坪）を1iに（ただし実際の管理は2f・2gが行なうものとして）分け与えている。

さて、こうして将来の位牌継承・財産相続が予定されていたのだが、その後、3aは2f・2gに対して、次のようなことが重なったため次第に不信感を抱くようになってゆく。それはたとえば、2gは、2bなどを通して間接的に、財産の全額相続を早期に行なってほしいということをかなり執拗に申し出てくるようになったのであるが、その態度に老いた3aの生活を心配するような姿勢が全く見られなかったこと、また、2gが3aのもとにやってきて仏壇に手を合わせる際には、数万という、常識以上の金を持ってきたり、3aの気に入るような高価な服を買ってきたりしたのだが、そこに、3aに取り入って何とか早く財産の全てを手に入れようという魂胆がありありと窺えたこと、などである。もともと、3aおよびその娘達は2f・2gらに対してあまり良い印象を抱いてはおらず、付き合いもそれほど親密ではなかった（彼らに対して、常に損得勘定で行動をする、何となく欲深い人びとだという気持ちを以前から持っていたのだという）のであるが、こうしたことが重なってから、2f・2g、さらに1iに対しても憎しみの気持ちをつのらせるようになり、ついには１ｉを養子に迎えるのは嫌だと感じるようになったのである。そして３ａは、以前譲った財産を返して欲しいとは思わないが、今後財産を新たに分けることはしたくなく、また、位牌は１ｉに継承させるのではなく、できれば３ａ自身の娘ないし孫達に継承してもらいたいとも考えるようになったのだった。

とはいえ、そのようなことが沖縄の慣習では許されないことは３ａ自身がよく知っていた。本土の風習では娘が家を継ぐことも可能らしいことは知っていたが、沖縄人である我々がそのようなことをしたら何か良くないことが起こるのではないかと考えたのである。３ａにとって、悶々とした日々が続いた。そうしているうちに、そのような３ａの心中を見透かすかのように、２ｇは財産の即刻譲り渡しを直接申し入れてくるようになった。そして、その際には、ユタのところで「位牌の継承を速やかに行なわなければ、今は何ともないように思えても、何代か後の子孫に必ず祟りが生じるだろう。そして位牌の継承の際には、３ａが財産の全額を１ｉに相続させないと、位牌をきちんと継承したことにはならないのだ。それが霊界の決まりごとなのだ」というハンジ（判示）が出されたなどとも言ってくるのであった。２ｇは、ユタの発言を盾に、自分達の主張を有利に推し進めようとしているらしかった。３ａの気持ちは慣習の破棄と遵守との間で揺らぐ。しかし慣習を破棄することはできないでいた。「ユタ」「祟り」を持ち出されるとどうしても不安になってしまうからだった。

しかし、そのようなとき、彼女はかつて友人の誘いで数回足を運んだことのある龍泉の講演会のことを思い出した。「ユタの言うことは本当の琉球の宗教の教えではなく、琉球宗教の真理は龍泉が説いているのだ」。このように教祖が語っていたのを思い出したのである。３ａは、若いころ沖縄芝居が好きで、当時の演劇界のスター高安に好感を持っていたが、その後宗教家となった高安が説く教えも、彼女にとってかなり親しみの持てるものであったという。

３ａは２ｂとともに龍泉を訪れ、副教主による個人指導を受けた。指導の内容は次のとおりであった。

慣習上は正当とされる位牌継承者・財産相続者ではあっても、その者たちが人間的に信頼できない者たちである場合、彼らが、継承した位牌を大事に祀るかどうかはわかったものではない。そのような危惧がある場合には、慣習などは気にすることなく、むしろ大切に祀ってくれる者に位牌・財産を継承・相続させたほうがよい。この場合は、２ｂが婚出した先で生まれた１ｃ（一九七〇年生）を養子にとって継承・相続させればよいのである（２ｂの長男１ａは、２ａの家系＝Ｂ系統を継承する）。こうした継承・相続法は、沖縄の一般的な考え方からすると、３ｂの父系出自であるＡ系統のシジ（血筋）に、１ｃを通して異なるシジであるＢ系統の血筋が混じることになり（一般的に、沖縄ではシジは男性を通してのみ継承されると認識されているので、１ａ・

1cにはB系統の血筋のみが継承されており、A系統の血筋は継承されていないと観念されているのである――筆者注)、明らかにタチーマジクイの禁忌を侵すものである。しかし、龍泉において「霊系結び」儀礼を実修し、その後あなた方が所定の「修行」を実践し、祀る側・祀られる側(祖先)双方が「悟り」に向かうことができたのならば、慣習上の禁忌の侵犯は全く問題にならず、祟りも永久に生じないのである。慣習は、あくまでも「悟りの原理」を知らぬ者、とくにユタがその場しのぎの、まやかしの祖先祭祀のためにつくりあげたものであり、真の祖先祭祀とは、慣習を遵守するか否かは問題でなく、祖先・子孫双方の「悟り」が達成されたときに成就するものなのである。

3aは、この指導を受けたとき、目の覚める思いがし、またこの龍泉の教えこそ現代的で合理的な教えだと感銘し、龍泉の教えを全面的に受け入れようと決心したのだという。そして早速、指導どおり「霊系結び」儀礼を実修した(一九八九年)。霊系とは、霊の世界での系統のことであり、血筋ごとに存在するものであるが、これはシジとは異なり、「霊系結び」の儀礼を行なうことにより異なる霊系同士が結ばれることが可能なもので、これが結ばれていれば、異なるシジが混淆してタチーマジクイ状態になっていようとも何ら問題は生じないというものである。この「霊系結び」は、本山において、3a・2a・2b・2c・1a・1b・1cが参列して「子孫弥栄祭」の形式で行なった。それは、神官が、キンマンモンの計らいでA・B両系統の霊系を接続することを両霊系の祖先に祝詞によって報告した上で、この旨を記入した用紙を護摩の中にくべて完了するというものであった(写真4-11)。

「霊系結び」執行後、1cはすぐに姓をA系統のものに変えて養入し、また問題の財産の名義を1cに変更した。位牌のほうは、現段階では未だ3aが自らの家で祀っているが、将来1cが所帯を持ったときに1cのもとに遷座するつもりだという。このように、「霊系結び」を行なった一方で、3aらは、龍泉の信者として、祖先を悟らせ、自らも悟るべく、所定の「修行」

写真 4-11　霊系結び儀礼
出所)1991年,龍泉本山,筆者撮影.

や祭祀に励むようになり調査時現在に至っている。その間、慣習上の禁忌侵犯に起因すると思われるような災厄が発生することはなかった。３ａは現在、「龍泉で行（修行）をしていれば、ユタがいくらタチーマジクイだと指摘しようと不安になることはない。龍泉で祈願をし、行をしていれば、自分達や子孫に、この度の養子縁組が原因となって祟りがあるというようなことはないはずである」と述べている。なお、１ｃの養入後は、２ｇらは位牌・財産の件ではもう何も言ってこなくなったという。同時に、３ａらと２ｆ・２ｇ・１ｈ・１ｉ・１ｊ・１ｋらとの交渉は、門中内の冠婚葬祭の際に顔をあわせるくらいで、その他の行き来は行なわれなくなったのであるが、３ａによれば、そのような状態でもとくに不都合は生じていないとのことである（筆者調査）。

位牌継承をめぐる慣習のあり方が、深刻な財産問題に結びついた生々しい話である。あくまでも慣習を遵守し、あるいは慣習やユタの発言とされる言説を巧妙に持ち出してきて、位牌およびそれに付随する財産を継承・獲得しようとする立場と、そのような相手方の姿勢に対して不信感を抱くようになった立場との生々しい対立の事例である。この対立は、慣習遵守・歓迎の立場と、慣習を絶対的なものとは見做さなくなってきている（しかし「祟り」観念の払拭にまではたどりついていない）立場との対立でもある。類似の事例はトートーメー論争の中でも問題の一つとして取り上げられており［琉球新報社編　一九八〇］、現在しばしば見聞されるものであるが、この事例から見て取れるように、このようなケースにおいて龍泉では旧慣を見事に破棄している。

すなわち、ここでは第１節で見たタチーマジクイの禁忌が破棄されているのである。ここに見られる改革の論理は、①ユタを「悟りの原理」を知らぬ者と位置付け、その論理を否定した上で、②「霊系結び」なる儀礼によって「霊系」が結ばれれば異なる血筋間に血筋の一致以上の関係が生じるとしてこの儀礼を実修し、さらに③位牌継承に関わる当事者たちが信者として「修行」に励み、それにより子孫・祖先双方が「悟り」に向かう限りにおいて、慣習破棄による「祟り」が生じることはない、とするものである。

第２節で見た「修行」による「悟り」への到達という教義に、ユタ否定の言説や「霊系結び」という独自の儀礼システムを有機的に結び付けて、慣習の破棄を行なっているわけである。とくに、単に慣習を破棄するだけでなく、そのことによって生じるとされる「祟り」についても、これを否定することが可能になっている点が注目されよう。また、そもそも沖縄で一般に用いられている形式の位牌を祭祀するという大きな枠組みそのものは否定されていないことにも注目させられる。改革されているのは大枠の中にある慣習のほうである。沖縄の人びとの間で、位牌を祭祀するという行為自体を否定することを受け入れられる者はきわめて少数であると思われる。位牌継承の慣習を矛盾していると感じても、位牌による祖先祭祀自体を否定することはほとんどありえないというのが実情であろう。龍泉のやり方はこのあたりの心情に適合的である。本事例の当事者はこうした論理・実践によって、慣習による拘束、慣習の遵守と破棄という両極の間のせめぎあいから解放されている。

なお、龍泉で破棄されているのは、右のタチーマジクイ禁忌だけではない。ここでは紙幅の都合で具体的事例はあげないが、個人指導の現場では第1節で見た位牌継承の四つの禁忌すべてが破棄されている[13]。その際の改革の論理は右に見たものとほぼ同様のものである。そしていずれの場合も当事者は、龍泉の指導に従うことで慣習をめぐる問題から解放された、救われたと述べている。

ここで教義レベルに視点を移そう。高安は、教義書の中で概ね次のように述べている。

沖縄の位牌祭祀には長らくユタが深く関与してきた。しかしユタは「真理」を知らぬ者達であり、ユタの説く位牌祭祀・継承上の禁忌は「迷信」にすぎない。「迷信」は「悟り」とは無縁の存在だ。真の救いは、祖先にとっても子孫にとっても「悟り」に到達することで実現する。そして、祖先が「悟り」に到達してしまえば、位牌継承の慣習（タチーマジクイ・チョーデーカサバイ・チャッチウシクミ・イナググヮンスの禁忌）などは全く考慮に値しないものとなる。『トートーメー』を女が継ごうが、男が継ごうが、女男には問題はなく、あるいは『兄弟重なり』等も、そこにはまったく問題にならず、実に平和で安心した、真実が実現する」［高安 一九八〇：六〇］のである。

この慣習改革の志向は龍泉立教以前からすでに高安の中にあった。一九七三年に刊行された高安による最初の教義書には、彼が生長の家の講師時代に信者からの質問に回答した際の記録が収載されている。その質問の一つに、祖先の中にチャッチウシクミやチョーデーカサバイの禁忌を破って祀られている者があると子孫は不幸になるか、というものがある。これに対する彼の答えは、「そんなことはありません」［高安 一九七三：一一七］、「そんなことに気をかけないほうがよいと思います」［高安 一九七三：一一八］というものであった。このように、早い時期から高安の中には慣習破棄の志向は存在していたのだが、トートーメー論争の際にはこれがとりわけ強調されたのであった。すなわち、一九八〇年当時、教団は論争の盛り上がりにすかさず対応し、各地でトートーメー問題をテーマにした講演会を開催、「龍泉はトートーメー問題解消駅」［高安 一九八二：一九二］だというキャッチフレーズで布教活動を展開している。そして、それによって、沖縄の一般の人びとに、龍泉は「トートーメー問題を解決してくれるところだ」という認識がある程度広まったもののようである。

もちろん、こうした慣習破棄を推進する龍泉に対して、教団外の声は賛否両論である。自分は信者になる気はないが慣習打破の姿勢は評価したい、とする見方がある一方で、あの教団の連中にはきっとそのうち祟りが起こるに違いないと見る人びとのあることも事実である（いずれも筆者の調査による）。後者のような見方はユタの間に多く見られるらしい（多くの龍泉関係者談。および筆者のユタ調査による）。

なお、教団側は慣習破棄の理念をむやみやたらと強調しているわけではない。龍泉の信者の中にも、位牌継承に関しては教団の論理を受容することを望まず、慣習に従うことを問題としない者もいる。このような者に対しては、慣習に従うことを容認している（ただし、信者としての一般的な教義の信奉、「修行」の実践は必須のこととしている）。教団は、信者自身が慣習肯定派の場合には柔軟な姿勢でこれに対応しているのである。

以上のように、慣習との緊張関係および妥協的側面を有しつつも、龍泉は、旧来の慣習の破棄を理念とし、それによる民俗宗教的世界の改革を行なっている。これは、旧来の民俗宗教に矛盾を感じながらもその世界を否定することができず、民俗宗教と新しい生活様式・価値観との間のせめぎあいに苦悩する人びとへの救いに他ならない。沖縄社会の変化に対応しようとする土着の新宗教のあり方をここに見ることができる。

なおまた、右に見たような志向と実践はこれまでの沖縄の民俗宗教の世界には見られなかったものである。少なくとも、現時点までのユタについての研究においては、龍泉におけるような理念と実践を展開しているユタのあることは報告がない。また、管見では、龍泉以外の沖縄産新宗教においても、かかる理念と実践は存在していない[14]。龍泉の動向は沖縄の宗教史上きわめてユニークだといえる。

結　び

沖縄の民俗宗教とりわけユタ信仰の世界は、第二次世界大戦後も衰退することなく存在し続けた。その場合、ユタの展開する災因論や儀礼は、人びとに一定の救済効果をもたらしてきたし、またユタの唱導する父系血縁原理による位牌継承や財産相続の慣習も、災因論の展開と絡んで、人びとに受け入れられてきた。

だが一方、こうしたユタの世界は現在、沖縄の社会変化、生活様式・価値観の変化に対応して、人びとから、過剰で矛盾したものと認識されるようにもなってきている。もっとも、そのような認識を持つようになったからといって、彼らの多くは、旧来の民俗宗教の世界を全面否定することはできず、民俗宗教と、現代の新しい生活様式・価値観との間のせめぎあいの中で苦悩するようになったのである。

こうした背景の中で、戦後、民俗宗教の伝統を踏まえつつもそれを改革することを志向した龍泉という新宗教が創出され、このようなせめぎあいの解決を行なった。具体的には、民俗宗教的神霊に対する信仰や、位牌によって祖先を祀ることができるとする観念といった民俗宗教の大枠自体は変えない範囲で、内因的災因論の提示や一元統合的な儀礼的世界の構築、位牌継承・財産相続に関わる慣習の破棄を行ない、これによって民俗宗教の過剰化・矛盾化した現状の改革をなそうとするものであった。その際、かつての沖縄の宗教伝統には存在することのなかった、「悟り」を究極目標とする教義と「修行」を主な柱とする宗教実践とを、本土の宗教に学びつつ独自にアレンジし、有機的に組み合わせて現状の改革にあたった点がユニークである。そしてとくに、このような宗教的世界は、人びとが、ユタの世界の否定、慣習の破棄を行なう際に抱く霊的制裁の観念を打ち砕き、民俗宗教的世界の改革をより円滑にすることを保障するものとして機能している点が注目されるものであった。

このような宗教的世界は、もちろんそれに対する抵抗感を抱く人びとも一方には存在するとはいえ、一定数の沖縄の人びとに、叙上のようなせめぎあいの苦悩からの救済をもたらしていることも確かなのである。ここに、社会変化にともなう人びとの苦悩に対応しようとする土着の新宗教の一つのあり方を見ることができる。なお、こうした新宗教の動向に類似した動きは、今後さらに進行すると考えられる沖縄社会の変化、生活様式・価値観の変化に対応して、将来、一般の民俗宗教や他の新宗教においても生じる可能性があるかもしれない。

付記

龍泉教祖の高安六郎氏は、二〇一八年九月三〇日に逝去された。享年八四歳。高安氏は、一九九〇年当時、一介の大学院生にすぎなかったわたしの調査に最大限の協力をしてくださった。ここに謹んでご冥福をお祈り申し上げます。

注

(1) 本論文は、一九九六年に第一六回日本民俗学会研究奨励賞を受賞した。
(2) そうした中で、近年の池上良正［一九九一］による民衆キリスト教の研究や、安達義弘［一九八六］による土着の新宗教の世界観についての分析などは、沖縄の現代宗教についての先駆的な研究として注目される。
(3) これについての実証的研究には、常見純一［一九六五］、大胡欽一［一九六五］、山路勝彦［一九六七、一九六八、一九七二］、松園万亀雄［一九七〇、一九七二］、植松明石［一九六五］、笠原政治［一九七五、一九七七］、高桑史子［一九七九、一九八二］、比嘉政夫［一九八三、一九八七］などがある。
(4) その様相については、佐喜真興英［一九二五］、常見純一［一九六五］を参照。
(5) 生天光神明宮はユタの同志的結社としての性格を有する教団であり、ミロク教は沖縄在来のミロク信仰を体系化しようとした教団である。前者については桜井徳太郎［一九七三］、安達義弘［一九八六］が、後者については宮田登［一九七七］がそれぞれ事例研究を行なっている。
(6) ここでは、龍泉の「会員」として本部に会費を毎月納入し、定例祭祀や支部集会にも顔を出している者を「信者」とし、会費は納入していないが、必要に応じて「個人指導」を受けたり、不定期に定例祭祀に参加したりする者を「クライエント」とする。
(7) 山蔭神道の管長山蔭基央は、古神道家として内外での宗教活動を展開してきた人物だが、彼は一九五三年頃から、日本神道の原型は「琉球神道」にあるという確信を持っていた。そして本土復帰直後に沖縄を訪れるのであるが、その際にちょうど成巫過程にあった高安とめぐりあい、彼は高安にさまざまな宗教的アドバイスをするようになる。以後、山蔭と高安とのつきあいが始まり、これは龍泉立教後もしばらく続いた。
(8)　ここに提示する事例は、プライバシーの保護を考慮し、本論の論旨に関わる実証性に問題がない範囲で、イニシャルおよび微細なシチュエーションに若干の改変を加えている。
(9)　たとえば、自動車とりわけタクシーに見られる交通体系の発達に呼応して、ユタの儀礼における空間的範域が広域化し、儀礼実修箇所が増加したし、貨幣経済の定着に呼応して、ユタへの謝礼や神霊への奉納がかつてしばしば見られた物納から現金によるものへと変化した。
(10)　「祟り」すなわち霊的制裁の観念は、ユタによって災因論の一環として強調されるのがふつうである。人びとがユタを訪れるのは何らかの災厄を抱え、それが病院その他の民俗宗教以外のセクターでは解決されなかった場合であることが多い。その際、現実に生起している災厄について語られる中で「祟り」が強調されるわけである。切羽詰まった際のユタの言葉、「祟り」観念は信憑性あるものとして受け入れられてしまうのである。
(11)　この副教主については［島村　一九九三ａ］に詳述してある。
(12)　ここに提示する事例は、プライバシーの保護を考慮し、本論の論旨に関わる実証性に問題がない範囲で、イニシャルおよび微細なシチュエーションに若干の改変を加えている。
(13)　その様相の一部については［島村　一九九四ｂ］で取り上げている。
(14)　逆に、生天光神明宮では、ユタの行なうものと同様のシジタダシが重要な教団活動の一つとされているという現状がある［井上ほか編　一九九〇：七三二］。

第5章

日本の現代民話再考

――韓国・中国との比較から――

修士論文を提出し、博士後期課程に入ってから、わたしは韓国研究を開始した。当時は、現在のように博士課程在学中に博士論文を提出するという流れは一般的ではなく、個別論文を出し続けながら、どこかの大学に助手や専任講師で就職していくというのがよくあるパターンであった。そのため博士後期課程になってから調査フィールドを変えること、とくに海外調査を開始することについては、自分自身でも、また周囲においても、特に抵抗はなく、むしろ視野を広げるものとして奨励されていた。

当時、沖縄研究をしていた人びとは、その先のフィールドとして台湾に向かうことが多かったが、わたしは、韓国をフィールドにした。韓国を選んだのは、大学生のとき、たまたま在日韓国人の高校生の家庭教師をして以来、日韓関係や韓国社会に関心を持っていたからである。

一九九四年、縁あって、韓国・大邱市の啓明大学校外国学大学日本学科に客員専任講師として採用され、現地に赴任した。第一回目の韓国長期滞在のはじまりである。大邱では、大学生たちに日本文化論を教えるとともに、「都市伝説」の調査を行なった。第1章で述べたとおり、わたしは早い時期から「都市伝説」に関心を持っており、いつかは自分でも調査・研究をしてみたいと思っていたことから、ここで研究テーマに設定したのである。当時、韓国の「都市伝説」を研究した学術論文は、日本はもとより、韓国の民俗学界においても一本も存在しておらず、韓国の「都市伝説」研究は、文字どおりのフロンティアであった。

調査は、大学の授業のレポートで「都市伝説」の採集を課したり、学生たちから聞き取りを行なったりして実施した。その結果、多くの話例が集まったが、それらの多くは怪談であり、そこには多くの点で日本との類似性も認められた。そこでわたしは、早速この結果を、日韓の「都市伝説」をめぐる類似性を強調するかたちで、学界に報告した［島村 一九九四c、島村 一九九五a、島村 二〇〇三a］。

このときの韓国滞在は一年のみで、いったん日本に帰国した。そして、一九九六年に再び渡韓したのだが、この段階に至って、韓国における現代の語りについてのわたしの認識は大きく転回した。というのは、この時期になると、わたしの韓国語能力はかなり向上しており、日常生活の中で耳にする会話はほぼ理解できるようになっていたのである。そのような状態になってわかってきたことは、韓国社会において語られる現代の物語は、かつて報告したような怪談系統の物語に限定されているわけではなく、笑い話系統の物語、とりわけ政治・権力・社会問題に対する諷刺をモチーフとする話群がかなり多いということであった。このことに気づいてから、その線で再度調査を行なってみた結果、膨大な数の笑い話系統の話例を収集することができた。

このような状況は、日本における「都市伝説」、現代の物語をめぐる状況とはかなり異なっている。わたしは、そこから日本における語りのあり方を照射することができると考えるようになり、いくつかの論考［島村 二〇〇〇a、二〇〇一d、二〇〇三d、二〇〇三e］を発表していった。本章は、このうち島村［二〇〇一d］を再録したものである。

1 問題の所在

日本の民俗学では、神話、伝説、昔話といった口頭伝承の古典的ジャンルとは区別される「現代の話」［常光 二〇〇〇］について、「世間話」や「現代民話」という名称のもと、早くから地道な研究が行なわれてきた[1]。そして、その蓄積の上に、一九八〇年代後半、アメリカの民俗学者、ジャン・ハロルド・ブルンヴァン（Jan Harold Brunvand）の「都市伝説」研究［Brunvand 1981］が日本に紹介されると[2]、「都市伝説」「現代伝説」といった名称のもとで、さらなる研究の活性化がはかられるようになり、今日に至っている。

宮田登は、この種の口頭伝承についての研究に大きな役割を果たした研究者の一人である。宮田は、早い時期から、都市民俗学を構想する中で「世間話」に注目し、その研究の意義に関して、「『世間話』を構成する諸要素の中で、民衆意識として抽出されるもののなかからどのような世界観を把握できるかを問題とすべき」［宮田 一九八六：一一一］であると述べている。さらに、彼は、一九九〇年代以降になると、「都市伝説」の語を積極的に用いて当該分野の研究を行なった。

彼の「都市伝説」に関わる研究の特色は、妖怪・不思議譚の中で語られる境界的空間・不思議空間を主として検討の中心に据え、これを開発・都市化によって人々が抱えることになったとされる不安心意と関連させて考察するところにある[3]。彼のこの論法は、他の民俗学者にも大きな影響を与えており、この分野の研究の上で、一つのパラダイムを形成したといってよい。この筆者は、このパラダイムを「宮田パラダイム」と名づけている［島村 二〇〇〇ａ］[4]。

現在、この領域の研究は、宮田パラダイムによる研究が一つの流れを形成しつつ、これに加えて、概念・用語の規定に関する問題についての議論［日本民話の会 一九九八］や、語りの社会的機能の研究［山田 一九九九］、あるいは「世間話」という概念が持つ思想的可能性の追究［重信 一九八九］といったさまざまな観点からの研究が提出されるようになっており、口頭伝承研究の中では活発な議論が展開されている分野の一つとなっている。

こうした研究動向の中で、まだほとんど蓄積がなく、今後の大きな課題の一つとなると予測されるテーマに、日本社会における「現代の話」のあり方と日本以外の社会におけるそれとの比較研究がある。「現代の話」は、日本社会だけで語られているわけではない。世界の各地に、こうした語りは存在しているのである。

世界各地の事例については、日本では、アメリカ、ドイツ、中国、韓国のものが、比較的まとまって紹介されているが[5]、しかしそれはあくまでも事例の紹介にとどまっているものであり、日本社会の語りとの比較が行なわれているわけではない。「現代の話」の国境を越えた比較研究は、まったく着手されていない領域なのである。

本章では、そうした状況をふまえ、韓国・中国・日本における「現代の話」をめぐる状況について比較の観点から検討を試み、そのことによって、日本における「現代の話」とその研究のあり方について逆照射し、再考することを試みたい。

以下、本章では、民俗学が民俗学的視角のもとに対象化する「現代の話」のことを「現代民話」と名付け、議論を進める。「現代民話」の語は、これまで松谷みよ子や吉沢和夫ら在野の民話研究者によって好んで用いられてきた語である[6]。ここでは、それが指し示す内容も包含しつつ[7]、あらためて「同時代（現代）的な状況を背景にして語られる、民俗としての性質を有する説話[8]」を意味する学術用語として「現代民話」を位置づけ直し、用いることとする。

２　韓国の現代民話

これまで韓国の学界においても、韓国外の学界においても研究対象とされることが皆無であった韓国社会の現代民話について、筆者は一九九四年に現地調査を行ない、その結果を報告している［島村 一九九四ｃ、一九九五ａ］。この調査は韓国中部の大邱市の大学生を主たる対象として行なったもので、大邱市は、ソウル、釜山に次ぐ韓国第三の大都市である。

調査は、啓明大学日本学科の学生に筆者が行なった口承文芸論の講義の期末レポートとして「都市伝説」（調査当時、筆者は現代民話に相当する語りのことを「都市伝説」と称していた）の採集、報告を求めたものであり、採集・報告作業の前提として、講義中に日本およびアメリカで集められた「都市伝説」の事例と研究法を紹介している。

この調査の結果、筆者は膨大な数の「都市伝説」を入手することができた。そして、そこで集められた事例の大半は、怖い話・不思議な話というべきものであった。この種の話例をいくつか提示すれば、次のようなものとなる。

話例1　消えるタクシー乗客

夜、タクシー運転手がマンウリ共同墓地（ソウル市内にある有名な共同墓地のこと）で白い素服を着た若い女性の客を拾った。運転中、運転手がミラーを通して後部座席の客を見ると、その女性は見えたり見えなかったりした。目的地に着くと、客は「お金がないから家から持ってくる」と言って降りていった。しかし、いくら待っても戻ってこない。そこでその家に行く。すると老婆が出て、「その女は私の娘です。でも娘は五年前に事故で死んでいます。今日はちょうど、その子の祭祀（チェサ）の日です」と言った（話者は、慶尚北道大邱市にある啓明大学の女子学生。一九九〇年に、通っていた高校で友人から聞いた。一九九四年採録）。

話例2　トイレの卵鬼神

ある女学生が、学校のトイレの、横並びになっている個室の一番奥のトイレに入っていた。すると、誰かがやって来て一番はじめのトイレをノックし、中に誰もいないとわかると「あっ、いない」と言い、トントントンという音をたてながら隣のトイレの前にやってきてドアをノックする。そこにも誰もいないとわかるとやはり「あっ、いない」と言い、トントントンという音をたてて次のトイレに移る。そのようにしてついには女学生の入っているトイレの前までやって来た。女学生は、とても怖かったが一体誰がやってきたのだろうかと思って、ドアの下側の隙間からそっと覗いてみた。すると「あっ、いる」という声。隙間を通して学生とその不気味な者の目があったのである。女学生は気絶してしまった（死んでしまったともいう）。音をたててやってきたのは卵鬼神（タルギャル鬼神）という鬼神で、体の形は卵、細い足がついている。頭と足とが上下逆さまになっており、頭の部分が床をトントントンと叩きながら歩くというものであった。卵鬼神は、結婚しないで死んだ女が鬼神となったものだという話も聞いたことがある（話者は啓明大学の女子学生。一九九四年採録）。

話例3　赤いマスクの女

わたしは国民学校時代、ソウル郊外の議政府市に住んでいた。その頃、学校帰りに赤いマスクの女というのが出るといってみんな怖がっていた。赤いマスクの女は、電信柱に隠れていたり、建物の影に隠れていたりして、子供が通りかかると突然あらわれる。そして、「わたしは美人か?」と聞いてくる。「美人です」と答えると、「これでもか?」といって赤いマスクを取る。すると口は大きく裂けている。そして、逃げようとする子供を追いかけてくる。答えるときに、怖くて何も答えられなくても、結局は赤いマスクを取って裂けた口を見せてくるので同じことらしい。この話を聞いたころは、みんな怖くて一人では道を歩かなかったが、しばらくするとこの話も忘れ去られてしまった(話者は、ソウル市にある延世大学の男子学生。一九九六年採録)。

話例4　未来の夫

キョンアは、学校で変な話を聞いた。夜中の十二時に口に包丁をくわえて水がいっぱいに満ちている洗面器を見つめると、将来の自分の夫の顔が映るという話だった。好奇心旺盛な彼女は、早速やってみることにした。夜十二時になって洗面器に水をいっぱい入れ、包丁を嚙んで水の中を見つめた。なんとだんだん顔の形が出てきた。これに驚いたキョンアは包丁を落としてしまった。すると洗面器の水が赤色に変わった。彼女は水を捨て、部屋を逃げ出した。

一〇年後、キョンアは結婚した。見合いで出会ったドンスは良い人だった。新婚旅行に出発しようと空港に着いた二人は、お腹が空いていたのでハンバーガーを食べようとした。ドンスが口を開けると、彼の唇から血がポトリと落ちた。「どうしたの?」と尋ねるキョンアに、ドンスは言った。「一〇年前、君が包丁を落としたんじゃないか!」(話者は、江原道春川市にある翰林大学の女子学生。ソウルの高校時代に聞いた。一九九七年採録)。

話例5　T・Kと風水

慶尚北道の道庁のあるところは、風水地理上の好地、明堂である。なぜここに道庁の庁舎が建てられたかというと、この明堂の地に庁舎を建てれば、以後三〇年にわたって慶尚北道・大邱の周辺から政権を握る人物が出る、という風水地理家による予言を道庁が受け入れたからである。建設してみると、たしかに以後の歴代大統領は朴正熙(一九六三年就任)にはじまり盧泰愚(一九九三年退任)に至るまで、ぴったり三〇年間、大邱周辺の出身者(いわゆるTK。TKとは韓国における地縁ないし学縁を意味する言葉で、Tは大邱を、Kは慶尚北道あるいは慶北高校を意味する)によって占められていた。しかし予言どおり、それは三〇年以上は続くことなく、盧泰愚の次は慶尚南道巨済出身の金永三にとって替わられた（話者は啓明大学の男子学生。一九九四年に大学の友人から聞いた。一九九四年採録）。

話例6　プルコギ・バンカー

この話は、私が軍隊に入隊し、新兵訓練を終えて一九八七年三月、ある部隊に配置されて北韓（北朝鮮）との休戦線付近で勤務していたとき、古参兵から聞いたものである。また、この話は数十年にわたって古参兵から新参兵に語り伝えられてきているものである。

休戦線が江原道楊口郡のある場所を通っているが、その場所にあるバンカー（地下に設置される軍事用の監視室のこと）をプルコギ・バンカー（焼肉バンカー）という。ここからは、風が吹き雨が降る夜ごとに誰かが泣いているような声がした。それで我々はそこに行くのを憚っていた。ここについての話は次のとおりである。

一九五〇年代までは休戦線には堅い鉄柵はなかった。それで南北ともに相手の部隊に回し者を侵入させることが容易であったという。ある日、民間人を装った北韓の回し者がこの焼肉バンカーの付近に侵入した。韓国軍側は、民間人だと考えて何の疑いも抱かなかったという。ところがその日の夜、その回し者がプルコギ・バンカーにやって来て、中にいた三人の韓国軍兵を火炎放射器で焼き殺したという。

それで、プルコギ（焼肉）を料理するとき、やはり肉を火で焼くために、ここをプルコギ・バンカー（焼肉バンカー）と名付けたのだという（話者は啓明大学の男子学生。一九九四年採録）。

こうした類の話は、これ以外にも数多く存在しており、それらは、たとえば、「祭祀」「学校」「異常な食べ物」「エイズ」「女性」「乗り物」などといった大分類で話柄分類可能なものとなっている。このような話が学校の放課後や大学生の合宿などでたいへん盛んに語られているのである。

これらの話で語られる主題やストーリー展開の構造、語り手などには、韓国の社会・文化的背景にもとづく「韓国的」なものも少なくないものの、一方で、日本における怖い話、不思議な話の場合と同一のものもあることが注目させられる。右に掲げた話例でいえば、［話例5］の風水や、［話例6］のプルコギ・バンカーなどは、日本にはこれに相当する話例がないものの、それ以外は、ディテールとしての個々の要素を別にすれば、いずれも日本の現代民話の中に、類例を見出すことができるものとなっている。

ところで、以上のような話群とその特色についての筆者による「発見」は、筆者の韓国長期滞在の第一回目においてなされたものであったが、この段階では、筆者は、韓国の現代民話は、こうした話によってその全体が構成されていると考えていた。

しかし、のちに、この認識が誤りであったことに気づく。それは、筆者による第二回の韓国長期滞在においてであった。

筆者の第二回目の韓国長期滞在は、一九九六年から一九九八年までであったが、この段階では、筆者の韓国語聴取能力は、第一回目のときに比べてかなり上達しており、市中の生活者が日常的に行なう語りをほぼ支障なく聞き取ることができるようになっていた。このような語学能力を備えて、しかも生活者として韓国で暮らしてみると[9]、この地で耳にする現代民話には、一九九四年に「発見」した怖い話・不思議な話だけでなく、笑い話系統の話、それも政治・権力・社会問題に対する諷刺をモチーフとする話群が豊富に含まれていることに気づかされたのである。そこで、今度は、この線で再度調査を行なってみた。そこで得られた話例は、たとえば、次のようなものである。

話例7　Me too, Me three.

全斗煥大統領と妻の李順子がアメリカを訪問したときのこと。公式歓迎行事が終わってからの、レーガン大統領との非公式ティーパーティーの席で。

レーガンが"Coffee please"と言い、李順子は"Me too"と言った。英語のできない全斗煥は"Me three"と言った。すると、李順子が「ネー（はい）」と答えたとさ（← Miss Lee）。（話者は翰林大学の男子学生。一九九七年採録[10]）。

話例8　潜水艦の全斗煥

ある日、レーガン米国大統領と全斗煥大統領とローマ教皇と子供の四人が、潜水艦に乗って海底探査をしていた。急に潜水艦が故障して、四人は非常脱出することになった。しかし酸素呼吸装置が三つしかない。困っていたが、レーガンが、「すまんね、私は世界平和のために生きなければならないから」と言って酸素呼吸装置を一つ取って脱出。これを見ていた全斗煥は一言も言わず、装置を取ってレーガンのあとを追いかけた。結局、酸素呼吸装置は一つしか残っていない。教皇は、しかたがないので、残っていた一つを子供に渡した。すると子供が笑いながら言った。「さっき脱出したはげのおじさん（全斗煥）は、酸素呼吸装置ではなく、消火器を持って脱出したよ」（話者は翰林大学の男子学生。一九九七年採録）。

話例9　核と金泳三

ある朝、金泳三[11]が家で新聞を読んでいた。紙面をあちこちめくりながら、彼は独り言を言った。「うむ。ヘクサチャル（核寺刹＝核査察）だと？　寺で何のために核武器を所有しようというのだ」。

またページをめくってから、「何、ヘクカジョク（核家族）だと？　家々で核武器を所有したら、危険極まりないじゃないか」。

心配そうな顔をしながら、今度は広告欄を眺め、「何、ヘクサン（核山＝核酸）が二五％だと？　わが国の山の二五％に核を設置しようということか？」。

彼は、たいそう不安そうな顔をしながら、窓の外に目をやった。「あっ、それなら、あの赤い十字は、みな核ミサイルの基地だということか！」（話者は翰林大学の男子学生。一九九七年採録）。

話例10　笑えない答え

金泳三が日曜日に教会へ行った。

日曜学校の先生は、金泳三に人類最初の男の人の名前は何かと聞いた。すると金泳三は自信をもって「アダム！」と大きな声で答えた。

日曜学校の先生は、今度は人類最初の女の人の名前は何かと聞いた。するとやはり自信をもった声で金泳三は答えた。「マダム！」（話者は翰林大学の男子学生。一九九七年採録）。

話例11　地球儀の傾き

ある日、チェ・ブラムが担任の教師として勤務している初等学校に奨学士がやってきた。自然の時間に突然教室に入ってきた奨学士は、教室の机の上にあった地球儀を指差し、ある児童に尋ねた。「なぜ地球儀は傾いているのか？」。子供は答えた。「ぼくはやっていません」。ムッとした奨学士は担任のチェ・ブラムに同じ質問をした。チェ・ブラムは答えた。「買ってきたときからこうなってたんですけど」（「賢くなったチェ・ブラム、カムバック」『スポーツ・ソウル』一九九七年二月十八日[12]）。

話例12　ヤンチョンリ・キム会長

二〇〇Ｘ年。ついに南北統一がなされた。経済界の大物たちが、北韓にある莫大な不動産をどう料理するか相談するため、ソウル某所に次々と集まってきた。

約束の時間五分前。まず、黒色のグレンジャー３・０（高級車の名称）がやってきた。「うむ。私は現代、鄭会長だ」。

次にやってきたのは、黒色のベンツ３００。「私はサムソン、李会長だ」。それに続いて、やはり黒色のインペリアル３０００が到着した。「デウ、金会長です」。

そのときだった。黒色の三千里（自転車の名称）が登場したのは。

守衛が自転車の人物に尋ねる。「はて。おまえさんは誰かね？」「うん、私？　私はヤンチョン里、金会長だ！」（話者は翰林大学の女子学生。一九九七年採録[13]）。

話例13　軍隊生活

もう寝てもいいのかと思ったら起床。
食いはじめれば、もう終わり。
外泊したいと思えば、外泊禁止。
遊ぼうとすれば、休み終わり。
なじんだかと思ったら、もう転出。
ちょっと勉強はじめれば、作業しろ。
ちょっと楽になったと思ったら、すぐ転役。
（話者は翰林大学の男子学生。一九九七年採録[14]）

話例14　兵　役

頭の薄い学生がいた。アルバイトをして金を貯め、ついに植毛した。満足して家に帰るとお母さんが言った。「お前、令状来てるよ」。
（話者は翰林大学の男子学生。一九九七年採録）

話例15　延大抗争その後……無知な担当刑事

この文章は、延大抗争で連行され、警察署で陳述書を書かされた学生の経験がおもしろくPC通信に載せられていたのを抜粋したものです。数千名の学生を捕まえて、実績をあげるために強引に陳述を強要する刑事達の公権力乱用を諷刺的に批判しています。

おはなし1　私たちの学校で新しく出来た学生証を知っているか？　銀行のキャッシュカードと学生証が一緒になっているあれだ。担当刑事がこれを見て……、（学生の頭を叩きながら）「こいつらは大学生のくせに、クレジットカードか。分際もわきまえんで」。まったく、説明するのに汗が出たぜ。（おはなし2、3は省略――引用者）

第一二代　自主総学生会
第一二代　工大学生会
第一二代　医大学生会
第八代　人文大学生会
第八代　社会大学生会

これは翰林大学のトイレに貼られていた貼り紙で、一九九六年に筆者が採取したものである。学生たちによると、以前ほどではないにせよ、こうした語りは、学生運動に関わる学生の周辺では、今日でもしばしばなされているという[15]。

話例16　I'm F

金泳三が退任を前にして、外国人記者たちと記者会見をした。ある記者が、「あなたは、この五年間の自己の成績はどんなだと思いますか?」。金泳三は、口ごもり、顔を赤くしながら言った。「I'm F」。（Fは、韓国の大学の成績評価において「不合格」を意味する記号。話者は翰林大学の男子学生。一九九七年採録[16]）

話例17　就職活動

ＩＭＦ時代になり、就職が大変難しくなっている。入社試験を受けるときには、答案用紙の隅に、次のように書くくらいじゃないと、試験に通らない。

現代電子入社試験：衛星放送故障時、酸素ボンベだけを与えてください。宇宙船は絶対に必要ありません。

韓国地下鉄公社入社試験：坑道崩壊時、救助絶対不要。保険金は会社へ返納します。

韓国電力入社試験：原子炉内での勤務可能。雨天時高圧線修理の際、断電不要。

大宇造船入社試験：長時間水中作業時にも酸素ボンベ不要。ライターで溶接可能。

韓国火薬入社試験：爆破実験時、密着肉眼観察後、報告可能。

起亜自動車入社試験：追突実験時、本人直接搭乗後、報告書提出可能。

韓国タイヤ入社試験：口でタイヤ空気注入可能。

環境庁入社試験：毒劇物、汚染物質、食べて無くします。（話者は翰林大学の男子学生。一九九八年採録）

個々の話例の内容についての細かいコメントは、それぞれの話例に付した注を参照されたいが、要するに、こうした笑い話は、韓国ではきわめて盛んに語られているのである。ここにあげた話例は、まさに氷山の一角にすぎない。そして、それらは、他愛のない単純な笑い話も少なくはないものの、同時に、政治や権力、社会問題に対する諷刺的内容を有する話がきわめて盛んに語られているのである。

全斗煥、金泳三といった大統領のパーソナリティが戯画化され、官をはじめ社会のあちこちに蔓延る権威主義に間接的な抵抗が試みられ、軍隊や徴兵制、公安警察、時事問題についての諷刺が次から次へと生み出され語りつがれる。テレビドラマの主人公を演じる俳優（［話例11］［話例12］のチェ・ブラムがそれである）も、ドラマでのキャラクターは早々に脱ぎ捨て、既成の秩序や権威を相対化させるトリックスターとして現代民話の主人公に生まれ変わり、「国民的」人気を勝ち得ているのだ。学生運動や労働運動がこれらの語りの磁場となることも少なくない。こうした状況の背景に、独裁政権下の社会状況、民主化闘争、深刻な労働問題、急激な経済発展とそれにともなう諸々の矛盾、をはじめとするさまざまな政治的・社会的現実があることは容易に想定されるところである。

なお、これらの諷刺的笑い話は、今日においては学校や職場での日常的会話の中で、明らさまに行なわれているが、一九九〇年代に入って文民政権が誕生する以前の軍事独裁政権下では、こうした語りは水面下で潜在的に行なわれていた。諷刺的笑い話のみならず、一切の体制批判的な政治的言動は厳しい抑圧の対象とされていたからであるが、この場合、こうした言論抑圧の状況が、諷刺的笑い話の生成を促したとみることも可能であろう[17]。

以上、見てきたように、韓国の現代民話には、怖い話・不思議な話の系統の話例群と、諷刺的内容のものを多数含んだ笑い話系統の話例群とが存在する。現代民話の主要ジャンルが怖い話・不思議な話だけで占められているわけでは決してない。このことは、実は日本との比較の上で問題となるのであるが、これについては、第4節において論じる。

3　中国の現代民話

中国の現代民話については、加藤千代による先駆的な研究がある。加藤は、自らのフィールドワークや現地での刊行物にもとづき、中国社会においても現代民話に相当する語りが豊富に存在することを明らかにした［加藤　一九九〇、一九九一、一九九六］。そのなかで加藤は、

①中国では、「世間話」「口コミ」のことを「聊天（リャオ・ティエン）」といい、また、雑誌の記事ではこの種の話が「都市新伝説」と称されていること。

②こうした話群は、幽霊話などの他界に通じる話と、笑い話とに二大別が可能であり、巷間で実際に語られているものとしては、前者の類別に属する話のほうが優勢であること。

③現代民話が活字化される場合には、それが一般雑誌であろうと研究論文であろうと、幽霊話の類は、人心を迷わす「迷信謡言」として公表が許されておらず、中国の現代民話を扱う際には、政治的統制というバイアスへの配慮が必要であること。

といった点を指摘している。

こうした点を前提として示した上で加藤が具体的に取り上げているのは、次のような話例である。

話例18　似合いの夫婦

魚の養殖と魚のオートバイ行商があたって万元戸（にわか成金）となった三十才のチェンは、結婚相手を求める広告を出した。「婚前交渉をして男児を生んでくれたら結婚をし、女児を生んだ場合は慰謝料を三万元払って母子と別れる」と。広告は噂となってパッとひろまった。が、娘は誰もやってこない。とうとうある夜、誰かが戸をたたく。予想に反して楚楚とした美人。気だてもよく、チェンはことのほか気に入り、例の広告を反古にしてすぐに盛大な結

婚式をあげた。やがて月たらずで生まれた赤ん坊は、男児ながら、なんと黒人の子であった。（江南一帯に流布。原題「郎財女貌」上海・沈雲娟。『故事会』一九九〇年一月号、一七―二三頁。加藤千代「中国の「都市新伝説」――男と女の話を読む――」『口承文藝研究』一四、一九九一年）

話例19　首なし写真

文革中の動乱の一〇年、あの恐ろしい出来事といえば三日三晩話したっておわるもんじゃない。北方辺境のとある町にもやっぱり、こんなおっかない事件がおきたのだ。

（以下は、あらすじのみ）

町の写真館に美しい娘が写真をとりにきた。フィルムを現像したところ、頭が写っていない。届け出をうけた警察は、女の書きのこした住所を調べた。女は一年前に死んでいた。死因は頭に角のはえる奇病で、死後、解剖の際に頭を切りとったため、女の死体は首なしだったという。奇怪な事件はうわさとなってかけめぐり、人々は恐ろしくて外にでることもできない。病院から通報があり、近頃、病院の霊安室に夜毎、赤い灯がでるというのだ。その霊安室はかつて女の首なし死体を安置した場所だった。

警察の偵察隊長が霊安室に潜んでいると、赤い灯があらわれ、床下から電信機を打つ音がつたわる。隊長は床下にもぐり、電信機を打つ影の人物を格闘のすえつかまえた。看護婦だった。彼女はじつはソ連のスパイで、人心攪乱のため頭に光線を反射しない液をつけて写真をとったという。ソ連に情報を送るのに人を近づけさせないため、赤い灯の仕掛けを考えたというのだった。（原題は「無頭照」。語り手、丁一華。採録者、張更正。一九八一年春、銭墟公社にて採録。半月刊『採風』一四期、一九八一年八月一六日号、上海採風報社。この話はお上から「公開の読み物として発表するのに適さない」と批判を受けた。加藤千代「中国世間話研究への試み」『文化人類学』八、一九九〇年）

話例20　交通安全の守り神

数年前、ある運転手が矮寨坡（峠の地名）を越えようとしたとき、その途中、小さな店で毛主席の肖像を見つけた。何やら急に買う気がおこり、それを買って車の前にかけて運転した。その日はあいにくの雨模様で、峠の道はそのうえ霧が深く、一寸先も見えないほどだ。それでも運転手はやっとのことで峠を越え家にたどりついた。人の話では、その日、峠を無事越えたのは彼一人だけで、ほかの十数台の車はみんな谷底に転落したというのだ。その運転手はびっくりして、何で自分だけこんなに運が良かったのかと首をかしげた。でも、あとで毛主席の画像が彼に向かってニコッとほほえんだのを見て、実は主席が自分を守ってくれたということに気づいた。（北京師範大学の学生が湖南省長沙に帰省した一九九四年一月に、五十歳の看護婦から聞いた話。
加藤千代「九十年代の毛沢東伝説——神格の諸相をめぐって——」『口承文藝研究』一九、一九九六年）

こうした話例に代表される各話群について、加藤は、

①「都市新伝説」の中には「男児誕生を待ち望む話群が流布しており、その向う側に、伝統的な男尊女卑の観念が牢固として残存するために女ばかりか男が苦境に追いこまれる状況が存在する」。その場合、「男と女の話」とは、「三千年の歴史を持つ男尊女卑を、現代の政府による一人っ子政策が助長させた、その結果の悲劇」として語られているものだ。

②「首なし写真」は、ソ連のスパイ暗躍という現実の政治的恐怖が軸となって、「前半の現代的装いをもつ伝統的な幽霊話を呼びよせ連動したという読み方が可能」だ。

③八〇年代以降の改革開放時代の現代伝説において、「毛沢東伝説」のような流行り神に関するうわさは一つの話群を形成しており、これがアメリカや日本など他の地域と比べた際の特徴的なサブジャンルとなっている。そして、「毛沢東伝説」は、毛沢東のイデオロギー専制政治の死後の総括を意味していると考えられる。

といった考察を加えている。加藤の研究は、中国現代民話に対する先駆的な業績として注目されるものであろう。

ところで、さきに見た加藤の指摘にあるように、中国では、「幽霊話」の類は公表を許されてこなかったのであるが、最近になって、状況に変化が見られるようになってきている。中国社会科学院民族学研究所に勤める若い文化人類学者の趙丙祥は、本人が大学生の時代から現代民話、なかんずく「幽霊話」の類を積極的に採集し、分析の俎上に載せている。趙によると、現時点では、研究者が学術研究を目的としてこうした話を扱うことに対して政治的な圧力がかけられることはないという。

彼が紹介している現代民話を二、三摘記すれば、以下のようになる（以下［話例21］～［話例23］は、いずれも、趙丙祥［二〇〇二］による）。

話例21・タクシー運転手

あるタクシーの運転手が路上で若い女性を乗せた。女性が告げた行き先まで乗せると、その女性客は運転手に手持ちの金が足りないので少し待ってくれるように言い、家の中へお金を取りに入った。随分待ったものの、女性が出て来ないので、運転手はその家のドアをノックした。出て来たのは老婦人で、何の用かと尋ねた。運転手が理由を説明して、その女性の容貌を話すと、老婦人は、それは私の娘で、半年前に交通事故で死んだと言った。

話例22　赤いチョッキ

ある女子学生が宿舎の洗濯場で洗濯をしていると、後ろの方で「この赤いチョッキ、要らない?」と女性の声がした。振り返って見たが、誰もいない。再び、もとの方に顔を転じると、またその声がした。彼女は自分の部屋に帰って、同室の友人にその話をした。その友人は「今度そう聞かれたら、「ちょうだい」って答えるのよ」と言った。女学生は再び洗濯場に戻った。また例の声が聞こえたので、彼女は「ちょうだい!」と答えた。するとその声はもうしなくなった。翌朝、同室の友人が寝ている女子学生を起こそうとしたが、返事がない。布団をめくると、彼女は血を流して死んでいた。そしてその血の形はまるで赤いチョッキのようだったという。これは北京大学で採集した話だ。(この話は学生〈特に女学生〉の間で広まった。これは北京大学で採集した話だ)

話例23　三七五番路線バス

ある晩、数人の中学生が帰宅するために三七五番路線バスに乗った。すでに遅い時間で、彼らが乗ったのは最終便だった。乗車した時、バスには運転手と車掌、それに老人が一人乗っていた。彼らが乗車して間もなく、バスは次の停留所につき、新たに三人が乗ってきた。三人とも酒臭く、真ん中の人は首を項垂れており、他の二人に支えられながらバスに乗り込んできた。相当酔っ払っているようだ。彼らは乗車すると三人掛の座席に並んで腰を下ろした。このとき老人が切符を買うためか立ち上がった。そして中学生の脇を通る時、うっかり学生の足を踏んだ。しかし、老人は謝るでもなく、逆に、学生が足を投げ出していたからだと非難し、「やる気か? 降りろ!」と喧嘩を吹っかけた。当然ながら学生らは怒り、次の停留所で老人と一緒にバスを降りた。降りると、老人は彼らに「おまえたちの命を助けてやったんだぞ! さっき乗ってき三人組の、真ん中の奴は死んでいた!」と言った。学生達は信じなかったが、老人は「信じないなら、明日ニュースを聞いてみろ」と言って、学生に電話番号と住所を教えた。翌日のニュースで学生らは、三七五番路線の最終バスが国防大学付近で事故を起こし、車は溝に転落し、運転手と車掌が殺害されていたこと、そして傍らに死体がもう一つあったことを聞いた。後日、学生らはお礼を持って、老人を訪ね、命を救ってくれたことに礼を述べた。(当時、この話は北京で広く噂された。特に高校生たちの間で広まり、少なからず影響が出た。この噂が最も盛んだった頃には、多くの人が夜になって三七五番路線バスに乗るのをためらった)

趙は、こうした怖い話・不思議な話を約三百話採集しているといい、彼によると、中国においてこうした話は、たいそう好まれて語られているのだという。細かいディテールには、もちろん差異はあるものの、こうした語りがさかんになされているというのは、先に見た韓国の場合も同様であり、また日本においてもまったく同様であるということができる。

ところで、加藤が大別している中国の現代民話のもう一つのジャンル、笑い話の話群とはどのようなものであろうか。次に話例を掲げてみよう。

話例24　資本主義と社会主義

知り合いの大学教授夫妻と、北京市内に新たに出来た社交クラブで食事をした。彼は大学で教べんを取り、彼女は雑誌社に勤務している。

中国は一人っ子政策だから、彼らの子どもも一人。その一二歳の息子がこのほど、学校ではやっている作り話を教えてくれたと言う。

クリントン、エリツィン、鄧小平を乗せた車が走って行くと、途中、道が二つに分かれた。道路標識がかかっている。右は「資本主義」、左は「社会主義」と書いてある。

運転していたクリントンはためらわずに「資本主義」の方に右折した。しばらく行くと、再び道が二手に分かれる。道路標識も同じだ。運転手はエリツィン、ちょっとまごついてから「資本主義」に向かった。

さらに行くと、またまた二つの標識。ハンドルを握るのは鄧小平。急ブレーキをかけ、停車した。車から降り、「社会主義」の標識を引き抜き、「資本主義」の標識の前に立てかけた。右へ、アクセル。

「江沢民さんだと、どうなるんですかね」と聞くと、待ってました、とばかりに彼女は答えた。

「江沢民は、後部座席の鄧小平に、どうしたらいいかと聞いた。鄧小平はこともなげに言った。『車の方向指示器を左に点滅しながら、右に曲がってしまうことだ』」。（船橋洋一「公が私を食うか　私が公を食うか」『朝日新聞』二〇〇一年一月一八日）

話例25　もし、マルクスが中国にいれば

ある大学教授が十三回も批判された。自宅で十四回目の「自己批判書」を書き上げたとき、妻がそばでつぶやいた。

「もし、マルクスが中国にいれば、こんなことにならなかったでしょうねえ」

教授いわく、

「とんでもない。もしマルクスがいま中国にいれば、きっとあの部厚い『資本論』よりもっと厚い『自己批判書』を書かなければならなかったろうよ」。（余川江『これが文革の日常だった』村山孚訳、徳間書店、一九八九年）

話例26　一〇億総乞食

ある日、江青が人びとに聞いた。

「私が政権を握った暁には、みなさん、何を欲しいと思いますか」

みんなは口をそろえて言う。

「竹です」

「竹？　どうしてそんなものを……」

江青が首をひねると、

「ザルと箸を作るのです」

「何に使うのですか」

「はい、乞食するときに使います」。（余川江『これが文革の日常だった』村山孚訳、徳間書店、一九八九年）

右に紹介したのは、豊富に存在する笑い話のごく一部にすぎない。民間で実際に語られてきたこの種の話を収録した余川江『これが文革の日常だった』（村山孚訳）には、およそ一八〇話が収められている。筆者は二〇〇〇年一二月に中国湖北省の武漢大学において社会学等を専攻する大学院生たちと現代民話について話し合う機会を持ったが、そこでの彼らの教示によれば、こうした諷刺的性格の強い笑い話は、白昼堂々と行なわれるものではないが、プライベートな状況においてはきわめてさかんに語られており、近年ではパソコン通信上でもこの種の話のやりとりがなされているとのことであった。

このあたりの事情については、国際政治学者の国分良成による次の説明が興味深い。


われわれが日常会話のなかで普通に行うような政府批判は、中国社会の裏側では日本よりもさらに日常化しているし、辛辣でもある。複数政党制や連邦制、中国共産党の「中国自民党」への改革案など、われわれが思いつくアイデアは何でも登場している。ただもちろんその賛成意見だけでなく、反対意見も多い。要は意見の中身ではなく、多様な意見があること自体が重要である。表面的にはこうした言論が許される政治体制ではない。ところが文章に書いたり公表したりしない範囲で、社会の内部に一定の言論空間の余地が残されている。政府もそこまで管理できない。むしろこの空間があるがゆえに、中国の社会内部にたまった下からの不満がそこに吐き出されているともいえる。

もちろんこれは健全な政治体制ではない。しかしこうした社会の隙間が緩衝地帯となって、共産党の権力が維持されているのが最近の現実である。中国社会はいたるところにこうした隙間が存在しており、したたかな民はこうした空間を探し出し、できるかぎり活用することでたくましく生き抜いている。（国分良成『中華人民共和国』ちくま新書、一九九九年）

中国の現代民話として、怖い話・不思議な話系統の話群とともに、諷刺的内容を含む、笑い話系統の話群が豊富に存在していることは間違いない。そして、このことが、さきの韓国での状況とともに、日本の現代民話をめぐる状況との比較の指標になってくるのである。

４　日本の現代民話再考

日本の現代民話については、いくつかのアンソロジーが存在している。一九八〇年代から九〇年代中頃にかけて刊行されたものとして、松谷みよ子による『現代民話考』全一二巻があり、一九九〇年代後半以降には、池田香代子や近藤雅樹、常光徹らにより話例集が編まれている。このうち、後者の内容を見ると、顕著な特色として、「ピアスの白い糸」「人面犬」「消える乗客」といった話例をはじめとする怖い話・不思議な話がその大半を占め、残り若干が笑い話（ただし、政治的な諷刺は皆無）であることがわかる。また、前者については、怖い話・不思議な話だけでなく、笑い話も一定数収録されているが、しかしそこに社会諷刺の性格を含む話例を見出すのは、不可能ではないものの、それほど容易ではない。このことをどう考えるか。以下、考察する。

はじめに、日本社会において諷刺というものがいかなる存在であったかについて確認をしておく必要があろう。現在、われわれが現代民話として手にしている資料に諷刺的性格が希薄であったとしても、今日までの日本社会において諷刺が皆無であったわけではない。まず、高度経済成長以前には、明かに政治的・社会的諷刺の性格を持った笑い話が、当時の現代民話として語られていた。これについては、松谷みよ子による報告がある[18]。

また、たとえば、一九四七年から五二年までの五年間は、NHKラジオにおいて、「日曜娯楽版」という番組が放送され、そこでは、「権力者へのパンチの利いた笑い」があったという[19]。あるいは、口承文芸のジャンルでいう「笑話」に分類される話群として、土佐の万六・泰作、江差の繁次郎、下総の重右衛門、能登の三右衛門といった話の数々が日本列島各地で伝承されてきた［吉沢・松谷編　一九九三］。さらに、歴史をさかのぼれば、近世あるいは中世において、落書・落首といったものが存在しており、そこでも権力者への諷刺による批判や、社会的諷刺の笑いが豊富に展開されていた［吉原　一九七八、南　一九九七・一九九九］。

しかし、それらが展開されていた状況と、二〇〇一年現在の現代民話の状況には、現在、民俗学者の手元にあるデータから判断する限り、大きな差異があるといえる。もちろん、今日において、諷刺が皆無なのではない。二〇〇〇年沖縄サミットの期間中に、ささやかれ、広く社会に流通した“Who are you?”のような話例[20]は、第2節で見た韓国の［話例７］にも通じるような内容で、明らかに政治家に対する諷刺である。しかし、それも、この一例だけが広まったにすぎず、総体として見た場合、現代の語りの状況に諷刺の側面はきわめて希薄だといわざるをえない[21]。

では、こうした現状をどのように解釈すべきであろうか。筆者は、次のように考える。

まず、①七〇年代以降の高度大衆社会状況における政治的・社会的無関心の増大が現状の要因の一つであると指摘することが可能であろう。一億総「中流」幻想の広がりとともに、脱政治化し去勢されてしまった現代日本社会の住民たち[22]、高度経済成長以降「『安楽』への全体主義[23]」［藤田 一九九七］の中で、「ソフトな管理社会[24]」［マコーマック 一九九八］に生かされていることに無自覚な現代日本の大衆、の状況の反映であるという解釈である。

また、②軍事独裁政権下の韓国などに見られたような政治的言論の抑圧が表面的にはなく、政治や体制に関して、かなり自由な物言いが可能になっている現代日本社会[25]においては、現代民話という非公式的なメディアの持つ機能が薄らいでいるため、ということも現状の要因の一つといえるであろう。

と、同時に、③研究者側の問題として、現代民話を研究の対象とするその過程において、ある種の偏向があり、これが現状を右に見たようなものとしてわれわれに認識させているのではないかという可能性についても考えておく必要がある。この③については以下、詳しく論じておきたい。

池田香代子らが編集したアンソロジーには、たしかに政治的・社会的諷刺の話例が見当たらない。しかし、これは現実にそうした話例が日本社会に全く存在しないからではなく、編者たちが、実際には存在するかもしれないそうした話例を拾いきれなかった結果の表れなのではないか、という疑問の余地がある。これについては、吉沢和夫が池田香代子らを批判して語る次の言説が参考になる。

（池田においては――引用者注）徹底的に（関心の――引用者注）中心が私なんです。「現代民話」は私じゃないんです。「現代民話」というものによって問いかけようとした民衆の心なんです。だから明治の話も大正も今度の戦争も問題になってくる。それは「私」の問題じゃないんです（中略）。ところが池田さんの話を聞いてる限り、「現代伝説」の場合、そういう状況に問いかける「私」じゃないんです。決定的に「私」なんです。そしてその「私」の感覚にとって何が面白いかということが話を選ぶ基準になってくる。そうすると、これは「現代民話」と全然違ってくるんだと思うんです。そこでは戦争や戦後の公害の問題というのは第一次的な問題から外れていくんだと思うんです。それよりは、耳にあけたピアスの穴から神経が出てきたっていう話のほうが優先されてくるでしょう。（「（討論会）用語の問題」（吉沢和夫、武士田忠、米屋陽一、常光徹、高津美保子、渡辺節子、岩倉千春、根岸英之、牧ヶ野靖子、水谷章三）『聴く 語る 創る』六、一九九八年[26]）

つまり、吉沢は、池田のスタンスに社会性、思想性が欠如していることを批判しているのだが、この批判からしてみても、池田らのアンソロジーが現代日本の現代民話を広くカバーしているかどうかは、一度疑ってみる必要がある。

また、このような指摘は、池田のような話例集の編者だけにあてはまることではなく、より多くの民俗学者にも該当するものと思われるが、ここにおいて、宮田登における現代民話研究のスタンス、本章の冒頭で紹介した宮田パラダイムが問題となってくる。

怖い話・不思議な話としての現代民話を、都市人の不安の表出の結果として捉える宮田パラダイムは、境界論やケガレ論といった民俗宗教論として展開されているものであるが、そこには、政治的・社会的な問題意識は希薄である。宮田が展開した枠組み自体が無意味だというわけではもちろんないが、民俗宗教論の観点からだけで現代民話を把握するのには無理がある。もっとも、問題は、このパラダイムを受容した宮田以外の民俗学者たちにあるというべきであろうが、いずれにせよ、民俗学の現代民話研究には、民俗宗教論的関心への偏向があり、それを乗り越えるような業績は長らく提出されていないという問題がある。そして、この偏向が、現代民話＝怖い話・不思議な話という認識を広める要因となり、怖い話・不思議な話以外の話例へのまなざしを曇らせたということにもなるのではないだろうか。

話例集の問題にしろ、宮田パラダイムにしろ、その背景には、研究者側のリアリティのあり方が深く関係していると思われるが、現代民話に関わる研究を実際に展開している若い民俗学研究者の一人が次のような発言をしているのは興味深い。

> ぼくたちにとって戦争体験とかどぶろくの話だとかいうのは、あまりリアリティがなくて、松谷さんの本で「現代民話」と括られているから、話のレパートリーとしては分かるんだけれども、それをぼく達が聞いてそこから何かを導きだそうとしたときに、自分の実感としてはその話にどういう意味があるのかということはやっぱり分からないんですね。むしろ「幽霊ドライバー」だとか、「首なしライダー」のことだとか、「口裂け女」の方がよっぽど自分自身に引きつけて、自分がリアリティを持って聞いていた理由なんかが分かるんです。だからそういうものも含めて「現代民話」と言ってくれればいいんだけど、「現代民話」というと明治から高度経済成長ぐらいまでの話。むしろ六〇年代以降ぐらいのものを現代伝説的な感じでなんとなくとらえてきているのかなという気もするんです。（中略）「現代民話」というと吉沢先生とか松谷さんの世代の現代というものが反映されてるんじゃないか。（「（討論会）用語の問題」（吉沢和夫、武士田忠、米屋陽一、常光徹、高津美保子、渡辺節子、岩倉千春、根岸英之、牧ヶ野靖子、水谷章三）『聴く　語る　創る』六、一九九八年）

これは、七〇年代以降の脱政治化した社会の中で育った若い民俗学研究者にとっての現代民話をめぐるリアリティが正直に語られたものとして興味深い。こうしたリアリティを持った研究者が現代民話を研究対象として調査し、記述すれば、そこには、怖い話・不思議な話が特化して表出してくるということになるだろう。

右の発言者のリアリティが、単に生活者としてのそれであるというのであれば、それについて批判を行なうことは的外れであろう。しかし右の発言が研究者としての立場からのものであるならば話は別である。研究者が、自己のリアリティに響いてくるものだけを研究対象に限定するとしたらそれは大きな問題である。日本社会には、この発言者のような研究者のリアリティを越えたところで語られる話はないのだろうか。研究者は、自己のリアリティにとっての「他者」の語りにこそ耳を傾けるべきである。この「他者」性の欠如が、現代民話をめぐる研究状況を規定していないかどうか、われわれは厳しい自己点検をする必要がある。

さて、現在、我々の目の前に提示されている現代民話の状況をめぐっては、右に見てきたような三つの要因、すなわち、社会の脱政治化、現代民話以外のメディアの獲得、現代民話対象化過程における偏向、が考えられるということになる。そして、これら三つの要因の複合が現状の要因となっているものと考えられる。

この地点まで到達した我々の眼前には、今後取り組むべき大きな課題が浮上してきた。それは現状の再調査と再解釈である。社会諷刺的な現代民話が無いように見えるのは、単に民俗学者たちが「中流」の人々の語りにしか耳を傾けず、社会の多様な層に分け入って聞き取りをしてこなかった結果にすぎないのかもしれない。

今後、民俗学者たちは、「宮田パラダイム」に安住することなく、社会の多様な層にどんどん入り込み、たとえば、労働の現場や労働組合運動、住民運動の中に諷刺的語りとしての現代民話が育っていないか？　水俣や成田、読谷や嘉手納や辺野古といった地域においてはどうか？　在日朝鮮系住民や被差別部落住民などマイノリティの間では？　といった調査を行なうべきなのである。九州の炭坑労働者たちの語りに耳を傾けた上野英信の『地の底の笑い話』には、(働く民衆は――引用者注)「今日も依然として、働く民衆がみずから名づけて『笑い話』と呼ぶ世界に生きており、生活と労働のもっとも重い真実をそこに托している」[上野　一九六七]という言葉があるが、現代日本社会において、こうした笑い話がまったく存在しなくなってしまったのかどうかは、労働の現場での徹底したフィールドワークを行なってみなければ何ともいえないはずである。

こうした調査をまず積み重ね、そしてその結果をもとに日本社会における現代民話の語りの状況について改めて解釈を行なうという筋道が今後の大きな研究課題なのである。

以上、本章では、韓国・中国の現代民話の状況と照らし合わせる形で、日本の現代民話についての再考のいとぐちを探ってみた。ここで主張した観点は、日本の現代民話だけを自己完結的に検討していただけでは導きにくいものなのではないだろうか。現代民話を含めた民俗学の海外比較研究には、旧来多くの関心が持たれてきた伝播論的、あるいは起源論的な意義のみならず、ここで指摘したような問題を発見する契機としての意味も見出すことができるということを確認しておきたい。

付記

本章の内容は、二〇〇一年当時に執筆したものである。その後、二〇年近くが経過し、現在では、韓国、中国、日本、いずれの地においても「現代民話」をめぐる状況は大きく変化している。とくに、インターネット上で、画像等と連動した「現代民話」の展開が顕著である。また、現在、日本語圏におけるネット上の一部で、「政治的・社会的な語り」（諷刺的、直接的いずれも）が少なからず展開していることも確認可能である。こうした現在における「現代民話」の状況については、今後の調査・分析に期待したい。

注

（1）本文および後掲の注の中で言及するもの以外の主要な研究に、柳田［一九六二a］、井之口［一九六三］、大島［一九七〇］などがある。

（2）ブルンヴァンも含めた欧米の「都市伝説」研究については、Bennett and Smith［2007］、Brunvand［2012］を参照。

（3）具体的考察は、宮田［一九九三、一九九五、一九九六a］などで行なわれている。

（4）宮田パラダイムの影響下にあると考えられる研究に、常光［一九九三］、野沢［一九九六］などがある。

（5）アメリカについては、Brunvand［1981］、ドイツについてはブレードニヒ編［一九九二］、中国については加藤千代［一九九〇、一九九一、一九九六］、韓国については島村恭則［一九九四c、一九九五a、一九九九、二〇〇〇a］を参照。

（6）たとえば、松谷みよ子による『現代民話考』全一二巻（一九八五～一九九八年）、『聴く　語る　創る』第六号（特集「現代民話の諸問題」、日本民話の会創立三〇周年記念号、一九九八年）などを参照。

（7）吉沢和夫は、「現代民話」について、「現代民話とは、民衆の想像力による現代への問いかけ」［吉沢　一九九八：七］であり、「現代民話を考えることの目的の一つは、近・現代に生きた民衆の本音の世界に光を当てて、民衆の視点から現代を考える」［吉沢　一九九八：一四］ことにあると説明している。

（8）この文言中、「同時代（現代）的な状況を背景にして語られる」は、川森博司（二〇〇〇：二一三）による「都市伝説」についての説明（「都市的な状況を背景に発生する語りの一分類」）の中の「都市的な状況を背景に発生する」に倣っている。また、ここでいう「民俗」は、本書第1章第2節で定義した「民俗」のことをさす。

（9）筆者の第二回目の韓国生活は、韓国北部に位置する江原道春川市の翰林大学校に専任教員として勤務してのものだった。

（10）全斗煥は第一一、一二代韓国大統領（任期は一九八〇～八八年）。全斗煥政権は強権的な軍事独裁政権であったことで知られる。

（11）金泳三は第一四代韓国大統領（任期は一九九三～九八年）。反軍部独裁・民主化運動の先頭に立ち、初の文民出身大統領となったが、就任後、選挙資金疑惑や一九九七年以降の経済危機の責任問題などが重なり、国民からの信用を大きく損ねた状態でその座を金大中に譲った。ここで紹介する金泳三にまつわる話は、政権末期の一九九七年当時に語られていたものである。
(12) チェ・ブラムは韓国の俳優で、長寿テレビドラマ『田園日記』の主人公として広く人々に知られている。
(13) 現代、サムソン、デウは、いずれも韓国の財閥系大企業である。これに対して、ヤンチョンリとは、テレビドラマ『田園日記』の舞台となっている農村の名前で、キム会長とは、チェ・ブラムが演じている村の自治会長のことである。
(14) この話例は、現役の軍人たちによって歌として歌われているものであり、「現代民話」という「話」そのものではないが、現代民話に通じる性格を有した口頭伝承ということで、ここで取り上げておく。
(15) 一九九〇年代までの韓国社会では、軍事独裁政権打倒をうたう民主化運動、学生運動がきわめてさかんであり、この話もそうした状況の中で生まれたものと考えられる。ここでいう延大抗争とは、延世大学を舞台にした学生デモのこと。
(16) 一九九七年、それまで漢江の奇跡と称され高度成長を続けてきた韓国社会は未曾有の経済危機に遭遇した。同年末には、IMF(国際通貨基金)の介入が開始され、また大不況に連動して企業では大規模なリストラが断行された。[話例16]と[話例17]は、こうした社会状況を背景に生まれた語りである。
(17) この点については、島村恭則[一九九九]を参照。
(18) たとえば、次のような話例が報告されている。

話例1　米に化けた狸

会社の先輩から聞いた話。戦後の物のない時のこと。三重県へ買い出しの帰り近鉄鶴橋駅で巡査の検問にひっかかり、リュックサックの中身を尋ねられて、咄嗟に狸が入ってますと答えたら、われわれは摑まえるのが商売だから、狸が逃げたら摑まえてやるからリュックサックをあけろと言われ、しょうことなしにリュックサックの中身の米を見せ「化けた(狸が)」と言ったら大笑いになり、巡査も見逃してくれた。(松谷みよ子編『現代民話考』(第二期一)〈銃後〉、立風書房、一九八七年)

話例2　タケとサケ

広島県のある山の村へ税務署の役人がやって来て、婆さん酒はないかと言う。へえへえございます。どこにある。山の炭焼小屋にございます。そこで役人は婆さんについてえっちらおっちら山へ登ったが、酒はない。婆さん、酒はどこか。へえ、ここでございます。婆さんが指さしたのは竹の林だった。サケとタケ、耳の遠いふりをして役人を山へ連れていったのだ。その間に村じゅうの酒は姿を消していた。(松谷みよ子『現代の民話』中公新書、二〇〇〇年、所引。初出は山代巴「現代の民話」『新日本文学』一九五四年三月号)
(19) 『朝日新聞』一九九八年六月六日の記事「ザ・ニュースペーパー――ライブならでは　風刺の本領――」における鳥越俊太郎のコメント。
(20) これは次のような話である。

沖縄サミットでのことである。

われらが森首相はホスト役をつとめることになったのだが、あいにく英語をまったく話せない。

しかし、アメリカ大統領を迎える時くらいは英語で挨拶してくれなければ困ると考えた側近が、首相に手ほどきをした。「まずハゥ・アー・ユーと言って握手をします。するとクリントン氏は、アイム・ファイン・サンキューと言い、アンド・ユー？　とおたずねになります。そこで首相はミー・ツーと応じていただければよいのでございます」

これを聞いた首相は、何だ簡単じゃないかと思ったのだろうが、例の失言癖が大事なところで顔を出した。

クリントンと握手をしながら、「フー・アー・ユー？」と言ってしまったのだ。

ところがユーモアのセンス抜群の大統領は少しも騒がず、「アイム・ヒラリーズ・ハズバンド」と粋に応じた。

すると首相はすかさず、「ミー・ツー」。（安部龍太郎「今も昔もニッポン人――歴史小説家の現代草子六――」『ダカーポ』四五七、二〇〇〇年）

(21)　なお、日本における社会的諷刺について問題にする場合、皇室をめぐる諷刺の有無や質が問われねばならないが、結論からいうと、少なくとも一九九〇年代以降、現在までの間には皇室、天皇制をめぐる諷刺は成長していない。たとえば、昭和天皇死去の際に語られた病状等についての噂や皇太子の結婚前後にささやかれた皇太子妃をめぐる性的なゴシップなどは存在するが、それらに諷刺的性格を見出すことは困難である。なお、昭和天皇死去前後の噂については真野俊和［一九八九］、皇太子の結婚に関しては、『現代風俗学研究』編集委員会編［一九九六］に具体的事例がまとめられている。

(22)　現代日本における政治的・社会的無関心の構造的特質とその形成過程については、カレル・ヴァン・ウォルフレン［一九九四a、一九九四b］による分析を参照。

(23)　藤田省三は、高度経済成長以後の現代日本社会について次のように論じている。すなわち、現代日本社会は「不快をもたらす物全てに対して無差別な一掃殲滅の行なわれることを期待してやまない」「『安楽』への全体主義」の中にある。ここでは、人生の中にあるさまざまな価値が、「『安楽』に対してどれだけ貢献できるものであるかということだけで取捨選択される」「『安楽』への隷属状態」が出現している。また、その底流には、「不愉快な社会や事柄と対面することを怖れ、それと相互交渉を行なうことを怖れ、その怖れを自ら認めることを忌避して、高慢な風貌の奥へ恐怖を隠し込もうとする心性」が存在している［藤田　一九九七］。

(24)　ガバン・マコーマックは、現代日本社会には、「ナチス・ドイツのゲシュタポや日本の憲兵隊のしていたような組織的できびしい抑圧という種類の」管理こそ存在していないものの、「ソフトな、とらえ所のないかたちで加えられる」「きわめて洗練された強力な商業主義」にもとづく管理がいきわたっていると論じている［マコーマック　一九九八］。

(25)　ただし、政治や体制についての物言いが、日本社会において完全に自由であると考えるのは誤りである。政治、体制についての批判的発言がさまざまなレベルの暴力によって抑圧されるケースは決して少なくない。たとえば、天皇の戦争責任を問うた人びとに対する種々の暴力事件を想起せよ［岩波書店編集部編　一九八九、フィールド　一九九四］。

(26)　この引用文中の「現代民話」は、筆者が概念規定をして本稿において用いている「現代民話」ではなく、注７で紹介した吉沢の意味付けによる「現代民話」である。

第6章

境界都市の民俗学
——下関の朝鮮系住民たち——

一九九八年、韓国での生活を終えたわたしは、日本に帰国し、国立歴史民俗博物館民俗研究部に着任した。歴博時代のわたしは、日本社会におけるさまざまな文化的多様性に対して民俗学から積極的にアプローチすることを主張し［島村 二〇〇〇b、二〇〇一a］、具体的な事例研究として、在日朝鮮系住民についての研究を開始した。

文化的多様性や在日朝鮮系住民に関心を持ったのは、自らが韓国の地で、「在韓外国人」として生活した経験が影響している。韓国も日本も、国民国家イデオロギーが強く共有された社会であり、文化的多様性よりも文化的同一性が前提とされた文化観や文化論が主流的位置を占めがちである。しかしながら、そうした社会で「外国人」「異人」として暮らす経験をすると、自らもその構成要素たる文化的多様性への意識、感性が研ぎ澄まされてくる。わたしの民俗学における多文化主義的視点は、この経験の中から着想されたものである。

在日朝鮮系住民についての調査は、大阪市、下関市、福岡市などで行ない、順次、その成果を発表していった［島村 二〇〇一b、二〇〇三b、二〇〇五、二〇〇九、二〇一〇a］。ここでは下関市をフィールドとして執筆したもの［島村 二〇〇三b］を改稿して収録する。

1 民俗学と朝鮮系住民

文化的多様性の民俗学へ

民俗学の事典や概説書の類を見ると、「日本民俗学」は、日本民族の文化的本質の追究を目的とした学問であるといった説明に出会うことが少なくない。そこでは、日本民俗学の対象は「日本民族」とされ、「日本民族」というカテゴリーに入らない人々——たとえば在日外国人——は、長らく研究の対象外とされてきた。

しかし、日本列島には、「日本民族」だけが暮らしているわけではない。また、そもそも「日本民族」という括り自体、日本列島各地で多様な生活を営んできた人々をある意味で十把一からげにしてしまうもので、あまりにも大雑把な枠組みである。

民俗学は、硬直した「日本民族」の学から、日本列島に暮らすさまざまな人々の多様な生活について、その差異や交流のあり方に十分注意を払った民俗学へと、そのパラダイムを転換させてゆくべきである。本章では、そうした課題への取り組みの一環として、在日朝鮮系住民の民俗誌を提示する。

在日朝鮮系住民とは

「在日朝鮮系住民」とは、日本帝国主義による植民地支配を最大の要因として日本列島に移住した朝鮮半島（済州島を含む）出身者およびその子孫に対する総称として筆者が設定した用語である。「在日朝鮮人」「在日韓国・朝鮮人」「在日コリアン」などと近似する概念であるが、在日朝鮮系住民には、朝鮮籍者、韓国籍者に加え、かつて朝鮮籍もしくは韓国籍で、のちに日本国籍を取得（「帰化」）した者や、朝鮮籍者、韓国籍者と日本国籍者との間に生まれた子やその子孫までが含まれる。在日朝鮮系住民とは、このことを明示するために用いられる概念である（以下、本章では、記述が煩瑣になるのを避けるため、在日の語を省き、朝鮮系住民と表記する）。

二〇〇三年末（本章の記述のもとになる調査当時）の統計によれば、日本在住の韓国・朝鮮籍者の総数は、六一万三七九一人である（『在留外国人統計』二〇〇四年版）。この数字自体は、日本国籍取得者の増加などにより、年々、減少しているが、一方で、日本国籍を取得した者やその子孫、さらに、日本国籍者と韓国・朝鮮籍者との婚姻によって生まれた子孫などは増加していることになり、そうした人々を加えると、一〇〇万を越える朝鮮系住民が日本列島上に生活していると考えられる。

朝鮮系住民の来歴

朝鮮系住民の来歴は、いまからおよそ一〇〇年前までさかのぼる。日本は、一九一〇年に「韓国併合」により朝鮮半島に対する植民地支配を開始した。この頃から、朝鮮半島南部に暮らしていた「朝鮮人」の日本への移住が増加した。移住の要因は、植民地政府である朝鮮総督府が行なった土地調査事業の結果、課税負担に耐えられない農民の多くが離農を余儀なくされたこと、また、第一次世界大戦期の軍需景気によって産業が活発化し、日本本土に大量の低賃金労働力の需要が発生したことなどに求められる。

当時の移住民の日本における職業は、土木建設、坑夫、都市部の工場における非熟練労働、その他の雑業などであった。当初は、単身移住が一般的であったが、のちには新たな世帯形成や家族の呼寄せがはじまった。

一九一八年の米騒動を契機とする産米増殖計画の影響で朝鮮農村の疲弊がいっそう進んだこともあり、一九二〇年代においても在日する「朝鮮人」の人口は増加の一途をたどり、一九三一年段階でその数は三〇万人を超えた。さらに、一九三七年に日中戦争に突入し、国家総動員体制に入ると「朝鮮人」の動員も計画された。一九三九年からは企業が警察支援のもとで行なう「募集」方式による連行が、一九四二年からは朝鮮総督府が直接関与する「官斡旋」方式による連行が、一九四四年には「徴用」と呼ばれる連行が行なわれた。これらの三段階は一般に「強制連行」と呼ばれるが、一連の連行で約七二万五〇〇〇人が日本に移入され、炭坑、鉱山、工事現場などでの労役を強制された。一九四四年の在日朝鮮人人口は約二〇〇万とされている。

一九四五年、日本の敗戦により朝鮮半島が植民地支配から解放されると、在日していた「朝鮮人」は朝鮮への帰還を果たしていった。ただし、その多くは大戦末期の「強制連行」によって渡日した単身者であり、日本で生活の根を下ろしていた層の中にはそのまま在留する者も少なくなかった。残留した者の数は約六〇万と推計される。ＧＨＱによる財産持ち帰りの制限、朝鮮社会の混乱などが彼らに帰還を躊躇させたといえる。また一度帰還したものの疲弊した農村での生活の目途が立たず再び渡日する人々もあった。こうして、戦後、日本に居住し続け、定住するに至った人々が、現在日本で暮らす朝鮮系住民ということになる。

分散居住と集中居住

現在、日本には百万人を超える朝鮮系住民が生活しているが、その居住形態は、分散居住と集中居住とに分けられる。分散居住は、日本社会のあちこちに、文字どおり分散して生活の場を築いているもので、これは、日本列島上のさまざまな地方出身の「日本人」（ここでは、同質的な「日本人＝日本国民＝日本民族＝日本語（国語）＝日本文化」というイデオロギーを意識的・無意識的に共有し、自らがその構成員であると考えている人々のことを「日本人」とし、行論上、日本国籍を持つ朝鮮系住民は、そこに含めないことにする）が、日本社会のあちこちで生活をしているのと全く同様の状況である。一方、集中居住は、数戸から数百戸単位で一定の空間に集住する形態である。こうした空間を本章では集住地区と称する。かつて、集住地区は、日本人側から「朝鮮部落」とか「朝鮮町」などと呼ばれていたが、そこには、民族差別的なニュアンスがこめられていた。現在でも、集住地区に対して差別的なまなざしが向けられることは皆無ではないが、一方で、コリアタウンなどと称されて、観光地化が進んでいる地区もある。

集住地区としてよく知られているものは大阪市生野区のそれだが、その他にも、東京都荒川区、東京都江東区、川崎市川崎区、京都市南区、宇治市、神戸市長田区、広島市西区、下関市、福岡県筑豊地方、福岡市などに比較的規模の大きな集住地区が存在する。もとより、集住地区はこれにつきるものではなく、その存在が周辺住民にしか知られていないような、数戸程度の小規模な地区まで含めれば、かなりの数の集住地区が日本列島上に存在しているものと推測される。

現在、日本列島に存在する朝鮮系住民集住地区の存在様態を大まかにまとめると、次のようになる。

集住地区は、まず、都市部に存在するものと非都市部に存在するものとに分けられる。

都市部では、下町の住宅街や中小工場街、元「不良住宅街」（スラム）、あるいは駅前などの繁華街（敗戦直後の闇市であった場所など）、大工場の周辺などに形成されていることが多い。地形的には、低地、湿地、崖下、谷間、河川敷、港湾、埋立地であることが多い。また、被差別部落の一角に形成されていたり、被差別部落との混成状況にあったりする場所も存在する。中心市街地に対する周辺部に位置する場合、火葬場や墓地、刑務所、ごみ処理施設などに隣接して立地している場合もある。住居の形態は、バラック、一般民家の他、行政によって準備された立退き代替団地、改良住宅団地などになっている場合もある。

非都市部では、山間部の鉱山地帯や、かつて道路やトンネル、ダムなどの工事現場で飯場があった場所、あるいは農村や漁村の周辺部に形成されていることが多い。地形的には、やはり低地、湿地、河川敷、崖下、谷間などが多い。住居形態は、バラックや一般民家である他、行政によって準備された改良住宅団地の場合もある。

集住地区は、戦前に形成されたものもあれば、戦後に形成されたものもある。戦前において集住地区が形成された経緯は、樋口雄一［二〇〇二］が次のようにまとめている。

①雇用された会社の社宅、寮および作業所宿舎にその後も住み続け集住地区が形成される。

②土地の所有者が明確でない場所に、自力で仮小屋を建てて住み始めていく。

③日本人が住まなくなった空家、工場跡、古い家などに住み始める。どのケースでも建物は独自に増改築して大勢で住めるようにする。

④アパート・長屋などを借りられると、そこを拠点に広がっていく。朝鮮人が入居すると出て行く日本人もおり、次第に朝鮮人集落となっていく。

また、樋口は指摘していないが、この他、既存の「不良住宅街」（スラム）への流入も多く見られた。

こうして形成された集住地区は、戦後になると、解放による朝鮮系住民の朝鮮半島帰還、あるいは国内での移動が要因となって消滅した場合もある。一方、敗戦直後の国内移動が要因となって、新たな集住地区が形成されるケースもあった。その際も、戦前におけるのとほぼ同様のプロセスで地区が形成されていった。

戦前に形成され、戦後も存続した地区の場合、その住民構成は、戦前の状況がそのまま引き継がれたところもあるが、一九四五年の解放をはさんで、住民の多くが入れ替わっているところも多い。さらに、戦前に形成された地区であっても、戦後に形成された地区であっても、一九五〇年代以降において、朝鮮民主主義人民共和国への「帰国」、経済的成功などを要因とする集住地区外への転出、周辺地域からの新規人口流入などにより、住民構成が大きく入れ替わっている場合も少なくない。

こうした集住地区の中には、戦後、行政による立退きが実行され、消滅したものもある。その場合、分散居住に至ったケースもあるが、行政によって立退き代替団地が用意され、そこで集住地区が再生しているケースもある。また、八〇年代バブル経済の時期に行なわれた地上げの結果、地区が消滅してしまった事例もある。高度経済成長期以降、集住地区から地区外へ転出する者が増加し、人口の減少、住民の高齢化が見られるようになった地区、あるいはそれらが原因で消滅してしまった地区も多い。

2　集住地区の暮らし

以下、具体的な集住地区での生活を記述しながら、朝鮮系住民の民俗について考察する。取り上げるのは山口県下関市の集住地区である。

景　観

下関の朝鮮系住民[1]は、集住地区に居住しているか、もしくは集住地区の出身者として地域外に居住していることが多い。集住地区は、関門海峡沿いに展開する市街地の西側の辺縁部を、山陽本線沿いを北西方向に進むかたちでほぼ直線状に展開する。南端から北端までは直線距離で、およそ二キロである。ここでは、住民の地域認識をふまえて、集住地区内を五つの地区に分類する（写真6-1）。

［A地区］は、下関港と下関駅との間に広がる地域で、現在、港湾関係の会社や倉庫、それに商店と住宅が存在する。地区の人口は一一一八、世帯数は六八三である（人口、世帯数は一九九五年現在。以下同じ）[2]。ただし、現在のような景観になったのは、一九六〇年代以降のことで、一九四五年の敗戦直後には、大規模な闇市が形成され、また一九四五年から一九六〇年代まではバラックが密集する地域であった。

写真6-1　下関市内の景観

出所）2004年，筆者撮影．

［B地区］は、下関駅前から山陽本線沿いに北西方向に続く商店街、市場を中心とした商業地域である。韓国製品を売る乾物屋や、朝鮮系民族衣装の店、民族系金融機関などがある。また、商店街沿いには団地形式の中層の改良住宅が建てられている（写真6-2）。人口は三三二三、世帯数は一四九五。この地域も、敗戦直後から一九五〇年代までは、闇市とバラックがひしめきあっていた。現在の商店街・市場は、この闇市の系譜を引いている。一九六〇年代に入って、下関駅前の土地区画整理事業が開始され、高層の改良住宅がつぎつぎと建てられた。

［C地区］は、さらに北西方向にある小高い丘に展開する地区で、住宅が密集した集落である。人口は八一一、世帯数は三

写真6-2　改良住宅

出所）2004年，筆者撮影．

九七。敗戦前には、この地区は桑畑で住宅はあまりなかったという。

［D地区］は、［C地区］のさらに奥にある。小高い丘および谷に形成された集落で、やはり住宅が密集している。人口は一一二〇、世帯数は四六三。この地区には、戦前から多くの朝鮮系住民の居住がみられ、朝鮮半島から移住してきた「朝鮮人」の一次収容所である「昭和館」（一九二八年設立）も地区内に建てられていた。現在、地区内には、在日大韓基督教下関教会（一九二八年建立）、韓国系の寺院「光明寺」（一九四八年に福岡県から転入により建立）と、朝鮮総連系の朝鮮初中級学校（一九四六年設立）がある。また、西部墓地という共同墓地（市内各地から埋葬）があり、かつては市営鳥越火葬場（一九一九～一九六一年）、下関刑務所（一九〇八～一九九〇年）があった。『日本人』の多くは、ここに火葬場や墓地、刑務所があるため、このあたりのことを場末といって、住むのを嫌がっていた。ここに住むのは、他に行き場のなかったチョソン・サラム（朝鮮サラム。朝鮮系住民の自称の一つ。サラムは人の意）くらいだった」と住民の一人は語っている。

この地区は、下関市の前身の旧赤間関市時代（一八八九～一九〇二年）、同市域のはずれに相当し、隣接する豊浦郡との境界をなしていた。たとえば、一八九二年当時の「赤間関市細見図」（『下関市史・市制施行—終戦』所収）などを見ると一目瞭然である。行政的にも境界に相当し、人々からは「場末」とみなされていたわけで、ここは「周縁」性を強く刻印された場所で

あったということができる。

［E地区］は、［D地区］の奥に形成された集落だが、ここはセ・ドンネと呼ばれている。セ・ドンネのセとは「朝鮮語」で「新しい」を意味し、トンネは集落を意味する。すなわち、新しくできた集落ということになるが、その名のとおり、この集落は、隣接する［D地区］が一九四五年以前からあったのに対して、解放後に人口が密集するようになった場所であるといわれている。人口五二一、世帯数二〇六（一九九五年現在）である。

これら各地区のうち、とりわけ［C地区］［D地区］［E地区］では、住民の高齢化が顕著であり、また居住人口も年々減少している。たとえば［D地区］の全住宅のうち、二割くらいは空家であるといわれている。

以上、集住地区を五つに分類したが、行政的な地名としては、一つの地区に複数の地名が当てられており、集住地区全体では、一〇以上の地名が存在している。

なお、これら五つの地区の外延にも、相対的な集住状態は確認することができる。ただし、外側に行けば行くほど朝鮮系住民の数は少なくなってゆく[3]。

集住地区の居住者が転出していくケースも多い。経済的な成功者の中には、長府地区や火の山周辺の住宅地に家を建てる人もいる。

また、集住地区に暮らしているからといって、住民の活動領域が地域内に限定されているわけではないことはいうまでもない。集住地区内から市内各所に勤めに出ている人も多いし、中には九州方面まで通勤している人もいる。

形成史

前述のように、一九一〇年以降、朝鮮半島南部に暮らしていた「朝鮮人」の日本への移住が増加したが、その場合、朝鮮半島と日本本土との間の連絡船は、釜山と下関の間に開設されており、朝鮮半島から渡ってくる朝鮮系住民が最初に上陸する地点が下関だった。

下関に上陸した朝鮮系住民は、ここを起点に日本各地へと散らばって行ったが、中には下関にとどまる者もいたことであろう。一九二三年当時、「市内の桜山小学校に朝鮮人の転校生がいた」という証言がある［豊田 一九八五：二〇］[4]。また、朝鮮基督教下関教会設立一周年（一九二九年）の記念写真には、約八〇名が写っており［金編 一九九八：一四］、この段階にはすでに教会を設立するに至るほどの数の朝鮮系住民が下関に在住していたと考えられる。一九三一年当時の「下関在住朝鮮人」の人口を、総計二七一一人とするデータもある（「下関在住朝鮮人問題」[5]）。

一九四五年八月一五日、日本敗戦（朝鮮半島の植民地支配からの解放）とともに、下関には全国から在日していた朝鮮系住民が押し寄せてきた。下関を経由して朝鮮半島へ帰還するためである。山口県警察本部のデータによれば、解放直後、八月三〇日段階で、下関駅には一万を超す朝鮮系住民が集結していたという［山口県警察史編さん委員会編 一九八二：五三六］。この段階では、下関から朝鮮半島への正規の航路は存在しておらず、政策としての帰還事業（下関ではなく長門市仙崎から出航）は一九四五年八月三一日の開始を待たなければならなかったため、彼らは非正規の闇船を手配して帰還していった。また、正規の帰国船が就航してのちも、下関港から闇船に乗って行く者はあとをたたなかった。

しかし、中には帰還せずにそのまま下関に留まる人々もいた。「帰国のための船を待っている間、親父が道端の博打で大負けし、一文なしになってしまった。金をつくるため闇市で商売をはじめたが、そのまま下関に住みついて今日に至っている」というのは市内で焼肉屋を営むある人物のケースだが、このような経験をした人は少なくない。あるいは、いったん帰国はしたものの、当時の韓国は生活するにはあまりにも荒涼としており、また釜山でコレラが流行していたこともあって、密航で再び下関へ戻ってきたという人もいる。

このような人々が集まり、市内にはいくつもの朝鮮系住民の集住地区が形成された。それが、さきに整理した集住地区である。

ブリコラージュとしての生業

敗戦前の下関在住朝鮮系住民の生業については、職業別の人口で見ると、下関在住朝鮮系住民二七一一人のうち、第一位が「土方日雇」で一九七人、第二位が「農夫及養鶏使用人」で九七人、第三位が飲食店雇員八八人、店員八二人、などとなっている（前掲「下関在住朝鮮人問題」による）。

敗戦直後の朝鮮系住民の生業は、闇市やドブロクづくり、養豚が代表的なものであった。そして一九五〇年代にはスクラップ収集や土木作業、港での仲仕が主な仕事であった。高度経済成長期に入ると、下関をあとにしてカミ（上。関西方面）に上って行く人々が増えた。公共事業の増加による大都市での土木工事の需要が急増したからである。この他、生業の一つとして、中年女性を中心に行なわれてきたポッタリチャンサ（担ぎ屋）もあるが、これについては次節で詳述する。

闇市は、現在の「A地区」から「B地区」にかけての一帯に、ちょうど山陽線のガードに沿うようにして形成された。この場所は、空襲で焼け野原になっていたところであり、「一帯には、土地の所有権などというものはなかった。早い者勝ちで土地を占有し、店を出した」（「」の発言は、闇市当時から集住地区で暮らしてきた朝鮮系住民の声。本節内、以下同じ）。

闇市は、ほとんどが朝鮮系住民の手になるものだったという。「闇市では派閥（朝鮮系住民の独占という意味）がきつかった。それで、日本人は店を出すことはできなかった。チョッパリ(6)は敗戦国民なんだから、そんな生意気なことはできないのだといわれていた」。もっとも、実際に「日本人」が皆無だったわけではない。ただ、その数は朝鮮系住民のほうが圧倒的に多かったといわれているのである。

闇市では、さまざまなものが売られた。米、野菜、衣類、ドブロク、サッカリン入りの甘酒、朝鮮飴、肉、豆腐、西条柿、雑貨などさまざまである。ドブロクとホルモンを飲み食いさせる店もあった。「こんど戦争があったら、戦争中はゴロゴロ寝ていて、戦争が終わったらまっさきに軍隊の倉庫に行くだろう。軍隊の倉庫に行けば何でもあった。現在の下関球場のあるところは、かつて日本軍の練兵所だった。解放直後、そこへ行ってみると、そこには、それまで見たこともないような分厚い靴下とか、食べ物がたくさんあった。それらを持ってきて闇市で売った」。

昼間、闇市だったあたりは、夜になるとキーサン（キーセン、娼婦）の店になった。因みに、現在でも、［B地区］からそう遠くない場所には娼婦が客をとる旅館が数件あるといわれている。

闇市で出したドブロクや焼酎、朝鮮飴は、［C地区］［D地区］［E地区］でつくっていた。また、養豚もこれらの地区でさかんに行なわれ、肉はやはり闇市で売られた。

焼酎をつくるとき、アレギ（絞りかす）が出るが、これは養豚の飼料になったのであり、焼酎づくりと養豚とは複合的な関係にあった。豚は、一人で二～三〇頭飼っている人もいた。他に、ヤギやニワトリを飼う家も多かった。

ドブロク・焼酎づくりは、密造酒であるとしてMP・警察・税務署の摘発を受けることがしばしばであった。摘発はきわめて強引で暴力的なものであったという。住民側の言い分としては、これをつくらないと生活ができないからつくっているのであって、「それ以上でも以下でもなかった」。地区の入り口に見張りの老婆がいて、取締りが来ると、金のたらいを大きな音でたたいた。手入れが来たという合図であり、すぐに酒造りの道具を隠した。また、取締りの連中を追い返そうとして、七輪で大量の唐辛子を焚いたり、犬にけしかけさせたりもした。

ドブロク・焼酎づくりをしている地区には、手入れ以前に、警察や税務署のスパイが来ることが多かった。見知らぬ顔の者、身なりから明らかに部外者だとわかる者が来ると非常に警戒し、脅かして追い返した。ときには暴力を使うこともあった。

集住地区に対して、一般の「日本人」は、「怖いところ」「暴力的なところ」というイメージをもっていたが、これは、この警戒の態度を見聞きしてのものだろうと、朝鮮系住民たちは考えている。スパイへの警戒手段としての脅しという事情が伝えられず、「暴力的」という一面のみが拡大して受け止められたために、恐怖イメージが広がったのだろうというのである。「怖い」「暴力的」というレッテルを貼られた当事者の側が語る見解の一つとして注目させられる。(7)

朝鮮戦争がはじまると（一九五〇年）、カネヘン景気といって、金属の値が上がった。とりわけ真鍮が高く売れた。市内を歩き回って電線やくぎを拾い集めてくる程度のことは誰もがやった。電線はゴムを焼いて中の真鍮を取り出して売った。山陽本線の列車に乗り、洗面台から真鍮製の蛇口やコックをとってきたりする者もいた。

市内にあった軍隊跡に行き、戦車を持って帰って来た人もいる。戦車をまるごと数台［D地区］まで運んできて、そこでスクラップにして買取り業者に売ったのである。この人物の家の前にはつぶした戦車がたくさん積み上げられていた。地区の住民はそれを見て皆びっくりしていた。スクラップで成功した人は何人もいる。回収業からスクラップ工場に成長し、その後、パチンコ屋の経営に乗り出し、金持ちになったというようなケースである。

関門海峡に潜って海中のスクラップを拾う者も多かった。関門海峡には爆撃を受けてたくさんの船が沈んでいた。この船からスクラップを拾い上げたのである。住民の中には、済州島出身の海女もいたが、この時期、彼女たちは、魚介類ではなく、スクラップを拾うのに一生懸命だった。規模が大きくなると、船の上からポンプで空気を送り、その酸素を吸いながら海底で作業をするというケースもあった。

［D地区］の火葬場では、金歯さがしも行なわれた。「宝探し」だった。かつては、火葬場で死体を焼いたあと、遺骨以外の灰の処理は行なわれず、火葬場の裏に山のように積んであった。そこに行って、ミツマタの枝で灰をほじくりかえして金歯などの金製品をさがした。これも、生きていくためにはやむを得ずやったことである（写真6－3）。

朝鮮系住民の生業としては、他に仲仕があった。これは戦前から行なわれていたもので、敗戦後も主要な生業の一つとなった。船の荷物の積み下ろし作業である。たとえば、麦・とうきび・大豆などを積んだ船がアメリカから入港すると、コンテナなどはない時代なので、人海戦術でそれらの荷物を船から運び出し、貨車積みするのである。一〇〇キロはある荷を朝から晩まで背中で担ぐのであり、体力がないとできなかった。

砂糖の船積みの場合は、運んでいる最中に、仲仕がテカキという鉄でできた道具（これを袋にひっかけることによって肩まで持ち上げる）を使ってわざと袋（麻の繊維で編んだ粗い袋）を破る。すると穴から砂糖がこぼれる。このこぼれ落ちた砂糖を、周りで待っていた女たちが拾うことになっていた。その中に自分の家族がいるときには、その前で思いっきり引っ掛け、砂糖をどさっと落としたという。

海関連の「仕事」としては、海賊もあった。下関港に入ろうとした外国船が航路を間違えてさまよったりしていると、そこへ小船を乗りつけて船内に入りこむ。海賊行為である。戦利品

写真6-3　火葬場跡

出所）2004年，筆者撮影．

は、闇市へ流れた。敗戦直後には「海上保安庁などというものはなかったので、取り締まりなどまったくなかった」。

この他、生きていくためには、どんな仕事でもやった。闇たばこづくり、しじみの殻むき、編物などの内職もした。そのような内職をしているときには、眠気ざましにヒロポンを打つ者もいた。そのうち中毒になり、部屋のすみで、「誰かがつかまえにくる」といってふるえていた女性の話などが伝えられている。

一九五〇年代以降は、日雇いの土木作業に従事する者が増えた。また、才覚のある者が飯場をつくって人夫を雇う場合もあり、中には、のちに建設業で財をなした人もいる。一九六〇年代後半以降、大阪など大都市での土木作業の需要に対応して、下関からカミへ上がって行く人が多くなった。とりわけ、大阪に移住する者が多く、彼らは千里ニュータウンをはじめとする都市開発での土木工事に従事した。

なお、下関から立ち去ったのは、関西方面に向かった者だけではない。北朝鮮への帰国者もいる。帰国事業は、一九五九年から開始されたが、これにより相当数の家族が帰国していったという（ピークは一九六〇年といわれる）。

以上、朝鮮系住民の生業について眺めてきたが、一つの「仕事」に専念する形態がとられるようになったのは、一九五〇年代後半から一九七〇年代初頭にかけての高度経済成長期以後のことである。高度経済成長によって、日本列島に暮らす朝鮮系住民の経済生活は次第に安定していったが［文　一九九五：四四―五二］、それ以前においては、通常は「仕事」とはみなされないものも含め、目の前にあるあらゆるものごとが、考えられる限りの知恵をもって組み合わされ、生活の糧を得る手段とされていた。その様相を一言で表現するなら、ブリコラージュという用語がふさわしい。

ブリコラージュとは、人類学者のクロード・レヴィ＝ストロース［一九七六］が神話の構造分析の中で提出し、歴史学者のミシェル・ド・セルトー［一九八七］が民衆の日常的実践の創発性を問う中でそれを援用している概念である。ブリコラージュについて解説した小田亮の説明によると、「ブリコラージュとは、与えられた諸々の断片を、全体から規定されていたもともとの意味など考慮せずに――考慮できずに、臨機応変につないでちぐはぐな総体を作り上げることであり、生きる場における隣接性の連鎖や斜線にそって、与えられた断片から断片へと跳び移る戦術」［小田　一九九六：一二三―一二四］である。そして、これは、人びとによる「近代の知と権力に対する最もしなやかでしぶとい抵抗」［小田　一九九六：一二四］となる。

ブリコラージュとしての住まい

敗戦直後、集住地区の人々はバラックを建てて住んだ。とにかくありあわせのものを集めて材料とした。たとえば、浜に流れ着いた木造船の流木を組み立て、その上にセメントの入っていた袋を拾ってきてこれを壁紙として貼りつけた。その流木には油が塗ってあったため、それで建てた家の中はいつまでも油の臭いがしていた。壁紙には新聞紙を貼るのがふつうだった。「寝転びながら新聞紙をじっと見て字をおぼえた」と語る人もいる。

一つのバラックに三世帯、四世帯が住むこともあった。一世帯に一部屋あればいいほうだった。電球がなく、ランプ生活も珍しくなかった。電球があっても、部屋と部屋の仕切りの上に設置し、一つの電球で二部屋が照らされるようにした。バラックなので台風がくると屋根がよくふきとばされた。トイレと水道は、三〇軒で一つ程度の共同便所、共同井戸（のちに共同水道）であった。子供のころ、流木の家に住んでいたある人は、「あのころは必死だったので何とも思わなかったが、今考えると、よくあんなところに住めたもんだ。立派なログハウスで風流な暮らしをしてたもんだよね」と当時を振り返って笑っている。

一九六〇年代に入ると、集住地区内（［B地区］のみ）に下関市の事業として改良住宅が建てられるようになった。バラックに住んでいた人々は優先的に改良住宅に入居できた。一階を商店にして、二階以上を住宅にしている。間取りは建物によって違いはあるものの、六畳と四・五畳に台所、風呂、トイレがついているものが標準的である。隣に親戚を入居させ、となりあった部屋の壁を撤去して二戸を一戸にして住んでいるケースもある。また、二階の住宅の場合、一階の商店の天井部分が二階の部屋のベランダとして使用可能だが、その部分にプレハブの部屋を増築したりもした。このように自分たちで住まい方を工夫する人が多かった。

ただ、かつてのバラックや長屋は、簡単に開け閉めできる引き戸で、出かけるときに窓を閉めきるということもなく、開けっぴろげであったのに対し、改良住宅のドアは鉄のドアであり、ドアを閉めれば密室になってしまう。長屋のほうが暮らしやすかったという声もとりわけ老人の間で多い。

現在でも、［C地区］［D地区］には、バラックではないが長屋があり、長屋の住民は、同じ長屋の独居老人に対して自然と目配りをするようになっている。長屋に暮らすある家の台所の壁には無数の傷がついているが、これは、いつもスカラ（さじ）で壁をたたいて隣の独居老人を食事やお茶に呼んでいるためについた傷である。その家の主婦によると、「いそがしいのでいちいち外に出て呼びに行っている暇はない。大声で呼んでも耳が遠いので聞こえない。スカラで壁をたたいて合図をするのがちょうどいい」といって、そのようにしている。一見粗雑に見えるが、隣家の老人に対する長屋ならではの飾らない気遣いといえよう。

ありあわせの材料をくみ合わせること。入居した改良住宅を改造によってさらに「改良」してしまったりすること。こうした住まい方は、ブリコラージュそのものといえる。

生業のあり方といい、住まい方といい、これらの事例には、ブリコラージュによる生活戦術を駆使して生き抜いてきた住民のたくましさをはっきりと見てとることができる。

アジールとしての集住地区

集住地区には、朝鮮系住民だけが暮らしていたわけではない。「日本人」も一定程度混住していたし、本人でも自分の出自がわからないというような戦災孤児も暮らしていた[8]。

たとえば、次のような語りがある。「○○町（［Ａ地区］のこと――筆者注）には、日本人もたくさん住んでいた。彼らは大陸からの引揚者たちであった。日本に戻ってみたもののふるさとは爆弾の山、焼夷弾の山。日本の家族が死んでいれば、帰っても亡くした人を思い出すだけ。そんなとき、下関の闇市では四〇ワットの電球がずらっと並んでにぎやかだ。この街だとさみしくない、ということで下関にバラックを建てて居付いた人たちだ。しばらく住んでからどこかへ出ていった人たちも多いが、中にはそのままここに定住した人もいる。引揚者は、いろいろとわけありの人も多く、自分からは素性をいわないことが多かった。だから近所で暮らしていても詳しい事情は聞いていない」。

「いまも近所に何軒かその当時から住んでいる日本人がいるよ。開けっぴろげで、ご飯も自分の家とか他人の家とか意識しないで分け合って食べるようなここの暮らしが性に合っているらしくて、全然出て行かないよ」。

下関出身のルポ・ライター姜誠のエッセーにも、集住地区の「日本人」についての記述がある。それによれば、集住地区には「在日だけでなく、港湾労働者や土方などもたくさん出入りしていた」［姜　一九九八：七八］し、地域内の飲み屋の二階に住んで客をとっていた娼婦も、東北地方の小さな町の出身という「日本人」であった。

また、ドブロクづくりをしていた朝鮮半島出身の「おじさん」には、後妻としての「日本人」妻がおり、その間に二人の娘が生まれていたが、さらに、知り合いの「日本人」からもらってきたというタダシという男の子もいた。「タダシの国籍がどのようになっていたか、私はよく知らない。ほとんど日本語を喋らなかったおじさんのことだ。ひょっとしたら、タダシの出生届けすら、役所に出していなかったかもしれない」［姜　一九九八：七四］。なお、タダシの一家は、その後、北朝鮮に「帰国」し、「風の頼りでは中国国境に近い新義州市に住んでいるらしい」［姜　一九九八：八二］。

あるいは、「日本人」と思われる戦災孤児が下関の朝鮮系住民の家族に拾われて育てられ、のちにその一家とともに韓国に帰国したというケースもある。一九八〇年頃、釜山市でタクシー運転手をしていた朴輝一さんは、日本名を「三郎」という「日本人」であるが、敗戦の混乱の中、実の両親と離れ離れになった孤児であった。両親と離れたのは三、四歳のことである。身よりのない朴さんは、集住地区で暮らす朝鮮系住民に拾われ、しばらくして韓国へ帰国。以来、釜山で育った。「日本人」の両親のことは、母親が自分のことを「三郎」と呼んでいたこと以外、記憶がない。朴さんは、下関からやってくる朝鮮系住民たちが定宿にする旅館に出入りし、タクシーの客を取っていた[9]。

集住地区は、こうした「日本人」も含めてさまざまな人々を吸収していたが、この場合、朝鮮系住民の側も決して一枚岩ではありえなかった。彼らは、日本帝国主義支配下の朝鮮半島に直接・間接の出自をもつ点では共通しているものの、敗戦以前に日本各地でそれぞれが生き抜いてきた生活史は多様であり、「チョソン・サラムだからといってみんな仲良くなんてことはなかった。強い者が勝ちの世界だった」(ある住民)。

ところで、こうした集住地区の持つ性格として住民によってしばしば語られるのが、ここが「一時避難所」的な意味合いを持っていたという点である。右にも見たように、身よりのない子供もこの地域内では育ててもらえたし、大陸からの引揚者にしろ、朝鮮半島への帰還をめざす者にしろ、ここに一時身を寄せてから再び移動して行くという事例がかなり見られた。そして、ここに集まってきた人々の間では、その素性について自ら話さない場合には深く追及しないという暗黙の了解があったという。

また、少なくともバラック時代には、この地域内に入りこめば、何らかの理由で誰かから追われている者も、そう簡単には探し出せなかったといわれている。「隠れるところがたくさんあった」「借金取りが来ても迷路みたいだし、(朝鮮系住民には同じ姓が多く)あっちも金さん、こっちも金さんで、探しきれない」と語られている。

このような地域の特色を一言で表現しようとすれば、それはアジールということになろう。アジールとは、「避難所」「隠れ場」「聖域」を意味する語で、学術用語としては、「特定の空間、人物、時間とかかわった人間が一時的に、あるいは持続的に不可侵な存在となる状態あるいはその場」〔阿部 一九八四〕のことと定義される。アジールは、世界各地で古代から中世にかけて見られたもので、具体的には、森・神殿・寺院・墓地・祭り・市・家・特定の樹木・橋などがそれであった。アジールは、近代になって社会から一掃されたが、赤十字や外交特権、亡命者保護、子供の遊びなどにその名残が見られると理解されている。

歴史学者の網野善彦は、日本列島の歴史に見られる「無縁」について分析し、西欧のアジール論との照合もした上で、「本質的に世俗の権力や武力とは異質な『自由』と『平和』」の原理としての「『無縁』の原理」〔網野 一九七八:五〕を抽出した。そして、この「『無縁』の原理の一つの現われ方」〔網野 一九七八:二五五〕がアジールであると論じている。網野によれば、「『無縁』の原理」が見出せる場所は、河原・浜・中州をはじめとする境界的な空間で、そうした場所には市が立った〔網野 一九七八:二五五〕。

この場合、下関の集住地区は、さまざまな人々を吸収する「避難所」であり、またさきに見たように、地理的にも境界的な場所に位置していた。さらに、そこには市(闇市)も形成されたのであり、これらの点からすると、この地域は明らかに「『無縁』の原理」の現われとしてのアジールであるということができる。

なお、アジールとしての集住地区の中には、韓国系教会、韓国系寺院、朝鮮学校が存在するが、それらはアジールの中に設けられたアジールであり、集住地区には二重のアジール空間が形成されているということができる。教会や寺院といった「聖域」が、世俗からの「避難所」として機能することはいうまでもないとして、朝鮮学校がアジールであるというのは、たとえば、朝鮮学校の出身で、現在は母親として二人の子供を朝鮮学校に通わせているルポ・ライターの金栄による次のような言説から説明することができる。

（朝鮮学校は）「マイノリティの子どもたちが安心していられる場所、安心できる空間だということです。そこを『閉鎖的だ』なんて、誰にも言う権利はないと思うんですよ」「朝鮮学校にもいい面ばかりじゃなく、もちろん問題もたくさんありますけれども、子供たちにとって、とりあえず安心した空間が確保できている。いまの日本の環境のなかでは、そのことがどれだけ大切かをまず考えますね」（「インタビュー・金栄氏に聞く『朝鮮学校ってどんなとこ?』」『図書新聞』二五八九、二〇〇二年七月一三日）。

現在、集住地区から外に出て暮らしている人たちも、地域内の教会や寺院、朝鮮学校にはそれぞれの必要に応じてやって来るのであり、地域外の朝鮮系住民にとっては、これらの空間が、直接に関わるアジールとなっている。[10]

二重性のゲーム

下関の朝鮮系住民の間では、ユニークな語りが無数に展開されている。

「日本人のみなさんは知らないでしょうが、下関は韓国の植民地です」「下関市って、山口県下関市じゃないよ。韓国慶尚南道下関市なんだよ」「慶尚南道の道庁所在地は、釜山市。慶尚南道第二の都市は、下関市」。朝鮮系住民多住都市としての下関を象徴的に表現した語りである。

また、「かつて［D地区］には火葬場があった。そのため、地区内の家々では、共同水道で汲んできた水をバケツに入れて家の前に置いておくと、火葬場の煙突から灰が落ちてきてバケツの中にたまった。一番たくさん灰がたまった家が、一番金持ちになってここから出て行った」という物語も語られている。この話では、火葬場の灰と金持ちになることが結び付けられている。マイナスのものがプラスに転じるという論理である。ここには、「周縁」的な場所に住まざるをえなかった人々が、火葬場（死）にまつわるマイナスの環境を強引にプラスに読み替えてしまうバイタリティを読み取ることができる。

あるいは、「病気などはなかったよ。朝鮮人は唐辛子とニンニクで元気バリバリさ。あれを食べていれば病気になんかかからない」「生活の保障がないから病院に入っている暇はない。だからお腹が痛くなったらコチュジャン（唐辛子味噌）にニラをムッチョした（あえた）ものを食べて下して治した。チョソン・サラムの武器は唐辛子とニンニクさ」という語りもしばしばなされている。現在の景観からは想像しにくいが、かつての集住地区の環境は劣悪だった。衛生状態はおせじにもいいとはいえず、そのため、足などによく腫れ物ができたりしていたという。また、赤痢がはやったこともあった。そうした実態はありながらも、唐辛子とニンニクを象徴的なアイテムとして登場させた語りを行なっているところに注目させられる。ここには、逆境にあっても、決してそれに打ちひしがれまいとするバイタリティが読み取れる。

集住地区に対する、「怖い所」という偏見を逆手に取った体験談も語られている。「わたしが、たまたま学校に行ったら、子供が日本人にいじめられていた。それで頭にきたので、『おまえら○○の朝鮮人なめたらいかんぞ、こらっ』といったら、日本人の子供たち、すぐにおとなしくなってそのあとぜんぜんいじめない。これは効き目があったね。『○○の朝鮮人』は効き目あるよ」。

あるいは、ヤクザがらみの噂を逆手にとった体験談もある。「あるとき、ちょっとした金のトラブルで、その筋のほうから脅しの電話が入った。はいはいと聞いていたが、うっとうしいので、『おまえ、うちの名前わかってそれ言ってるのか。下関の○○って、知らないわけないよな』」と言ってやった。それで、電話の相手もトーンダウンし、その後も大きなトラブルにならなくてすんだ。下関の○○というのは、朝鮮人の有名なヤクザ者。うちと姓（通名）が同じ。でも、親戚でも何でもない」。ある朝鮮系住民によってたびたび語られる笑い話である。

これらの語りで語られている作戦は、差別やいじめ、おどしの構造を根本的に解決するわけではないので、問題の解決とは別の話になろうが、応急措置としては、こうした自己表象もなされており、その体験談は、一種の成功譚として語られ続けている。生き抜いていくための機転について語り継ぐ物語に他ならない。

あるいは、「D地区」については、「あそこって泥棒とか出るのかね」「出ないだろう。出たら怖いぞ。あそこ総連多いもんな。みんな、近所中出てきて袋叩きだな。こわくて泥棒も入れないだろう。あそこのこと悪く言うやつも多いけれど、中に入れば治安がいいってことだよ（笑）」という笑話も、隣接する「C地区」の朝鮮系住民の間でされたりしている。

ここには、偏見の対象とされたものを、逆手にとりつつ、「笑い」に持ちこみ、さらには偏見を相対化してしまう一種の知恵が示されている。この知恵は、北朝鮮の金日成でさえも相対化してしまう。「教会に来るのはみんな民団系の人で、総連系の人はいないいってね。そりゃそうだろうね。総連の連中がキリストさんのほう向くようになったら、キンサンこまっちゃうもんね」。ここでいうキンサンとは、もちろん金日成、金正日、二人の「金さん」のことである。こう話すのは六〇代の女性（一〇年前に日本国籍を取得した朝鮮系住民）。

この彼女については、次のようなこともあった。ある用事で総連関連の建物に入っていったとき（筆者も同行）、応接室でソファに座る際、壁にかけられた金日成の写真に向かって片手をあげ、「キンサン失礼しまーす」と言ってから腰を下ろした。闇市時代から百戦錬磨のこの女性に、部屋にいた総連の若い職員も苦笑いするしかないという情景が展開したのである。

あるいは、別の女性、やはり六〇代だが、「公立小学校の卒業式で、『君が代』が歌われるとき、自分は起立せずに、座り続けていようと思っていたが、周囲の日本人を意識して、結局起立してしまった」とある若い朝鮮系住民が話したのに対し、「そんなもん。足が痛いって言って座ってたらよかったのに」と一刀両断。ここにも、生活の中から生まれた知恵が存在する。

これらの知恵は、差別や偏見、支配の構造に対して根本的な解決はもたらさない。しかし、それらを笑い飛ばし、相対化するという意味では、一定の可能性を持ちえているのではないか。

右に見てきたような事例は、社会哲学者のミシェル・マフェゾリがいう「二重性のゲーム」として理解できる。マフェゾリは、人々、とりわけ民衆、権力を持たない者、弱い立場にある者は、現実に対する幻想やフィクション、戦闘的で能動的な異議申し立てに対する面従腹背的な反逆といった次元を生み出すことで、権力や支配による「致死的な重力」に屈することなく、日常を生き抜くことが可能となっていると論じる。そして、現実と非現実、能動と受動の二重性のうち、後者によって生を確保する実践を「二重性のゲーム」と呼んでいる［マフェゾリ 一九八五：九一―一一三、一五六―一九〇］。

マイナスをプラスに読み替える語り、「笑い」による差別・偏見・支配の相対化。これらはいずれも、朝鮮系住民が、自らが置かれた状況を生き抜くために展開する「二重性のゲーム」そのものといえるだろう。

３　ポッタリチャンサの世界

ポッタリたち

ポッタリチャンサ（略して、ポッタリといわれることが多い。以下では、ポッタリと表記する）という言葉は、「朝鮮語」であり、直訳すると、ポッタリが風呂敷、チャンサが商売となる。日本と韓国の間を往復することで行なわれている「担ぎ屋」商売、およびそれを行なう人々のことをさす。現在、これがもっともさかんに行なわれているのは、下関―釜山間の関釜フェリーを利用してのものである(11)。

二〇〇一年現在、下関と釜山の間には、毎日一便ずつフェリーが就航している。このフェリーには、一般の旅行客の他に、ポッタリを目的として乗船する人々がおり、その数は、毎便二〇〇人から三〇〇人前後である。それらの内訳は、二〇〇〇年現在、朝鮮系住民がおよそ二割、残り八割が韓国居住の韓国人である。

ポッタリチャンサの歴史は、一九四五年から途絶えていた関釜連絡航路が再開された一九六一年にさかのぼる。当初は、朝鮮系住民の里帰りの際に、故郷へのお土産と一緒に持ちこんだスカート、シャツ、薬品、ラジオ類を釜山の市場に売るというものであった。

ポッタリの乗船が本格化したのは、一九七〇年の関釜フェリー就航以後である。フェリー就航で関釜間が手軽に往復できるようになり、ポッタリが増加したのである。

日本側で、関釜間のポッタリチャンサを行なうのは、下関市在住の者の他、広島や大阪、神戸、北九州在住の者などである。広島、大阪、神戸など遠隔地に住む者で、月に一、二回のポッタリを行なう者は、鉄道利用で下関までやって来て、それから船に乗っているが、一カ月のうちの大半をポッタリで過ごす者の場合は、下関市内の集住地区内にある改良住宅の一室を入手して、そこを拠点に関釜間を往復し、月のうち一、二回だけ自宅に帰っているというケースがある。

ポッタリを主要な生業とする人は、現在、日本側ポッタリには少ないが、過去においては、これが主要な生業であったというポッタリもいる。それは、夫に先立たれた女性や、夫が家に金を入れない女性、あるいは夫の収入が不安定な女性の場合が多かった。現在では、「儲からなくてもやる」「金に困ってやっているわけではない。楽しみでやっている」「ポッタリは一度やったら、楽しみになり、やめられなくなる」「ポッタリやったら、お父さん捨てられたようなものだよ」「借金してでも、損してでも行く」という声が聞こえるように、生業として成り立たなくても、ポッタリチャンサを行なうというのが一般的である。[12]

なお、かつては、ポッタリで大当たりし、それを元手に金融業をはじめ、次第に大きな業者にまで成長させた女性もいる。

ポッタリチャンサで利益が上がるのかどうかは、本人でないとわからないという。これは、要するに「パチンコと同じで、儲かるか儲からないかは、一言では言えない」ということだという。

ポッタリが扱う品物は、下関から釜山へ持って行くものが、玄米茶、薬品、ごま油、梅干、高級果物、下着、毛皮、衣類、杖、時計、ゲーム機、ウォークマン、炊飯器、CDプレーヤー、ビデオデッキなどである。釜山から下関に持ってくるものは、衣類、タオル、インスタントラーメン、海苔、野菜、朝鮮人参、茶、ウイスキー、焼酎などである。

品物は、下関では、「B地区」の商店で購入される。店によっては、購入した品物をフェリーターミナルまで配達してくれる場合もある。また、釜山では、港近くの国際市場などで品物を購入する。

本来、日韓国境を越えて商品を持ち運ぶ場合には税金がかかるが、これについては、さまざまな状況が現出しており、それがポッタリという商売を成り立たせている。さまざまな状況とは、およそ次のようなものである（以下は、筆者によるポッタリからの聞書き、および先行の文献資料などによるものであり、韓国、日本どちらについても、税関側からの回答ではない。あくまでも、ポッタリ側の説明、解釈である）。

まず、釜山の税関では、「ピックアップ方式で税金をかけている。つまり、税金をかけられる人もいれば、かけられない人もいる。また、かけられたとしても、課税対象の品物のすべてに税金がかけられるとは限らない」「おばちゃんたちの荷物にいちいち税金かけてたら、税関のにいちゃん、仕事になんないよ。手が足りないだろうよ」といわれている。あるポッタリによる「税関には定価がないからね」という証言〔毎日新聞社　一九七三〕は、このことを裏付けるものだろう。また、税関職員に「チップを渡す」者もいるらしい(13)。もっとも、ポッタリがいつも成功するわけではなく、課税されたり、規定量オーバーで韓国内への持ち込みが認められなかったりする場合もしばしばある。

ポッタリは、少しでも課税を逃れようと、さまざまな工夫を凝らしている。よく行なわれるのは、荷物を一般旅客に頼んで持ってもらい、その人の携帯品ということにして税関を通過させ、通関後にその客から荷物を受けとるという方法である。この場合は、マージンとして千円くらい握らせることが多い。また、ある人の場合、「金の時計などは、下着に入れたり、ベルトに巻いたり、靴底に入れたりした」し、「洋服の重ね着もよくやった」ことがあるという。

ところで、衣類や雑貨、電気製品のポッタリとは別に、中には、金や麻薬の密輸を行なうポッタリもかつてはいたという。

「ふつうのポッタリはそんなことしないよ。怖くてしきれない。でも、まあ、昔は、あぶないことに手を出したポッタリもいたみたいだね。もう時効だけどね」と言って、語ってくれたあるポッタリによると、「金や麻薬の密輸で金をつくって、それを元手にして金融屋やパチンコ屋といった事業をやり、大きくなった人もいる」。

「捕まるのもいるよ。ある人は、それで一〇年服役したよ。その人は、一等船室に乗り（ふつうのポッタリは二等Bに乗る——筆者注）、他の人と会わないようにして韓国に行っていた。ところが、今までAというナカガイ（仲買い）だけに金を売っていたのに、Aよりも高い値段で買ってくれるBというナカガイが登場し、その人はBに売ったんだね。そのことをAが知って、チンコロ（密告）したんだよ。密告されたことを知ったそのおばちゃん走ったね。飛行機で帰ろうとして空港まで走った。でも、飛行機乗る直前に捕まってしまった。それで一〇年間服役した」。

因みに、下関の朝鮮系住民の間では、「玄海灘で金が漁師の網に引っかかったことがある。これは、ポッタリが金を密輸していて、手入れがあるとわかったため、船上から捨てた金である」という物語が語られている。なお、密輸に関しては、これ以外にも話はあるらしいが、ここから先は、「立ち入り禁止」とのことであった。

ポッタリの行程

次に、日本側のポッタリが下関を出発して釜山に行き、また戻ってくるまでを記述しておく。仕入れを終えたポッタリたちは、午後一時をすぎると、フェリー待合室に集まってくる。ここで荷物のとりまとめを行ない、三時三〇分に通関、乗船開始。出航は五時である。ポッタリたちは二等Bの船室に乗る。二等Bの場合、下関から釜山までの片道運賃は八五〇〇円である。

船内では、五人とか一〇人の仲間同士で席を占める。彼らは、持ち込んだ食事を一緒に食べる他、花札や世間話をして時を過ごすグループである。一つのグループは、他のグループとは打ち解けないといい、これはお互いライバルだからだという。

船の上での楽しみの一つは、花札である。これの勝敗をめぐる一喜一憂が、ポッタリの儲けについての一喜一憂とともに、大きな楽しみとなっているという。また世間話も次から次へと語られている。その内容は、商品情報、ナカガイや店の評判、税関職員の評判、釜山の街の噂、猥談、親戚の話、身の上話、などである。そこでは、「キョッポ（僑胞。在日朝鮮系住民のことをさす）として生きていく上での情報」も交換されるといい、「たまにはおばちゃんのシンセタリョン（身世打令。身の上話）に涙したり怒ったりすることもある」という。このほか、オッケチュム（直訳すると、肩踊り。肩を揺らしながら踊る朝鮮式の踊り方）で盛りあがることも多い。これらはいずれも、「おばちゃんたちのストレス発散法」だという。

船の中での会話は、相手や状況によって「日本語」であったり「チョソンマル（朝鮮語）」であったりする。そして、そこでの「日本語」も、「日本語」の中に「チョソンマル」が混じったものであり、「チョソンマル」もまた「チョソンマル」の中に「日本語」が混じった言語となっている。こうした現象について彼女たちは、「チャンポン」だと称しているが、ここでの会話は文字通りクレオール（混成言語）状況といいうるものとなっている。

早朝、船は釜山外港に到着し、ここで停泊し、午前八時に接岸する。ポッタリは、我先にと船から下りて通関しようとする。もたもたしていると良い条件で品物を取引できなくなるからだ。その光景は戦場さながらである。税関を通過すると、そこにはナカガイ（仲買い）の男性が待っている。税関職員の見ている前で、ポッタリから品物をどんどん買っていく。「わたしらは、職員が見ているから怖い。でもナカガイは平気で買う。何かあるにちがいない」と述べるポッタリもいる。

品物を売り終えると、国際市場周辺に行き、日本へ持ちこむ品物を購入する。昼過ぎには仕事をすべて終え、ふたたび港へ。夕方五時出航の下関行きに乗りこむ。釜山で泊まることはしないのがふつうである。ただし、釜山に親戚がある場合、何往復かに一回は、「そこに泊まって遊んでくる」という者もいる。そういうケースの中には、「わたしには三つ家がある。一つはフェリーの船室。一つは下関の長屋。もう一つは釜山にある姉の家」という場合もあり、このポッタリの場合は、気が向いたら、釜山にしばらく居続けることもあるという。

翌朝八時三〇分、下関に到着すると、下関あるいは大阪方面のナカガイが港で待っており、彼らに品物を売る。また、「B地区」にある店に品物を売りに行ったり、さらにスナックなどに直接ウイスキーを持ち込んだりもする。韓国側のポッタリの中には、持ちこんだ野菜類（ほうれん草、まくわ瓜）やとうもろこし茶などを、下関市内の路上で売る者もいる。その場合、場所代として一カ月五千円をその土地の人に払っている。

下関に持ち込まれた品物がどのように流通するかの例として、最近の新聞報道の内容を紹介したい。二〇〇一年四月一四日付け『毎日新聞』によると、日本の輸入業者が関釜フェリーのポッタリを使って、年間百数十万本もの大量の韓国製焼酎を日本国内に持ちこんでいるという。

焼酎は、「『個人消費』名目で通関手続きがとられた後、業者らの手で全国に運ばれ、販売免許を持たない韓国系商店などで違法販売されている。税関当局も大量流入を認めているものの、『商業目的と断定できない』として、防止策は取られていない」。「不正に流入しているのは日本でも人気の真露（ジンロ）など数種類。一日一往復の関釜フェリーにポッタリさんが毎日一〇〇人以上乗船。それぞれが手荷物として三六〇ミリリットル瓶二〇本入りの段ボール箱を二箱ずつ持ち込んでいる。一日四千本としても、年間で軽く百万本を越える。下関税関支署などによると、ポッタリさんは『個人消費』と申告し、一般旅行客と同様、二二八〇ミリリットル以上について一リットル三〇〇円の簡易税率（段ボール一箱で三六三六円）で通関している。しかし、焼酎は通関後、下関市内の輸入業者らが手配したトラックなどに積み込まれ、全国のコリアタウンにある、酒類販売免許を持たない韓国系食品店などで正規品とほぼ同価格で販売されている」。「課税面では、流入焼酎にかかる簡易税率額と正規の輸入品に大差はない。しかし、不正流入の焼酎は正規品と異なり、通関や輸送の際の倉庫代などの経費や、問屋を介した流通コストが不用なため利益率はずっと高い。このため、一部の正規輸入業者と酒類販売免許を持つ全国の問屋一四店は昨年秋、『このままでは不正輸入品が主流になる』と、国税庁などに摘発を求める要望書を提出している」（『毎日新聞』二〇〇一年四月一四日）。

女の世界

ポッタリは、その大部分が女性によって行なわれている。市場における交易の担い手が、日本、韓国、中国に共通して女性であるということはしばしば指摘されているが、ポッタリの場合も、この構図がそのまま当てはまるものとなっている。網野善彦［一九九九］によれば、日本の中世、近世において、男性が不動産の管理をしたのに対し、女性のほうは、貨幣、動産を管理し、財産権を持っているという実態があった。また、さらにその動産を資本に女性が高利貸し、金融業者になっていくケースが紹介されている［網野 一九九九：五七］。さきに紹介した事例中にあった、ポッタリの女性がポッタリでの収入を元手に金融業者に成長していったケースは、こうした史実との類似を示しており、きわめて興味深い。

もっとも、朝鮮系住民の場合、儒教的な男女有別思想が、理念として深く浸透しており、それの現実的な表出結果として、「荒れるアボジ（父）、耐えるオモニ（母）」といった表現(14)に象徴されるような女性に対する強い抑圧的状況が存在してきたという事実がある［鄭暎恵・辛淑玉・曺誉戸・朴和美 二〇〇〇：八］。この現実を捨象して、女性の経済的自立を過度に強調することは避けなければならないが、抑圧的状況の中にありながらも、女性による自律的な活動領域としてポッタリの世界が形成されてきたことはここで確認しておく必要がある。

ポッタリの女性たちには、さまざまな個性があるが、オヤブンとよばれるリーダー的な人物の存在に注目しておきたい。オヤブンは、ポッタリのグループごとにほぼ一人ずついるといってよい。三〇年くらいのキャリアがある上に、機転がきいて弁が立ち、女たちを取りまとめるのがうまい者がオヤブンになることができる。オヤブンというのは、「黒いものも白といったら、白で通させる」くらいの迫力がなければつとまらないという。また、オヤブンが、ポッタリたちがつくる頼母子講の親になっていたりすることもある。

筆者は、あるオヤブンと同席したことがあるが、その印象は、赤松啓介［一九九一］が、第二次世界大戦前の大阪のスラム街に暮らす女性たちについて記述した文章に登場する「女傑」「女頭目」に非常に類似しているというものであった。

赤松によると、屑屋の女性の中には、「クズヤ→ボロヤ→カネヤ（古鉄）と資本を貯えて経営を拡大し、数年も巧妙に立ち回って相当の小金を貯め」た者があり、そうした女性は、その後、軒借りの回転焼屋から飲み屋、一膳めし屋へと商売を発展させていったが、その気性は「とても歯の立つ相手ではなかった」。そして、「田舎のムラムラ、場末の商店街、市場街、スラム街などにも、あんがい同じような型の女傑がおり、その周辺では女どもの意見をまとめたり、相互扶助的な活動もやって、女頭目としての役割を果たしている」［赤松 一九九一：二六八―二七〇］という。

そうした「女頭目」たちは、「いずれも世の中の生活では千軍万馬の闘士、精兵であるから、とてもなまなかの男どもでは相手になれない。その気性も激しいし、策略も使うし、きわめて非情なところもあって、それでこそ女の一派の首領として信頼され、無頼の男どもを畏服させることができたのだろう」［赤松 一九九一：三九七―三九八］という者たちであった。

赤松の描く「女頭目」とポッタリのオヤブンとは、時代も置かれた状況も異なるが、両者の間には驚くほどの共通性を見出せる。

マイナー・サブシステンスとしてのポッタリチャンサ

前述のように、現在、朝鮮系住民の間では、ポッタリは「儲からなくても」「楽しみとして」行なわれるのが一般的となっている。

ここで、この「楽しみ」の内実について、やや分析的に整理してみると、それは、①収益があった場合のその収益、②収益をめぐる儲かるか儲からないかのスリル感、③花札の賭博性に起因する興奮、④情報交換・語り、⑤踊りなどに伴う気分の高揚感、の五点を指摘できよう。こうした少なくとも五つの要素が、ポッタリという行為の中に含まれているからこそ、収益そのものの有無とは別に、ポッタリが行なわれているものと考えられる。

こうした「楽しみ」を伴う生業は、一種のマイナー・サブシステンス（minor subsistence）であるといえる。マイナー・サブシステンスとは、生業のあり方の一つのタイプをさす概念で、人類学者の松井健によって提唱されたものである。松井［二〇〇一：七七］は、マイナー・サブシステンスを、「主要な生業、すなわち、メイン・サブシステンス（main subsistence）ではありえないし、メイン・サブシステンスになりえない。周年の生計維持機構からみて、人びとの主要な生計のためにはそれほど役立つことがない」ものだとし、以下のような特徴をあげている。

①経済的意味は必ずしも大きくないが、ないわけではない。
②地域社会のすべての人たちがやるわけではないが、当のマイナー・サブシステンスの上手な人たちは、その共同体のなかで、一種の社会的威信をえることができる。
③マイナー・サブシステンスは、労働としてはけっこうきつく、かつ、通常の活動域の外、自然の奥へ入っておこなわれることが多い。
④時間的空間的に限定されたところでおこなわれている。
⑤道具や方法については技術的にはそれほど高度なものではないために、かえって、マイナー・サブシステンスをおこなう人の技法上の習熟が必要であり、これが、この活動のおもしろさや奥深さに関係する［松井　二〇〇一：七五］。

この場合、マイナー・サブシステンスは、副次的生業とは異なる点にも注意しなければならない。マイナー・サブシステンスは、「メイン・サブシステンスを補完する、第二次的に重要な、副次的なサブシステンス（subordinate subsistence）にもなりえない。メイン・サブシステンスが卓越しているときでも、メイン・サブシステンスが副次的なサブシステンス（複数でもよい）によって補完されているときでも、マイナー・サブシステンスは、その枠外にある」［松井　二〇〇一：七八］。

こうした松井のマイナー・サブシステンス論は、自然環境の中での生業を前提として論じられている。しかし、マイナー・サブシステンスの定義のうち、自然の中での生業を前提とした部分（たとえば、右にあげられた特徴のうちの③にある、「自然の奥へ入って」といった部分）を取り払う形で、定義の読み替えをするならば、朝鮮系住民による現行のポッタリは、マイナー・サブシステンスそのものであるといえるのである。

ところで、ポッタリをマイナー・サブシステンスとして位置付けた場合、マイナー・サブシステンスとしてポッタリが行なわれることの意味とは要するに何なのか、ということが問題になってくる。松井健は、自然環境中でのマイナー・サブシステンスについて、単なる「遊び」としての興奮や歓びのみならず、そこに、身体全体を通しての自然との直接的な関わりがあるところにこそ、それが行なわれる意味があると論じているが［松井一九九八：一六六―一七二］、ポッタリの場合には、次のようにいえるであろう。

すなわち、単なる収益にでもなければ、収益の有無や花札の賭博性が持つ興奮、歓びにでもなく、マイノリティとしてのポッタリたちによって時間、空間、情報、感情の共有がなされているところにマイナー・サブシステンスとしての意味がある。

ここにいうマイノリティとしてのポッタリとは、彼らが日本社会において朝鮮系住民としてさまざまな制約を抱える状況をふまえての謂である。その彼らが、ポッタリという一連の行為の中で、マイノリティ同士での時間と空間の共有をする。そして、そこにおいて情報交換が行なわれ、踊りなどによる感情表出がなされたりするのである。その場合、そこで交換される情報とは、マイノリティとしての彼らの生活戦術が盛り込まれたものであり、また、踊りなどに伴なう高揚した感情は、彼らのマイノリティとしての境遇の中から表出してくる性質のものとも考えられる。

こうした、マイノリティとしての時間、空間、情報、感情の共有があればこそ、ポッタリが行なわれているのであり、ポッタリのマイナー・サブシステンスとしての意味は、まさにここに見出せると考えられるのである。

結び ——文化的多様性の民俗学へ——

以上、下関をフィールドに朝鮮系住民の生活について記述・検討してきたが、こうした世界は、これまでの日本の民俗学では、まったく取り上げられてこなかった。「日本民俗学」が、「日本民族の文化的本質を究明する学問」などというように規定されてきているため(15)、朝鮮系住民は議論の遡上に上ってこなかったのである。しかし、近年の人文社会科学では、そもそも「民族」という概念が近代産のフィクションであることが明らかにされ、また、本質還元的に文化を捉えようとする姿勢そのものが批判されるようになっている。これは、「日本民俗学」の枠組み自体が再考を迫られているということに他ならない。このような状況下、朝鮮系住民の生活を民俗学の対象外だと決め付ける論理的な根拠はどこにもない。

これからの民俗学は、偏狭な「日本民俗学」という枠組みを脱ぎ捨てて、列島内外にさまざまな関係性を持って暮らしてきた多様な人々の存在を直視した民俗学［島村 二〇〇〇b、二〇〇一a］へとそのあり方を変えていかなければならないのである。

追記

本章は、文部科学省科学研究費補助金（奨励研究A）「語りの場とネットワークから見た在日コリアン社会の世間話に関する民俗学的研究」（研究代表者：島村恭則）による調査研究の成果にもとづいて作成された。また、調査にあたっては、下関の朝鮮系住民の皆さん、下関在住の地理学者　豊田滋氏（梅光女学院大学地域文化研究所）に多大なご指導とご協力を賜っている。明記して謝意を表する。

注

（1）韓国・朝鮮籍者は四三四一人で、市の人口二五九七九五人の一・七パーセントに相当する（一九九七年下関市統計）。これに日本籍朝鮮系住民やその子孫、「日本人」との婚姻によって生まれた子孫などを含めれば、相当な数の朝鮮系住民が下関には居住していることになる。

（2）以下、本節で提示する人口、世帯数、歴史的年代のうち、すでに行政文書等で公表されている基礎的、「客観的」データについては、煩雑さを避けるため個々の注を付さないが、それらのデータは次の資料に拠っている。

『統計しものせき（一九九七年版）』下関市、『下関市史・市制施行―終戦』下関市、一九九八年、『下関市史・終戦―現在』下関市、一九八九年。

（3）ただし、外延のさらに先に向かえば、別の集住地区にたどりつくことになる。たとえば、対岸の彦島にも集住地区が存在するし、山陽本線沿いの小月にも木屋川の河原に形成された集住地区がある。

（4）桜山小学校は「D地区」に隣接する場所に立地している。

（5）百衣博・早野覚「下関在住朝鮮人問題」『関門地方経済調査』第五輯、下関商業学校、刊行年次不明。一九三〇年代初頭の刊行と推測される。

（6）「チョッパリ」は、猪の足のことで、「日本人」を意味する蔑称である。「日本人」の履いていた足袋の形状が、猪の足に似て見えたことからいわれるようになったものとされる。

（7）文化人類学者の李善愛は、これとまったく同様の事例を紹介しつつ、恐怖イメージの拡大のメカニズムについてすでに次のように指摘している。敗戦後、闇で焼酎づくりを行なっていた宮崎市のA町の事例である。

「そもそもA町はよそ者の集まりであるため、よそ者に対する排除はしなかった。しかし、小奇麗な背広をきた人、知らない人がA町内をうろうろして帰って二、三日後にはすぐ税務署や警察官の手入れがあり、焼酎を隠している場所がばれることが一、二件あった。それからはよそ者に対して警戒するようになり、税務署の回し者として疑って追い出した。それが繰り返されることにより、A町は恐い、暴力的なところと一般に思われるようになった。」［李 二〇〇〇：七二］

（8）集住地区への居住が朝鮮系住民に限定されないことは、下関以外でも見られる。たとえば、京都の鴨川河原にある「0番地」と呼ばれる地域は、朝鮮系住民の集住地区として知られているが、「旧満州からの引揚者（日本人）が住み着いたのを皮切りに、当地区の不法占拠がはじまったらしい」とされる［リム 二〇〇一：二三五］。

（9）朴さんの常連客だった複数の朝鮮系住民からの聞き書きによる。なお、朴さんは、一九八二年一二月一七日放送のNHK特集「国境の船――関・釜フェリーの人々――」でも取り上げられている。一九八〇年代後半以降の朴さんの消息については、すべがなく、筆者は把握していない。

（10）ところで、アジール論は、一九八〇年代の社会史ブームの中で取り上げられ、半ば「おもしろいお話」として消費された感があるが、いまここでなぜアジールについて取り沙汰するのか。この点について一言言及しておくと、北朝鮮から脱出した亡命希望者が中国瀋陽の日本領事館に駆け込もうとして果たせなかった事件（二〇〇二年五月）がその予兆であるように、朝鮮半島情勢の動向と関わって、今後、難民・亡命者問題は日本社会が直面する大きなイシューの一つになると考えられる。その際、阿部謹也［一九九九：二二二］が看破しているように、難民問題とアジールとは密接な関係があり、今後、アジール論はきわめて現実的な問題関心となることが予測される。いまいちど、「お話」ではないアジール論に取り組む必要があり、そこでは、現実に存在しているアジールの凝視が課題となる。ここに、いまここでのアジール研究の必然性が存在するのである。

(11) 他に、福岡—釜山、大阪—ソウルなどでもポッタリが行なわれている。

(12) これに対して、韓国側のポッタリは「小遣い稼ぎや楽しみではなく、家族を養うためにやっている者が多い」といわれている。韓国側のポッタリは、一九八八年の海外旅行規制緩和後に行なわれるようになり、多くは中年以上の女性によるものだが、一九九七年のＩＭＦ危機以後、失業した中年男性によるポッタリも見られるようになっている。

(13) ポッタリが税関職員にチップを渡すことについては、岸本［一九九八］にも記述がある。

(14) 鄭暎恵・辛淑玉・曺誉戸・朴和美［二〇〇〇］における朴和美による表現。

(15) 「民俗学＝日本民族の本質の究明」という民俗学観の表明は、これまで多くの民俗学者によって行なわれてきたが、ここでは、ここ数年の間に刊行された著名な民俗学者による論文から引用しておこう。すなわち、赤田光男［一九九八：一一一—一一二］によれば、民俗学は、「日本、日本人、日本文化の本質を明らかにしなければなら」ず、また、「そうすることによってそこに階層、地域、時代を超えて普遍的要素が発見されるならば、その時こそ柳田の提示した常民の姿がより明確となるであろう」とのことである。

第7章 モーニングの都市民俗学

国立歴史民俗博物館在職中は、日本全国に出張することが多かった。この頃、集中的に行なっていた在日朝鮮系住民の調査のための出張はもちろんだが、それ以外にも、博物館のさまざまな業務などで日本各地を飛び回っていた。そうした日々の中で、あるとき、「モーニング」という「民俗」に出会った。モーニングとは、朝食を自宅でとらず、近所の喫茶店のモーニングサービスでとる習慣のことである。

わたしが、最初にモーニングに出会ったのは、出張先の大阪市内でたまたま入った喫茶店においてであった。朝、近隣住民が喫茶店にやってきて朝食をとり、客同士や店主・店員と世間話を交わしている光景を目にし、これは「都市民俗学」の格好の素材になると考えた。そして、少し調べてみると、モーニングの習慣は、西日本や中部地方の各地で広く行なわれていることがすぐにわかった。

そこでこの習慣に大いに興味を持ったわたしは、二〇〇〇年から二年間かけて、国内はもとより、東南アジアも含めて、朝食を外で食べる「民俗」についての調査を行なった。その成果をまとめた論文［島村 二〇一二c］を改稿したものが本章である。

1　問題の所在

民俗学では、いわゆる都市民俗学の領域で、都市に存在する生活空間について、その機能や意味を考察した研究を蓄積してきている。そこでは、団地アパートといった居住空間のみならず[1]、都市に存在する多様な空間が扱われている。

たとえば、風呂屋や床屋をとりあげて、コミュニティ空間としての機能やその変化を扱った研究［岩本 一九八三］、風呂屋のもつ擬似他界性について指摘した研究［岩本 一九八五］、路地裏や公園のもつ象徴論的意味を分析し、「異界との境界」としての性格を抽出した研究［高桑 一九八九］、通勤電車という空間を記号論的に解釈し、「私人から公人への心理的な変身を図るための結界の装置」としての意味を指摘した研究［岩本 一九八六〕、コンビニエンスストアを受容した住民の意識のあり方について民俗誌的に分析した研究〔森栗　一九九四、髙岡・村上　一九九七〕、市場・長屋・地蔵をめぐる都市コミュニティのあり方の変化を検討した研究〔森栗　一九九八〕などをその具体例としてあげることができる。

本章は、これらに加えて新たに喫茶店を研究対象にする。喫茶店とは、いうまでもなく、「コーヒーや紅茶を中心に各種飲料や軽食などを供する飲食店」〔神崎　一九九九〕のことであるが、民俗学の観点から観察を行なうと、そこには単なる飲食空間としての役割以上のものが存在していることを指摘可能である。これについて検討することは、都市における日常生活のあり方を考える上で、重要な知見をもたらすものと予測される。本章では、喫茶店、とりわけそこで行なわれる「モーニング」（朝食を、自宅ではなく、喫茶店のモーニングセット〈モーニングサービス〉でとる習慣）(2)に着目する。

2　事　例

以下、現時点までに筆者のフィールドワークで確認することができたモーニングの事例、および文献やインターネット上で見ることのできるモーニング関連の記述を提示する。事例は地理的に日本列島の東から西へ向かう形で提示する。

事例1　愛知県豊橋市

市内の喫茶店は、午前七時、遅くとも七時三〇分にはどこも開店する。開店と同時に客が入ってくる。開店前から店の前で待っている老人も多い。八時をすぎると客の数が一段と増える。開店から一一時までがモーニングタイムで、これは、コーヒー一杯の金額（三五〇円とか三七〇円）を出すだけで、トースト、サラダ、ゆで卵がサービスとして付けられるというものである。この時間にコーヒーを注文すると、必ず、店員から「モーニングはお付けしますか？」と聞かれる。もっとも、地元の常連客の場合は、席につくだけで、何も注文しなくてもこのモーニングサービスが出される（写真7-1、7-2）。

豊橋を含めた中京圏の喫茶店では、このモーニングサービスがさかんであり、客は店ごとのサービスの内容をよく吟味して店選びをすることも多い。そのため競争が激しくなっており、店によっては、トーストをサンドウィッチにしたり、ヨーグルトを付けたり、トースト、サラダ、ゆで卵に赤だしの味噌汁を付けたりと工夫がなされている。また、別料金で、「デラックスモーニング」（ホットドッグ、ベーコン、スクランブルエッグ、サラダ、ヨーグルトのセットで、五〇〇円）や「バイキングモーニング」（コーヒー、紅茶、ジュース各種、サンドウィッチ、サラダ各種、目玉焼き、スクランブルエッグ、フライドポテト、ウインナー、ベーコン、おかゆ、ピラフ、パスタなどからなり、四八〇円）が出されている店もある（写真7-3、7-4）。なお、モーニングタイムにコーヒーだけを注文する場合は、モーニングタイム外のコーヒーの値段よりも三〇円くらい値引きされた値段となり、この意味でもサービスがなされていることになる。

モーニングにやってくる客層は、老若男女さまざまである。一人で来ている客は、店に備え付けのスポーツ新聞を手にトーストを食べながら、店の主人や店員と世間話をしている。二人連れの場合は、夫婦であったり、近所の主婦同士であったりする。また、勤め先の同僚や近所の主婦、近所の商店主といった感じの人々が三人とか四、五人でテーブルを囲んでいる場合もある。平日の場合、これらの人々は決まった席に座ることが多い。ときどき常連以外の客が先に席を占めていたりすると、あとから来た常連はいつもとは違う席に座らざるを得なくなり、そうなると連鎖的に他の常連の「指定席」も狂ってくることになる。常連客は、レジの横にキープされたコーヒーチケットで支払いをすることになっており、店員は、モーニングサービスを客のテーブルに出すと同時にチケットを一枚切りとっている。したがって、客はレジで立ち止まることなく、席を立つとそのまままっすぐに店を出て行く。

常連客たちによると、「家では朝食をとらず、毎日、喫茶店のモーニングが朝食となっている。家でとらないのはこれが習慣だから。その理由をよく考えてみると、忙しいのでいちいち朝食のしたくをするのが面倒だから、近所の人や店の人と話をするのが楽しみだから、といったところになる」という。

土曜、日曜は、家族連れでモーニングにやってくる人が多い。この人々によると、「平日は家でお母さんが朝食の用意をするが、休みの日くらいは楽をしてもらいたい、ということで一家で喫茶店に行く。休みの日はお父さんが家にいるので、車で郊外の喫茶店に行きやすいというのも理由の一つである」という。家族連れの休日のモーニングは、昼食を兼ねた遅い朝食であることが多く、モーニングのあとは郊外型ショッピングセンターに立ち寄って一家で買い物というのがこの地域の休日の過ごし方の一つのパターンになっているともいわれている。

以上は、筆者のフィールドワークにもとづく記述であるが、インターネット上には、同地のモーニングについて紹介しているサイトも存在する。ある個人によって運営されている「聞いて驚け　見て笑え！　豊橋モーニング事情」というサイトでは、栃木県宇都宮市が「餃子の町」を名乗っているが、それならば豊橋市が「モーニングサービスの町」宣言をしてもこれに異を唱える人はいないであろうとし、以下のような記述がなされている。

「愛知県、中でも豊橋は喫茶店がやたらとたくさんあります。商店街はもちろんのこと、住宅街の裏通り、キャベツ畑地区の一角、『こんなところで大丈夫か？』と心配になるような立地の店も少なくありません」「平日午前九時半の喫茶店を覗いてみましょう。そこには外回りに出たはずの営業マン、お店を奥さんに任せて出てきた商店主、朝の家事が一段落した奥様のグループ、ゲートボール帰りのお年寄りで一杯です」「土日、祝日はもっとすごいです。一家揃ってやってきます。幼児からお年寄りまで三世代七人連れも、決して珍しい光景ではありません。お父さんはジャージにサンダル、就学前の子供はパジャマのままというのが正装とされています。皆、何しに来ているのか？　それはモーニングサービスを楽しみに来ているのです」「当地の場合は、トーストもゆで卵もサラダも、ときにはヤクルトもコーヒー代だけで出てくるのです」「地元民はモーニングサービスとかモーニングセットとか言わずに『モーニング』と略します」（www.toyo-ken.com/morningijo.htm. 二〇〇二年三月一日閲覧）。

ところで、豊橋市には、同地を日本におけるモーニング発祥の地とする説が存在している。二〇〇〇年四月六日付け『中日新聞』に掲載された「なるほど　フムフム　分かったゾ　あいち博士」という記事には、豊橋市民の間に、「モーニングサービスは豊橋から全国に広がったからね。市内では常識だよ」という語りが存在することが示され、それについて、「それは本当だと思いますよ。少なくとも業界ではそう言われています」と述べる愛知県喫茶環境衛生同業組合豊橋支部長の発言も紹介されている。同記事によれば、豊橋駅に近い松葉町の喫茶店「仔馬」が、一九六三年に開店してから一、二年後にモーニングサービスを開始し、ここから豊橋市内、愛知県内、全国へと広まって行ったといわれているという。そして、モーニングサービスを開始した当時の店主の妻による「駅前の店なので、出勤前のお客さまが多かったのですが、何かおなかの足しになるものが欲しい、と要望がありました。それでトーストを出したのがきっかけでした」という発言も取り上げられている。また、その発祥の理由については、前出の支部長による「農業が盛んで、新鮮な野菜や果物が手に入りやすいことも理由の一つじゃないかな」とする意見を紹介している。

モーニング豊橋発祥説は、別のところでも取り上げられている。豊橋市が刊行した『豊橋市中核市移行記念誌』［豊橋市役所企画部企画課　一九九九］には、「モーニングサービス、豊橋が発祥であることを知る人は少ない。もう四〇年近くも前、豊橋のある喫茶店での試みが全国に広がったのです。その喫茶店でも当時のことを覚えている人はいなくなってしまいましたが、豊橋は農産物が豊富でしかも安く手に入るということもあり、朝のゆったりした時間にサービスで提供したのが好評を博し、以後他の店、他都市にも広がり現在に至っているとか」という記載がある。

この豊橋発祥説は、筆者による豊橋市でのフィールドワークでもしばしば耳にすることができたが、店名を特定する発言には出会わなかった。そして、「仔馬」の開店以前から店を開いているという松葉町のある喫茶店の主人によれば、『『仔馬』さんがルーツだという話は聞いたことはあるが、うちの店は『仔馬』さんが開店する前からモーニングサービスをやっており、それは、その当時、喫茶店でモーニングサービスを出すということは、もうよその街でも行なわれていたからだった。よそで

写真 7-2　豊橋市内の喫茶店
出所）2001年，筆者撮影．

写真 7-1　豊橋市内の喫茶店
出所）2001年，筆者撮影．

写真 7-4　バイキングモーニング
出所）2001年，豊橋市，筆者撮影．

写真 7-3　モーニング・セットの一例
出所）2001年，豊橋市，筆者撮影．

もやっているからうちもやったのだが、どこがルーツかといわれてもそのようなことはわからない。『仔馬』さんがルーツだというのは、あの店は規模が大きくて、市内でも有名だからではないか」と述べている。モーニングサービスの発祥については、後出のように、他の都市とする言説も存在しており、特定の起源を一元的に設定することは難しいといえよう。むしろ、同時期に複数の場所で発生が見られたと考えるべきであるが、この点については後述する。

事例2　愛知県名古屋市

名古屋でもモーニングは行なわれており、名古屋の生活文化の特徴について取り上げた『摩訶不思議シティ名古屋の本』には、「ここまで進んでいる⁉　喫茶店好きの名古屋人」として次のような記述がある。

　はじめて名古屋へ来た人が、まず驚くのは、喫茶店の数がやたら多いということだろう。駅周辺や繁華街はもちろんのこと、なんでもない閑静な住宅街や郊外にまで点在しているのである（中略）。店内の様子は、東京などの喫茶店とさして変わりはない。平日の午後であれば、仕事の合間に居眠りをしている営業マンや、打ち合わせをするビジネスマンの姿が見られる。ただ、これが朝ともなると様相が一変する。

　一見、瀟洒でオシャレだなと思える店でも、なかに入ってみると、一瞬、敬老クラブにでも来たのかと思えるほど、お年寄りで賑わっているのである。名古屋のお年寄りは、とにかく喫茶店が大好きだ。ゲートボールでひと汗流した老人たちや、病院帰りのお年寄りたちで、喫茶店はごった返しているのである。

　さらにこれが休日の朝ともなると、また趣が違ってくる。今度はファミリーが主流を占め、家族で朝食をとっている光景が一般的となる。だが、よく注意してみると、パジャマ姿やスウェットスーツ姿（たいていは着古したジャージの上下）のお父さんもいたりするのである。こうした傾向は郊外にいくほど顕著になる。そこには東京その他の地域では、考えられない光景が繰り広げられているのである［中澤　二〇〇〇：四三―四四］。

（名古屋の喫茶店は――引用者注）ほとんどが駐車場付きなので、ドライブがてら車で行けるのだ。気に入ったお店があれば、少しくらい遠くても平気でいきつけの店にしてしまうのも名古屋人だ。なにせ車という便利な足があるのだから、少々の距離は全く気にならないのである［中澤　二〇〇〇：一五二］。

また、ホームページ上でも、「尾張喫茶店事情」というページを公開している個人があり、そこでは「尾張地方の人は、喫茶店が大好きです。私は、この地方に住む前は喫茶店は若者が行くところだと思っていました。でもここでは違います。この地方では、喫茶店は老若男女すべての世代が頻繁に行くところとして存在しています。若者がデートのついでにちょいと寄る場所ではなく、近所のおじちゃんおばちゃんが通うのを日常の習慣とし、ローカルなコミュニケーションの仲立ちをする場所として存在しているのです」（www.i-chubun.ne.jp/emi/futagono/kissaten.html. 二〇〇二年三月一日閲覧）という記述がなされている。

事例3　三重県桑名市

三重県桑名市でもモーニングがさかんである。以下は、同市に暮らすある家族の事例である。この家族は、毎週日曜日の朝は家族全員で近所の喫茶店に朝食をとりに行くことが多い。これは祖母が亡くなってから行なうようになった習慣である。前日に、明日の朝は外で食べるよ、と母が言い、家族はそれにしたがって起きることになっている。喫茶店ではおのおのモーニングサービスを食べる。家族が一同に集まるのはこの日曜の朝食くらいである。家族で話もするが、父は新聞を読んでいたりするし、みんなも適当に会話をするくらいであって、あらたまってどうこうというわけではない。この朝食が終わると、みなおのおのどこかへ出かけて行ったりするのであり、夕食はばらばらに食べることも少なくない。日曜に朝食を喫茶店でとるのは、日曜くらいは母を楽にさせてあげたいからであるという。

事例4　東大阪市

大阪でもモーニングが非常にさかんである。たとえば、東大阪市衣摺は、文化住宅と町工場が建ち並ぶ下町といえる地域だが、このあたりでは一九六四年ころからモーニングが行なわれているという。たとえば、ある一家の場合、午前七時三〇分ころ、父親が子供を連れて近所の喫茶店に行き、モーニングをとる。食べ終わると、父親は工場へ、子供は学校へ行く。その後、九時ごろ、母親が喫茶店にやって来て近所の奥さん同士でモーニングとなる。井戸端会議そのものの会話を楽しむ。こうした光景は、このあたりではごくふつうに見られるものである。ただし、「パパがうるさい家は、奥さんはモーニングには行けない。家族全員の朝食を奥さんがつくり、自宅で全員で食べている」というケースもある。とはいえ、そのような家でも、日曜日には家族全員でモーニングに行くことが多い。理由は、「日曜日の朝くらいはお母さんに楽をさせたいから」といったものである。

事例5　大阪市東淀川区

東淀川区のうち、下町的な雰囲気のある地域では、早朝、六時から開店している喫茶店があり、この時間からすでにモーニングが行なわれている。この地域は建設や建築の現場で働く人々が多く、朝の早い町である。なぜ朝早いかというと、彼らは道具を積んだワゴン車などで現場に向かうが、朝の通勤時間帯の渋滞に巻き込まれると遅刻してしまう。そこで早朝のうちに現場に向かうのだが、出発前に近所の喫茶店でモーニングをとる。したがってこの地域の喫茶店は、朝六時から開店しているのである。味噌汁とご飯とコーヒーをセットにしたボリュームのあるメニューを用意している店もある。

また、この地域は戦前から現在に至るまで朝鮮半島出身者やその子孫たち（在日朝鮮系住民）が多く暮らす土地柄でもある。こうした人々のうちの一世の老人たちも、この早朝モーニングの常連である。早起きの彼らは、朝六時の開店前から店の前にやって来て、早く開けろとドアをたたいたりすることもある。彼らにとってモーニングは特別な場所である。それは、ここでは故郷の言葉である朝鮮語で友人たちと気がねなく会話することができるからである。一世はみな高齢で、ともに生きてきた仲間もどんどん亡くなっている。独居老人も多い。また、家族があっても、家庭の中では子供も孫も日本語が母語となっており、朝鮮語だけでは会話が成り立たない。そのため、故郷の言葉で話しあえる仲間を求めて喫茶店通いになるのである。

事例6　大阪市生野区

大阪市生野区は、地場産業であるケミカルシューズ製造やかばん縫製などの零細工場とそこを仕事の場とする人々が暮らす長屋がひしめきあった下町である。生野区には喫茶店が街のそこここに点在している。路地の曲がり角、長屋の一角などに小さな喫茶店が、お好み焼き屋などとともに店を出している。その多くは近隣の常連客だけを相手にして成り立っている店である。

午前八時ころになると、近所の人々が次から次へと店にやってくる。男性も女性もおり、年齢層も二〇代から七〇代くらいまでと幅広い。毎日やってくる人もいれば、週のうちに何日かとか、日曜日だけ、という人などさまざまである。一人で来る人もいれば、夫婦で来る人もいる。いずれも皆、近所の顔なじみである。

店ではモーニングを注文し、コーヒーだけを頼む人は皆無である。テーブルにつくと、近所の人が声をかけてくる。同じテーブルに座ることも多い。会話は店に入ってきたときからはじまっている。その内容は、工場の景気の話、野球の話、親戚や近所の人の噂、互いの子供や孫の話、病院や健康の話、などである。いつも顔をあわせる間柄であるので、話は断片的でも十分通じている。新聞を広げながらときどき会話に口をはさむという人もいる。

モーニングを食べ終わり、しばらく話を続けると店を出て行く。一人の滞在時間は、仕事を抱えている人は一五分から二〇分。老人の場合はもう少し長い。一人が出て行くと、こんどは別の人が入ってくるというように客の回転があり、だいたい九時三十分ころまでこのような状態がつづく。

この地域の人々の生活は、近年はそれほどでもないが、一〇年ほど前まではきわめて多忙であった。ヘップサンダルやかばん縫製などの家内工場で働いている人の場合、最盛期には朝の七時から夜中の一時、二時まで働いても仕事が終わらないこともあった。また、出来高払いのため、それくらい無理をしてでも仕事をこなそうとしたのである。そこで人々は家で朝食を準備する時間も惜しんで働いた。モーニング発達の理由の一つはここにある。また、モーニングに限らず、昼・夕食を外食ですますことも珍しくない。あらかじめ行きつけの店に電話をして料理をつくっておいてもらい、店に入るとすぐに食べられるようにすることもあるという。因みに、生野区では、お好み焼き屋のメニューが多様化して発達しているが、これは、人々が夕食にお好み焼きを外食することが多いため、多くの店が出来、競争が激しくなったことの反映であるといわれている。

なお、生野区は日本有数の在日朝鮮系住民の集住地域であり（韓国・朝鮮籍者だけでも生野区の全人口の二五パーセントを占めている。これに日本への「帰化」をした人々などを加えればさらに多くの在日朝鮮系住民が暮らしていることになる）、モーニングにやってくる人の中にも在日朝鮮系住民は多い。昔から共にくらしてきた近所の「日本人」と同席してモーニングを行なうことはもちろんだが、場合によっては、在日朝鮮系住民だけでテーブルを囲んでいるケースもある。在日朝鮮系住民だけの場合には、子供達を同胞同士で結婚させるための見合い情報が交換されたり、あるいは新しく密航してきた者の情報などがささやかれることもある。また、一世の老人やニューカマーの人々が会話の輪の中に混ざっている場合には、「朝鮮語と日本語のチャンポン」で会話がなされる。こういったところに在日朝鮮系住民のモーニングの特徴がある。

事例7　大阪市西区

大阪市西区の九条駅周辺も、下町に相当する地域である。駅前の商店街をぬけると、中小企業のビルや町工場が建ち並ぶようになる。また商店街の裏側へ路地を入ると、そこには長屋が密集している。この地域の喫茶店は、商店街の中にある喫茶店と、中小企業・町工場エリアの入り口付近にある喫茶店とに大別できる。前者の客の多くは、商店主やその家族、長屋の住民である。後者の客は、よそからそこに通勤してきている人々であることが多い。

以下は、前者のタイプの喫茶店を営む人物の語りである。

「店は七時三〇分に開店する。一〇時までがモーニングの時間である。この間に来店する客は毎朝約三〇人で、大半が常連である。客層は近所の商店主や奥さん連中が多いが、中には近くの会社に通勤してくるサラリーマンもいる。休日になると、商店主や奥さん連中の数はもっと増える。休日だけモーニングをとるという人がいるからだ。モーニングに来る人たちは、朝食を家でとらない。子供のいる家では、子供にだけトーストなどを食べさせ、弁当を持たせて学校に行かせると、母親のほうは喫茶店にやって来る。朝食にたくさんの量はいらず、コーヒーにパンと卵があればそれだけでいいという人にはモーニングの量はちょうどよい。また、男たちも近所の商店主同士としていろいろな話をしている。町のあり方や選挙の話になるときもある。商店街の将来も当然、話題になる。また、店にくる近所の仲間とよそから通勤してくるサラリーマンとが意気投合して忘年会や新年会をやることもある。そういうときは、店としても寄付をしたりして応援するようにしている」。

なお、この西区や事例6の生野区などの喫茶店では、春や秋には、店の入り口の自動ドアのスイッチを切り、ドアを開けたままにしていることがふつうである。これについては、店主たちにより、「下町の喫茶店は町の井戸端会議の場所であり、閉めきってしまうと、人が気軽に入って来れなくなってしまい、井戸端会議が成立しにくくなる。ドアを開放しているのは、冷暖房の不要な春と秋だけだが、本当は冬も夏もそうしたいところだ。春・秋の開放状態のほうがふつうで、冬・夏はやむを得ずにドアを閉めているのだ」などと説明されている。

事例8　尼崎市

尼崎市の阪神杭瀬駅周辺は、商店街の裏に長屋や文化住宅が建ち並ぶ下町的雰囲気の濃厚な土地柄である。このあたりの長屋の軒先には植木や盆栽が所狭しと並べられていて、住民は毎日の水遣りを欠かさない。そこへ顔なじみの人が通りかかると、二時間くらいおしゃべりが続くこともしばしばである。商店街に買い物に行けば、何人もの人から「あら、きょうは何のご馳走?」と声をかけられる。子育ても、自分の家で育てているのか、近所のおばちゃんたちに育ててもらっているのかわからないような暮らしの町である。ここに住む七〇代のある女性におけるモーニングのある暮らしは、次のようなものである。

この女性は一人暮らしで、不動産屋を経営している。朝食は毎日喫茶店でとる。モーニングのことは、まさにモーニングという名称で呼んでおり、たとえば、「モーニング行こうや」「毎朝モーニングに来とる〇〇さん」というように使う。近所に喫茶店は一〇軒ほどあるが、彼女が行くのはそのうちの三軒で、とくに亜米利館（アメリカン）という店が気に入っている。「亜米利館が一番好きやわ。ママさんとも仲良しやし」。ただし、亜米利館は土曜、日曜が定休日なので、その日は別の店に行く。亜米利館は、今福の商店街から路地を入った一角にある。

彼女がモーニングに通っているのは、今から二〇年前、夫が亡くなり一人暮らしをはじめたときからである。一人でもくもくと食べていてもおいしくないから、というのが理由である。また、彼女は朝食のみならず、昼食、夕食も外食をすることが多い。外食をしないときは、最近近所にできたコンビニエンスストアでおにぎりなどを購入している。外食は、昼食はお好み焼き屋やうどん屋、夕食は居酒屋で湯豆腐とビールである。野菜などを買ってきて自宅で食事をつくっても、一人だと多すぎて食べきれず、材料も使いきれない。不経済なので三食とも外食にしているという。

亜米利館の主人（「ママ」）は、「芦屋出身のお嬢様」で、店は二〇年前から生活のためというよりは趣味のつもりではじめたという。阪神タイガースの大ファンで、店内には阪神の選手の色紙やメガホン、ぬいぐるみが飾ってある。

亜米利館にやってくるのは、近所の主婦の他、六十代以上の老人も多い。最高齢は九十歳だという。この人達は、「みな年金で暮らしている人ばっかり」で、「いろんな苦しみ、悲しみ、喜びを乗り越えて優雅な気持ちでおる人たち」である。

彼女は、八時半ころから一時間ほどこの店で過ごす。コーヒー、トースト、ゆで卵、サラダで四〇〇円のモーニングをとりながら、ママや常連客たちとおしゃべりをするのである。話の内容は、阪神タイガースのことや他のスポーツのこと、孫や夫や自分の自慢話、テレビ番組の話題が多い。また、他人の悪口をいうこともあるし、客同士のいがみ合いもある。彼女は、「ええ人がたくさんおるよ。でも、そんな人ばっかりやなくて、失礼な人、わがままやうぬぼれ屋もいっぱいおるわ。いろんな人間がおって、いろんな人間模様があるんよ」と語る(3)。

事例9　神戸市長田区

神戸市長田区には、一九九五年の阪神・淡路大震災によって昔の街並みが消えてしまうまで、ケミカルシューズ産業の零細工場と長屋からなる典型的な下町といえる地域が広がっていた。震災後、復興まちづくりが行なわれて今日に至っている。一九九八年一月、震災復興の一環として、長田区真野地区に市営のコレクティブ住宅「真野ふれあい住宅」が誕生した。

このふれあい住宅について記述している森栗茂一によると、「コレクティブ住宅というのは、独立した各世帯向けの住居と、入居者全員で使える台所、食堂、談話室などの共同スペースをそなえた集合住宅のこと」で、「『真野ふれあい住宅』は三階建て、二九戸の市営住宅で、ドアを閉めると自分の家で一人になれるが、扉を開けると路地のような鉢植えのある広い廊下や、隣と続いたバルコニーがある。共有のリビングに出るとみんなに会え、共有の台所で料理をして、大家族のようにみんなで食事ができる。子どものいる家族も、単身者も、若い世帯も、高齢者も、共に住むふれあい住宅」［森栗　一九九八：六三］だというものである。

この真野ふれあい住宅では、共有リビングにおいて、「モーニング喫茶」が実施されている。一カ月に二日程度で、事前にふれあい住宅の掲示板や近所の電柱などに案内のポスターが張り出される。当日は、ボランティアがやってきて、ふれあい住宅の住民とともに準備をし、朝八時からモーニングである。コーヒー一杯一〇〇円で、参加できるのは、ふれあい住宅の住民と、近隣の浜添二丁目、三丁目の住民ということになっている。ふれあい住宅の住民同士や、近隣の住民との間でのまさにふれあいを、モーニングという場を使って行なおうとする試みである。

なお、こうした発想が生まれてくる土壌として、同地における濃厚なモーニング文化の存在があることはいうまでもない。長田区でも喫茶店モーニングはたいへん盛んに行なわれてきたのである。震災前の同区におけるある高齢者の日常生活をとりあげた森栗茂一の記述に、モーニングが登場する。それは、

朝は喫茶店でモーニングセット。小一時間かけて、スポ

ーツ新聞を丹念に読み、銀髪の小意気なマスターと阪神タイガースの悪口を言い合う。ついで十時前から、病院の診察室前のいすに並んで友達と愚痴を口にする。診察の時、看護婦さんの手を握り返して、ふっと心が熱くなる。

帰りに市場へ向かう。魚屋の前で立ち話をして、豆腐屋で昼のおかずのごま豆腐を買い求め、肉屋で夜の焼き豚を百グラム、「ちょっとだけ、切っといて」と注文する。肉屋は面倒がらず、「夏ははよう食べなあかんで」といって、包みを渡す……。

市場での物を介した交流と会話が、高齢者の一日にアクセントをつけている。

そして自宅に戻って、テレビの時代劇を見ながらごま豆腐を食べる。風呂屋の前に並ぶ。たこ焼き屋で生ビールを一杯ひっかける。夕方、焼き豚で簡単な食事を取る［森栗一九九八：四六―四七］。

というものであり、モーニングが一日の生活のリズムの中に確固たる位置を占めていることがよくわかる。こうした震災前の実態をふまえて考えると、コレクティブ住宅における「モーニング喫茶」とは、この地域の高齢者たちに根付いてきた暮らし方の復興をめざして行なわれているものに他ならないといえるであろう。(4)

事例10　神戸市灘区

復興住宅において、とりわけ老人を主たる対象として行なわれる「喫茶店」は、他の復興住宅においても見られる。たとえば、神戸市灘区新在家にある復興住宅では、集会所を使って「コミュニティ茶店・新在家南三号棟」が開店されている。この復興住宅は、阪神電鉄新在家駅の南側につくられた六五八戸からなる趣物で、神戸市、兵庫県、公団の三つの運営主体が、それぞれ建物を建てたものである。陸の孤島のような場所にあり、団地内には日常利便施設は皆無であり、買い物なども近くの国道を越えたところまで行かなければならないというロケーションにある。

「コミュニティ茶店」は、二〇〇一年一一月一六日から一二月一四日の間の月曜、水曜、金曜に開かれたもので、今後は、毎日開店をめざしたいとしている（同事業実施計画書）。開店時間は一〇時三〇分から一五時三〇分。コーヒー、紅茶、ミルクなど飲み物を主に、クッキー、パンなども用意され、値段は一律一〇〇円である。コミュニティ茶店を運営する「復興住宅・コミュニティ応援団」による事業計画書によれば、「現在、復興公営住宅では新しい住宅に移り住んだ後、新しい環境に馴染めないで、隣人や地域とのつながりをもてずに、住宅に閉じこもってしまっている高齢者を中心とする居住者が少なくありません。また、健全な食生活ができないで、日中からお酒を飲んだりしている人もいます。このような人達が、隣人や近隣とのふれあいをもち、安心して、健康な暮らしが維持できるようなきっかけをつくることが、緊急の課題です。一方、近隣とふれあって何かをしたい、生きがいを見つけたいと思っている意欲のある居住者たちに対しては、その場がないということも、課題の一つです」とあり、こうした課題への取り組みの一つとして、コミュニティ茶店が企画されたのだという。コミュニティ茶店の開店は、一〇時三〇分であり、モーニングそのものではないが、これはボランティアなどスタッフの都合でこのようになったとのことであり、意図するところは真野ふれあい住宅のモーニング喫茶と同様のものと考えてよいであろう。

事例11　愛媛県松山市

松山市の市街地でもモーニングはさかんである。早朝からやってくる老夫婦、六〇代くらいの近所の女性たちが嫁の悪口も含めた世間話に花を咲かせる姿、別のテーブルでは、もう少し年齢層の若い主婦たちが人の噂や姑の悪口らしき会話をしている様子など、あちこちの喫茶店で目にすることができる。

松山にもモーニング発祥説が存在する。『ビジネスえひめ』（SPC出版）に掲載されたインタビュー記事によると、モーニングサービスは、一九六五年に松山市三番町に「喫茶モミの木」をオープンし、その後、喫茶店やレストランなどを多角的に経営した社長の発案によるものという。社長の加藤智子氏は、インタビューに答えて、「昭和四十一年ころサラリーマンの朝食抜きが多いという新聞記事を見て、トーストと卵を付けたモーニングサービスを始めました。コーヒー八〇円にほとんど原価の二〇円をプラスした一〇〇円でした。これも大当たりし、四、五年経ってから東京や大阪など全国でも行われるようになりました」と述べている。モーニング「モミの木」発祥説は、これまで数回、テレビでもとりあげられたことがあり、松山市内ではこの話は多くの人が知っているとされている。

事例12　高知県高知市・須崎市・中村市（現四万十市）

高知県内の都市部でも、モーニングはさかんに行なわれている。筆者は、高知市史編纂委員として高知市内に滞在することが多かったが、その間、あちこちの喫茶店でモーニングの光景を確認している。また、須崎市や中村市（現四万十市）の喫茶店でも、モーニングが行なわれているのを目にしている。

事例13　広島市中区

広島市内の喫茶店でも習慣としてのモーニングが行なわれている。その中で、中区大手町の鷹野橋商店街にある「ルーエぶらじる」（写真7-5）は、一九五六年の段階で「モーニングサービス」が提供されていたことを当時撮影された写真[5]によって確認できる店である。同店は、一九五二年、「ぶらじる」の名で創業した。モーニングサービスは、創業者の末広武次氏（一九一九年生まれ）が一九五〇年代に考案したもので、コーヒー、マーガリンを塗ったトーストの上に目玉焼きをのせたものからなり、コーヒー五〇円に一〇円を加えただけの六〇円で提供した（写真7-6）。当時は、コーヒーもパンも珍しく、また卵も貴重だ

写真 7-5　広島市「ルーエぶらじる」
出所）2008年，筆者撮影．

写真 7-6　広島市「ルーエぶらじる」のモーニングセット（写真は現在のもの）
出所）2008年，筆者撮影．

ったので、このメニューは、「夢の三点セット」と呼ばれていた。これが大当たりし、毎朝、何百セットも注文があったという。「ぶらじる」では、クーラーやテレビもいち早く店内に設置し、ハイカラな店として名が通っていたが、モーニングサービスも他所にはない新たな試みとして大いに人気を博した。(6)評判を聞きつけた週刊誌が取材に来て、記事になったこともある。

事例14　山口県下関市

山口県下関市の在日朝鮮系住民集住地区（第6章参照）では、朝八時三〇分を過ぎると、長屋に暮らす中年以上の女性たちが、気の合った仲間同士、持ちまわりで仲間のうちの一人の家に集まり、そこでインスタントコーヒーと食パンの朝食をとるが、ここでは、このことを「モーニング」と称している。モーニングサービスのある喫茶店だけではなく、個人の家を会場にしたものについてもモーニングという言い方がされているわけである。八時三〇分に集まるのは、それまではＮＨＫの連続ドラマがあり、みなそれを見てからモーニングにやってくるためである。話題は、喫茶店でのモーニングと同様のものであるが、下関の場合、ポッタリチャンサといって、韓国釜山と下関との間の担ぎ屋（行商）を行なっている女性が多く、この人々が、韓国で仕入れて来た話（どこそこの占い師はよく当たるとか、釜山に在日朝鮮系住民との再婚を望んでいる女性がいるとかいった内容）を語ることが多いのが特徴である。

九時三〇分から一〇時ころになると解散で、このあとは、ある人はパチンコ屋へ、ある人は病院へ、とそれぞれ自分の行くべきところへ出かけてゆく。

以上は、日本列島内の事例であったが、モーニングに相当する習慣は、日本国外にも存在する。

事例15　香　港

香港の人々は、一般的に朝食を外食することが多いといわれている。実際、香港の街を歩いてみると、早朝、六時ころから屋台や食堂が開いており、客がおかゆを食べたり、飲茶（茶を飲みつつ、二、三点の点心〈軽いおかず〉を食べること。中国広東地方の食習慣とされる）をとっている姿を目にすることができる。香港生まれ香港育ちの筆者の知人は、「香港では家で朝食をとる人はほとんどいない。夫婦共働きが多い香港では、妻が朝食をつくる時間がないため、皆、家や職場の近くの食堂や屋台で朝食をとる。一人で行く人もいれば、家族や同僚と食べる人もいる。出勤途中のような忙しい人は、大急ぎで食べてすぐに席を立つが、時間にゆとりのある人はそこでおしゃべりに興じることも多い」と述べている。

香港の飲茶について取り上げた永倉百合子は、本来、飲茶は早朝の習慣であり、それが「どんどん延長され、今では飲茶タイムは昼下がりまで及んでいる。」「毎日朝から賑わう飲茶だが、日曜祭日の朝はとりわけ活気に満ちた光景を見ることができる。休みの朝だからまだ混んでいないだろう、と思って行ってみると、すでに大半のテーブルは先着の人達に占有されている。大きなテーブルにおばあさん一人がポツンと座っていたとしても、それは一家のための場所取りなのだ。早起きの老人が一足先にきて、まもなくやって来る子供や孫のために席を確保しているのだ。ここは空いているなどと思ってそのテーブルに近づこうものなら、私達は『ここは、もういるよ』ときっぱり告げられるに違いない。人気のある酒楼だと休みの日の朝の席取りはかなり大変だ。」「酒楼の入り口にはたいてい新聞や雑誌を売る露店がある。そこで買って来た、多量の広告面をもつぶ厚い新聞をパラパラめくる人がいる。食べる前にもう一度店のそなえつけのポットのお湯で小皿や碗を洗っている人もいる。そしてまわりをせわしく動きまわるワゴンから自分の好きな物を選び、それを食べつつ、話したいことを話し、片づけるべき用事を片づけ、満腹になったらこのにぎやかな場所を後にする」といった記述を行なっている［永倉 二〇〇二：四八―四九］。

朝食としての飲茶の外食は、香港に限らず、広東地方の一般的な習慣のようである。賈蕙萱によれば、「広東の人は、朝は家でごはんを食べないで、『吃早茶《チーツァオチャー》』といって、朝食は外で」［賈・石毛 二〇〇〇：二〇六］とる。また、朝食を外食する習慣は、広東以外の中国各地にも存在するようで、各地からの詳細な事例収集は今後の課題とせざるをえないが、たとえば、湖北省の武漢市では、朝食を家で食べる人はほとんどおらず、皆、近所の食堂でとる。家族一緒の場合もあれば、出勤の時間にあわせて、夫と妻が別々の時間に食堂に行き、子供は学校の時間にあわせて、夫か妻のどちらかに連れられて食堂に行くといったケースもある。外食するのは、夫婦共働きがふつうのため、夫婦ともに家で朝食を準備する時間がないからである。自炊をするのは、外食のお金を用意できない貧しい老人くらいであるという（武漢大学の王宣琦教授の教示による）。

事例16　ベトナム

ベトナムでは多くの人が朝食を外でとっている。筆者は、ホーチミン市とハノイ市の市街地を歩いたことがあるが、そのときも、早朝五時ころから、路上の屋台、露店でフォー（米でできたうどん）を朝食としてとる大勢の人びとを実見している（写真7-7、7-8）。現地の人たちに尋ねてみると、「自宅で調理して朝食をとるのは、奥さんが外で働かなくてよかったり、メイドさんをやとっている政府の高官の家や富裕層だけで、庶民は皆、家の外で食べている」という説明を聞くことができた。

社会心理学者で、ハノイに滞在して当地の路地の暮らしを調査した伊藤哲司もベトナムの外食式朝食に注目しており、次のように記している。

> 朝食を家で作る習慣のあまりないハノイの人々は、路地に面した店で、フォー（ベトナムうどん）やソイ（蒸した餅米）などを食べることが多い。人気のあるフォー屋では、席がすっかり埋まっていて、回転も速い。プラスチック製の小さなテーブルに小さな椅子。路地に面した店先で、おばさんが忙しくフォー・ガー（鶏肉入りうどん）やフォー・ボー（牛肉入りうどん）を作り、おじさんや娘さんたちが、忙しくそれを各々のテーブルに運んだりしている。ハノイの学校は二部制が基本で、朝の部は午前七時から始まる

写真7-7　ベトナムの屋台朝食風景

出所）2002年，ホーチミン，筆者撮影．

写真7-8　ベトナムの屋台朝食風景

出所）2002年，ハノイ，筆者撮影．

から、早くから学生たちや子どもたちの姿も見かける（中略）。身なりの整った大人の姿も多い。食べ終わると急いで日本製のバイクにまたがり、職場に向かう人もいる［伊藤 二〇〇一：八］。

また、商社マンとして現地に滞在していた人物によるエッセーでも、

朝、ベトナム人のほとんどの家では料理はしない。朝食は外食。ハノイのフォーガー（鳥肉入り米うどん）から始まって、雑炊、ご飯、饅頭、その他。家の中で料理するのは夕食だけだ。

「毎朝、家族で朝食を外で食べるとなると、家計は大変だな」と、ベトナム人の友人に尋ねると、

「朝食の費用は結構かかりますよ。前はすごく安かったんですが、最近は朝食といっても馬鹿にできない金額です。家で作る方が安いに決まっていますがね、家ではちょっと……」

彼も奥さんの労働を増やすことが難しいと言っているのだろう。朝食は外で食べることになっている。家の中で調理をすると、調理用の練炭に火を点けることになって、家の中が暑くなる（中略）。

五時半に朝食を食べる人がたくさんいるということは、四時半ころから無数の朝食屋さんが活動を開始する。ありとあらゆる路上商店が、五時には移動を開始する［樋口 一九九九：一二三］。

というレポートがなされている。

事例17　プノンペン

ベトナムの隣国カンボジアの都市にも、朝食を外食する習慣がある。以下は、石毛直道とケネス・ラドルによるレポートである。

他の東南アジアの都市民とおなじように、もともとプノンペン市民は、忙しい朝は外食ですますことがおおかった。出勤前に近くの店に立寄り、肉や魚入りの粥か、コメでつくったウドンを一杯すすりこむのが、勤め人の朝食であった。インフレとはいえ、露店でのこのような民衆の食事は、手のとどかない金額ではないようだし、ガスや電気の供給がままならないのでは家庭で朝食の準備をするのもたいへんだし、ということで、早朝から露店の食べもの屋はにぎわっている［石毛・ラドル 一九九二：一二〇］。

事例18　バンコク

タイのバンコクでは、朝食に限らず、すべての食事を外食ですます人々が少なくないという。中には台所を持たない家もあるという。以下、森枝卓士によるレポートを引用してみよう。

（朝食は——引用者注）屋台や食べ物屋で食べてすますか、

あるいはお惣菜もご飯も買ってきて、そのビニール袋に入っているものを、お皿に盛って準備はおしまい、というわけなのである。さらにショックだったのが、それが独身の一人暮しに限らないということだった。台所もある家に住み、家庭を持っている人々でも普段は料理しないというのも珍しくないという。嘘みたいな話だけれども、土地のとある料理の先生に、家庭料理を教わったら、教える時にはやるけれども、家ではあんまり……、買ってくることが多くて、というのだ。最初は呆れたが、事情を知るにつれ、ある程度、納得がいくようになった。まず、外食にしても、屋台などだったら、家庭で作るのと同じくらいの予算ですんでしまう。貧富の差がまだまだ激しいから、人件費は安く、まとめて材料も仕入れているので、普通に市場やスーパーで買ってきて作ることを考えると、馬鹿らしいくらいなのである。よっぽどの人数の家庭でもない限り、買ってきた方が安いといっても、決してオーバーではないのだ。また、日本とは比較にならないほど女性の社会進出が盛んで、若いうちだけでなく、共稼ぎは珍しくない。いきおい、外食ですませるか、お惣菜を買ってきてすませるという構図になるのである。［森枝　一九九七：一〇二―一〇三］

事例19　シンガポール

かつて世界有数のスラムが存在したとされるシンガポールは、一九六〇年代、とりわけ一九六五年のシンガポール共和国建国以降の近代化政策により、現在、シンガポールの全人口の八五パーセント以上がＨＤＢ（Housing and Development Board 住宅開発局）フラットとよばれる団地に居住している（写真7-9）。各団地の一階には、雑貨店や食堂をはじめ、さまざまな店が並んでいるが、その中の一つで、どの団地にも必ずといってよいほど存在するのが、コーヒーショップ（華語では珈琲店）である。ここでいうコーヒーショップとは、シンガポールの銀座といわれるオーチャード・ロードなどにあるようなハイカラなものではなく、セルフサービスで、コーヒー、パン、フライドライス、やきそば、肉骨茶《バクテー》などを購入して席で食べる形式のものをさす。こうした大衆的なコーヒーショップは、かつては「古いショップ・ハウスの街の角に」あり、現在は、団地一階にある「二面開け放しの店で冷房などあろうはずもなく、すすけた天井から同じくらいすすけた扇風機がぶらさがっているのが関の山」［田中　一九八四：一三二―一三三］といった体の店のことである（写真7-10、7-11）。

　プラスチック製のテーブルと椅子は、風通しの悪い店内にはほとんど置かれず、店の前の歩道上に置かれている。歩道上の席は風が吹くと涼しく快適である。座席は、歩道上のほうから埋まってゆく。コーヒーショップの経営者は、現在は多様化しているが、一〇年ほど前までは、海南島や福州出身者が多かった［山下　一九八七：五五］。

　団地の人々は、階下のコーヒーショップか、あるいは勤務先近くのコーヒーショップで朝食をとるのがふつうとされている。いずれも毎日行きつけの店である。子供達には、母親がマーケットで買ってきておいたパンなどを家で食べさせ、大人はコーヒーショップへというパターンが多い。コーヒーショップへは、夫婦、家族、職場の同僚、その他の友人などと行く。一人で来ている人もいるが、多くは連れがいる。一人の場合は、コーヒーを片手に新聞を読む人が多いが、連れがある場合は、さまざまなおしゃべりが交わされている。

　そこでの話の内容は、他愛ないものだそうだが、人の噂、競馬などのギャンブルの話、タブロイド判新聞のネタになりそうな話、ちょっとした政治的な小話もなされるという。国家による国民管理が厳しいシンガポールでは、国民が表立った政府批判をすることは皆無とされているが、コーヒーショップでは諷刺的な政治批判の語りもなされているという（他に、政治批判の語りとしては、タクシーの車内で運転手が客に語るものが知られているという）。なお、この場合、「コーヒーショップには客にまじって政府のスパイがいる」という話も存在するが、真偽のほどはわからないという（シンガポール国立大学の林明珠教授による）。

　朝食を外ですませる理由を筆者が現地の人々に尋ねてみたところ、多くの人は、「これが習慣だから」「朝は忙しくて家でつくれない」「外で食べたほうが安くつく」といった回答であった。朝食に限らず、シンガポールでは外食がさかんであり、その理由については、シンガポールは中国沿岸部からの「出稼ぎの労

写真 7-9　シンガポールの HDB フラット
出所）2002年，筆者撮影．

写真 7-10　シンガポールのコーヒーショップにおける朝食風景
出所）2002年，筆者撮影．

写真 7-11　シンガポールのコーヒーショップにおける朝食風景
出所）2002年，筆者撮影．

働者が集まった場所なので、かつては女性の人口がすくなく、いきおい外食が発達した都市となった。その歴史が現在の食習慣にもうけつがれているのであろう」[石毛・ラドル 一九九二：七九―八〇]とか、「移民たちのなかに、少ない元手で独立して商売をやりたいと思う者が、次々と屋台を出すようになった」[前川 一九八八：四〇]から、といった解釈が提出されている。

3 若干の検討

これまでの記述をふまえつつ、さらにデータの追加も行ないながら、以下、モーニングをめぐって検討を進めてゆく。

なぜモーニングが行なわれるのか

筆者は、日本において行なわれているモーニングを調査する際には、モーニングを行なっている人々に、なぜ自宅で朝食をとらずに、喫茶店でとるのか、という問いかけを必ず行なってきた。そこで得られた回答は、「習慣だから」というのが最も多かったが、それ以外にも理由を述べているものがある。それらは、多岐にわたり、また複合的である場合も多いが、あえてその内容を整理してみると、

① 時間・労力の消耗を軽減する手段
② 単身者のため
③ コミュニケーションの場として必要

の三点に分けることができる。

たとえば、①に含まれる回答としては、「夫婦共働きで朝は忙しく、家で朝食をつくる時間がない」「家内工場の仕事が忙しく、朝食をつくる暇があったら一つでも多く製品を仕上げたい」「たまの日曜日くらい母親に楽をしてもらいたい」「女は一日中、誰かに何かをしてあげている。モーニングは、してあげるのではなく、店の人にしてもらうもの。ささやかな贅沢」「毎朝、朝食をつくるのが面倒。楽をしたいから」といったものがある。

労働に追われる都市の労働者にとって、朝食を外食ですませることは、時間と労力の消耗を軽減する手段の一つであった。たとえば、大阪市生野区や神戸市長田区におけるヘップサンダル、かばん縫製などの家内コーバ（工場）で働いている人の場合、近年はそれほどでもないが、最盛期には朝七時から夜中の一時、二時まで仕事にかかりきりになっても仕事がはけないこともあった。そのため、家で朝食を準備する時間も惜しんで働いたのであり、朝食は喫茶店モーニングとなった。また、この場合、昼・夕食も外食であることも珍しくなく、あらかじめ行きつけの店に電話をして料理をつくっておいてもらい、店に入るとすぐに食べられるようにすることもあったという。

なお、都市労働者と外食の関係については、神戸市長田区で育った森栗茂一が自身の幼少期の食生活について記した次の記述が参考になる。「農村の出身である母は日常において外食をすることは全くなく、そういった外食を『テンヤモノ』といっ

て軽蔑していたが、労働者としての疲労のため、遠足・運動会という非日常のときにはこれらの利用を自らと子供に許して、いくばくかの金銭とひきかえに、たまさかの休息を得たのであろう。毎日の朝食は御飯と汁物であったが日曜だけはパンであった。これも、せめて日曜ぐらいは御飯を炊かなくてすまそうという母の知恵であろう。このパンは自宅の南一〇〇mの所のパン屋に子供が毎日曜日の朝買いに行っていた。（都市移住——引用者注）第二世代の母の心は田舎風なのに、徐々に都会の利便性を利用していきつつあったし、そうでなければ都市では、女一人が子供をかかえて生きていけなかった」［森栗　一九九〇：六五］。

このケースは、喫茶店モーニングの利用には至っていないが、おそらく、この生活の延長線上で、喫茶店モーニングの利用が開始されることになるのであろう。

②は、単身者が、朝食を自炊するのが面倒、あるいは一人の食事が寂しいということでモーニングに出かけるケースである。単身赴任のサラリーマンや、韓国・済州島などから大阪・生野区の町工場などに出稼ぎに来ている男女、また独居老人などの場合が該当する。なお、単身者が多いと屋台外食がさかんになることは、江戸においても該当する［大久保　一九九八］。また、赤松啓介の次の記述にあるように、第二次世界大戦前の大阪のスラム街にあった長屋などでも単身者の外食が多かった。（五十軒長屋、百軒長屋と呼ばれた長屋で）「生活してみてわかるのは便所と炊事で、これには泣かされる。便所も炊事場も二〇戸で共用だから、朝は満員騒ぎでどうしようもない。独身者は排便も外でするし、外食するのが多くなり、かなり負担が重くなる。ドヤ暮らしや百軒長屋住いは安くつくだろうと錯覚するらしいが、かえって高くつく」［赤松　一九九一：四〇六］。

③は、「モーニングに来ないと情報が入らない」「モーニングに顔を出せへんと、『都会』の情報からおくれてしまう」「早起きの老人にとっては、モーニングでの世間話が何よりの楽しみ」といった回答に明確にあらわれている。なお、この場合、二つめの回答にある「都会」についてだが、この回答をした人は、都市部の、しかも喫茶店から数軒先に居住しており、決して「田舎」に暮らしているわけではないのであって、ここでいう「都会」とは、人々が集まり、情報が行き交う場所、すなわち喫茶店という意味である。これらの表現からもわかるように、モーニングは、単なる飲食の場ではなく、コミュニケーションの場となっているのである。「朝食だけなら、コンビニ弁当ですませたってかまわない。しかし、コンビニ弁当には会話はついてこない。モーニングには、会話とふれあいがある。家で朝食を食べたあとに、コーヒーだけ飲みに来る人もいるが、そういう人は、常連客やマスターとの井戸端会議が目的だ」とは、大阪市内のモーニング常連客の声だが、これなどもコミュニケーションの場としてのモーニングのあり方を如実に表現した発言といえるだろう。

以上、モーニングが行なわれる理由として考えられるものを三点に分けて指摘したが、実際にはこうした理由が複合することによってモーニングが行なわれているといえよう。

日本における分布

喫茶店のメニューとしてのモーニングサービス、モーニングセットは、日本全国いずれの都市においてもほぼ存在するものと予測される。そして、それを利用する多忙なサラリーマンやOLも、おそらくは広く存在するものと予想されよう。しかし、単なるメニューとしてのモーニングサービス、モーニングセットではなく、また、サラリーマン・OLの利用が中心といったものでもなく、家庭の主婦、子供、老人、商店主、家内工場の人々といった、より広範な人々がその居住地域における日常生活の一部として喫茶店で朝食をとる現象（すなわち「地域の習慣としてのモーニング」）となると、その分布は全国に普遍的とはいいがたい。

筆者が現在までに確認しえたところでは、この習慣としてのモーニングは、前節での提示のとおり、中京圏、関西圏、中四国に事例を見出すことができ、それも都市部の、おそらくは下町的な地域でさかんに行なわれているものと見ることができる。ただし、分布の問題は、精密な調査を行なわなければ結論を出すことができない。現時点では、筆者のもとにそうした精密な調査にもとづいたデータが存在するわけではないので、断定はもちろん避けなければならないが、現時点での限られた情報からの予測としては、叙上のような分布傾向を見とおしとして指摘しておきたい。

この場合、たとえば、東京やその近郊などでは「地域の習慣としてのモーニング」は一般的ではないといえるのではないだろうか。たとえば、中京圏にしろ、関西圏にしろ、中四国にしろ、「モーニング」ということばが、喫茶店での朝食習慣をさすことは、現地の多くの人が知っており、大阪には、「中学校の英語の試験で、morningを『朝食』と訳す生徒がいる」という笑い話も伝わっているほどである。これに対して、東京では、大田区や荒川区の、下町的な雰囲気をもったところでも、「モーニング……何それ？」という反応が返ってくるのであり、これが喫茶店での朝食習慣をさすものであることは知られていないのである。

あるいは、東京やその近郊で育ち、現在もそこで暮らす大学生などは、筆者が民俗学の講義で関西圏のモーニングについて話題にしたのを受け、次のような興味深いコメントをしている。

「前にテレビで、ある芸能人が、『わたしの実家のほう（関西）は、みんな朝ご飯を喫茶店に食べに行きます』というのを見て、面白いところもあるんだなあと思っていたのですが、これのことだったんですね」（武蔵大学学生、東京都出身）。

「わたしの祖母は尼崎に在住していますが、わたしが幼いころから、遊びに行くと、毎朝なぜか、『亜米利館』という喫茶店に連れて行かれました。わたしは、祖母がただ単に朝食を作るのをめんどうくさがっているのだと思っていたけれど、先生がいうようにもっと深い意味があるのかもしれない。埼玉には

『モーニング』はありません」（武蔵大学学生、埼玉県出身）。

こうしたコメントからも、東京とその近郊の人々にとって、モーニングは縁遠いものであることがうかがえるだろう。また、この他、たとえば、東北地方の一都市である秋田市においては、秋田駅近くの商業地域の喫茶店にモーニングセットのメニューは存在するものの、これを利用している人はきわめて少数のサラリーマンに限られており、「地域の習慣としてのモーニング」などは全く存在していない。

なお、モーニングの分布が濃厚な地方でも、地域や階層によっては、モーニングが行なわれていない場合がある。たとえば、大阪・神戸周辺でも、「小学校から高校までは阪急雲雀丘花屋敷駅、大学は阪急門戸厄神駅、大学院は阪急六甲駅、買い物は阪急梅田駅の阪急百貨店というように、阪急沿線の中で育ち、梅田より南には行ったことがない」（これらの場所は、いずれも下町的な生活様式とは異なる暮らし方が展開されている生活圏である）というある三〇代の女性は、「家族にモーニングに出かける人は皆無であったし、モーニングというものがどのような雰囲気のものかわからない」と語っている。前節での記述内容や、この女性の発言内容などからも推測されるように、モーニングは、町工場や長屋などが密集する下町においてとくに盛んな習慣であるということができるだろう。

モーニングの歴史

喫茶店のメニューとしてのモーニングサービス、モーニングセットは、一九五〇年代から存在している。写真資料で確認できる最初のものは、一九五六年の広島市のもので、その後、一九六〇年代に豊橋や松山でも発生している。モーニングの「発祥」については、複数の土地において、それぞれ他の土地の状況については全く、あるいはあまり把握しない状態で主張されてきたというのが実状である。またそれぞれの「発祥」の地とされる場所においても、発祥の店については異見を述べる人もおり、「発祥」を特定することは困難である。そもそも、こうしたメニューやサービスは、一定の時間幅の中で、複数の地でそれぞれに発生する可能性も十分あり、起源を特定しようとすることにはあまり意味がないといえよう。

これまでの記述によってわかっていることは、一九五〇年代にすでに広島市にモーニングサービスが存在したこと（事例13）、その後、一九六〇年代中頃に豊橋市や松山市でモーニングサービスが開始されていること（豊橋の「仔馬」は一九六四年か一九六五年に、松山の「モミの木」は一九六六年ころにそれぞれモーニングを開始したとされる。事例１、事例11）、また、豊橋や松山の場合、とくに「出勤前のお客」「サラリーマン」へのサービスとして開始されたという説明がなされていること、東大阪でも一九六四年ころにはモーニングが流行っていたという証言があること（事例４）、などである。

発祥の地や店についてはともかく、モーニングが生活の中に入りこんできたころの事情については、次のような語りが存在する。

「（話者の住む東大阪市衣摺周辺で）モーニングが流行りはじめたのは昭和三十九（一九六四）年生まれの娘が生まれたころから。街（大阪市内をさす）ではもっと早くからやっていたかもしれない。各家に水道が引かれたのもこのころ。以前は、洗濯や炊事は共同水道で行なっていたが、共同水道の前では、近所の奥さんたちがいつも井戸端会議を行なっていた。それが、各戸給水になってからは、モーニングが共同水道の井戸端会議にとってかわった」。**事例4**の話者の語りである。共同井戸や共同水道が使用されなくなった時期とモーニングが盛んになりはじめた時期とがほぼ重なっているという記憶は、各地でしばしば耳にするところである。各戸給水の実現によって共同井戸・共同水道における文字通りの井戸端会議が消滅しつつあった状況下に、モーニングが登場し、これが井戸端会議の役割を代わりに担ったということになる。

　モーニングは、当初、喫茶店経営者側にとっては、「サラリーマン」「出勤前のお客」へのサービスを意図したものであったが、これが地域の生活者、とりわけ女性たちには、井戸端会議の場として受容されたのである。供給側の意図とは異なる受容の実態があり、興味深い。

　なお、メニューとしてのモーニング、およびモーニングという外食の習慣自体は、おそらく一九六〇年代に本格的に広がったのであろうが、都市住民と喫茶店との日常的な関わりの歴史は、モーニング以前からあった。それは、たとえば、ミルクホールのようなもので、これは、「今の高齢者が若い頃に、（神戸）長田にようあった喫茶店」で、「入り口に白い暖簾、ガラスケースの中に羊羹を挟んだロールケーキと醤油せんべい。壁には蜜豆・ぜんざい・ミルクコーヒーと品書きがあ」った。このミルクホールが「長屋住民の応接間であった」という［森栗 一九九九a］。ミルクホールでの喫茶は、朝食としてなされていたわけではないようだが、神戸（長田）などでのモーニング盛行の背景には、このミルクホールにおける住民と喫茶店との関わりの歴史が存在していたということはできよう。

アジアの中のモーニング

日本社会におけるモーニングの分布は、さきに検討したとおりだが、視野を広げて、朝食を外食する習慣をアジアに求めると、その事例が広く存在していることが確認できる。現段階では、香港、中国、ベトナム、カンボジア、タイ、シンガポールの事例を知ることができ、それらはいずれも都市部の暮らしに根付いた習慣となっていた。それらの事例からは、朝食の外食が行なわれる理由として、①男女共働きにともなう家事の省力化、②電気・ガスなど近代的インフラの未整備がもたらす朝食準備の負担を軽減させるため、③安い人件費などを背景に、外食のほうが安くつくという実態があるから、④単身出稼ぎ者が面倒な自炊を避けた伝統、⑤熱帯気候下において屋内で調理をすると室内温度が高くなるのでこれを避けるため、⑥なじみの仲間との談話が可能、といった理由をうかがうことができる。

これらのうち、①、④、⑥などは、日本のモーニングにも通じるものといえる。アジア的視野の中で眺めた場合、むしろ都市社会においては、朝食を外食することのほうが一般的だといってよいくらいであり、日本のモーニングには、アジア都市社会に共通する生活文化としての性格が存在するといっても過言ではないであろう⑦。

アジアの外食朝食の分布は、ここで扱った地域以外にもより広く存在する可能性があり、今後さらに事例の収集と検討を進めたい。ただ、注意しておきたいのは、アジアの都市社会においても外食朝食の行なわれない地域が存在するという点である。たとえば、ラオスのヴィエンチャンの街には屋台が少なく、隣接するタイの状況とは対照的である。この差異について、森枝卓士は、「都市とその周辺の流通、交通網がネットワーク化されているタイの場合と、それが遅れたラオスの差」［森枝　一九九七：一〇三］などがその原因かと推測している。

また、韓国社会では、朝食を外食する習慣は、タクシーの運転手などが技師食堂などと呼ばれる食堂を利用したり、ヘジャングクと呼ばれる酔い覚ましのスープを出す食堂が早朝から営業したりしているのを除けば、基本的に存在しないといってよい。このことが何を意味するかについては、今のところ今後の課題とせざるをえないが、おそらくは「儒教」「農本主義」、商業観、女性の社会的位置などとの関わりに着目した考察が求められることになるだろう。日本のモーニングも含めたアジアの外食朝食の分布と意味については、その背景との関わりの中で木目細かく検討していかなければならない。

「もう一つの公共圏」としてのモーニング

モーニングの場は、一つの公共圏として把握することも可能である。公共圏とは、最大公約数的な説明として、「他者と共有する（あるいは共有できる）事柄に関する発話空間」［大貫　二〇〇一：八二］と規定されるもののことである。公共圏については、ユルゲン・ハーバーマス『公共性の構造転換――市民社会の一カテゴリーについての研究――』をはじめ、多くの議論がなされてきているが、それが指し示すものの内実は本来一元的なものではありえない。

しかし、従来、公共圏というと、ハーバーマスにおける初期の議論がそうであったように、市民層（ブルジョアジー）の公共圏に限定して理解される傾向が強かった。市民層の公共圏とは、「パンフレットや新聞による文芸共同体やカフェなどにおける対等な市民の対話を成立させる場や空間」［上野　二〇〇二：二一二］、「言語によって相互理解する市民たちの共同性」に支えられた空間［上野・毛利　二〇〇〇：一九六］、「論争・論証型のディスクール」［大貫　二〇〇一：一〇〇］によって成立する空間のことである。

この市民層の公共圏については、「絶対主義の公権力と宮廷・教会等の文化的権威に対抗する一方で、より劣位の公共圏――地方や都市下層の『人民的公共圏』など――を抑圧する関係にはじめからあった」点や、「近代家父長制のイデオロギーが深く刻印されており、女性の排除（女性の『主婦化』）はこの公共圏の存立にとって本質的な意味をもっていた」点、そうした「『公共性の他者』を排除する市民的公共性は、対内的には等質の一元的な空間であった」点、などについて批判がなされている［斎藤 二〇〇〇：三〇］。

そして、市民的公共圏に対するオルタナティブとして、「対抗的な公共圏」（counter publics）、「オルタナティブ公共圏」（alternative publics）といった用語で把握される公共圏の存在がクローズアップされるに至っている［斎藤 二〇〇〇：一四］。ここでは、上野俊哉や毛利嘉孝らにならって、こうした公共圏のことを「もう一つの公共圏」と呼ぶことにする(8)。

この「もう一つの公共圏」とは、市民的公共圏から排除された人々が成立させてきた公共圏のことであり、その特色は、「優勢な公共圏とは異なった言説のモード――たとえば一人称の物語り――や多彩なレトリックが重んじられるかもしれず、逆に、経験の形跡に裏打ちされない言葉やあまりにも理路整然とした物言いは信頼をかちえないかもしれない」といった特性や、「自分が語る意見に耳が傾けられるという経験、少なくとも自分の存在が無視されないという経験が可能となる」という特性、この公共圏を「形成する人々の具体的な生／生命に配慮するという『親密圏』としての側面もそなえている」といった特性が見出されるところにある［斎藤 二〇〇〇：一五］。

これまでの研究で具体例としてあげられているのは、奴隷として故地を離れた地に暮らしてきた黒人たちによる非合法の自由ラジオ、ダンス音楽や口承の物語、ラップやトースティングなどの語り、レコードショップ、ダンスホール、カーニバル［上野 二〇〇二：二一二―二一三、毛利 二〇〇二：一九九］、あるいは、黒人に限定されないところで労働組合［アーノウィッツ 二〇〇二］、自家用車の中、日本の公衆浴場［毛利 二〇〇二：二〇九―二一七］などがある。

この場合、モーニングの場は、明らかに、この「もう一つの公共圏」として理解することが可能である。モーニングの時間と空間は、他者と他者とが場を共有しながら、そこでさまざまな言葉を交わす公共圏である。ただし、そこで語られるのは、決して論理的に整理された明晰な言葉ではない。むしろ、そうした論理的な言葉で形成される市民的公共圏からは排除される言説あるいは人々が交流する場としてこの場はある。そこでは、経験の形跡に裏付けられた言葉や物語が歓迎され、また、他者との交流と同時に、地縁を中心とした「親密圏」としての側面も見出される。これは、叙上の「もう一つの公共圏」がもっている特性そのものである。

なお、同じコーヒーと語りの世界でも、よくいわれるようにヨーロッパのカフェが近代市民社会成立の基盤としての意味をもっていたこと［小林 一九八四、臼井 一九九二］と、日本のモーニングの特性とは、異なるものであることは明らかだろう。前者は、市民的公共圏そのものであり、後者は、「もう一つの公共圏」に相当するものであるからだ。

市民的公共圏の限界が広く認識されるようになっている今日、公共性のあり方を再考しようとする際に、この「もう一つの公共圏」のあり方を凝視する必要があるといえようが［斎藤 二〇〇〇：九五–九七］、この種の議論は、抽象的な言葉の空中戦に留まるきらいがある。「もう一つの公共圏」の可能性と限界については、フィールドワークの実践の中で吟味する必要があり、モーニングの現場を見つめることは、こうした議論を生産的に展開する上で資するところが大きいといえよう。

注

（1）団地アパートに関する都市民俗学的研究としては、倉石［一九九〇］がある。

（2）モーニングサービスとモーニングセットは、区別される場合もある。モーニングサービスは、通常のコーヒー一杯の値段でパンその他の料理を無料でつけるものであるのに対し、モーニングセットは、コーヒー一杯の値段にパンその他の料理の値段を加えてセット料金をとるもの、という区別をする店がある。もっとも、この場合のモーニングセットも、料理の代金を安く設定して結果的に安い料金でモーニングセットを提供しているという意味で、モーニングサービスの語を用いている店もある。これらの用語法は、店によって異なる。

（3）本事例の調査にあたっては、事例中の女性の孫にあたる武蔵大学人文学部生の中西美津奈さんの協力を得た。明記して謝意を表する。

（4）筆者は、二〇〇一年一一月三〇日、森栗茂一氏のご案内で神戸長田区のコレクティブ住宅を訪ねることができた。明記して森栗氏に感謝申し上げる。

（5）この写真は、一九五六年に近所の住民が商店街の様子を撮影していたものの一部で、複製したものが店内に掲示されている。

（6）二〇〇八年六月三〇日、「ルーエぶらじる」二代目店主の末広克久氏より聞き取り。

（7）この点に関しては、たとえば森栗茂一が、モーニングがさかんな神戸市長田区の下町と「アジア」との共通性、長田における「内なるアジア」性を看破している。すなわち、長屋とインドネシアのロングハウス、長屋の一角の地蔵とタイの土地神の祠、喫茶店モーニングと中国・インドの屋台朝食を並べて示し、「高度経済成長までは、長田には『内なるアジア』があった」と述べている［森栗 一九九九ｂ］。

（8）「もう一つの公共圏」については、ポール・ギルロイのディアスポラ論を敷衍しながら問題を提起する上野・毛利［二〇〇〇］、上野俊哉［二〇〇二］、毛利嘉孝［二〇〇二］などの論考や、ドイツにおける市民的公共圏を、そこから排除された女性、ユダヤ人の発話空間から検討した大貫敦子［二〇〇一］などを参照。

第8章 引揚者

——誰が戦後をつくったのか?——

在日朝鮮系住民の調査を行なっていると、闇市の事例によく出会うが、そのとき、闇市の担い手として朝鮮系住民とともに登場するのが引揚者である。朝鮮系住民は、植民地支配をされた側の人びとであり、一方の引揚者は、植民地支配を行なった側の人びとである。両者は真逆の位置関係にあるが、どちらも、敗戦後の社会状況の中で、生き抜くために闇市での商売を行なう者が多かった。このことに気づいてから、わたしは朝鮮系住民の研究に加え、引揚者についても研究を開始した。その成果は、島村恭則［二〇一〇b、二〇一一、二〇一六、島村編 二〇一三］などとして報告している。本章は、このうち島村［二〇一二］を改稿して再録するものである。

1 「アメ横」は、アメヤの横丁?!

年末になると、ニュースなどで年末の風物詩として必ず取り上げられる東京「アメ横」の風景。「アメ横」とは、上野駅近くの商店街のことだが、そもそも「アメ横」とはどういう意味だろうか。写真を見ればわかるように、アメ横には、「アメ横」の看板とともに、「アメヤ横丁」の看板も掲げられている（写真8−1、8−2）。実は、アメ横は、「アメヤの横丁」であった。では、アメヤとは何か。アメ横の形成史を見てみよう。(1)

一九四五年の日本敗戦後、それまで焼け跡（戦前は住宅密集地）だった上野駅周辺に闇市が立った。闇市とは、統制経済下で、統制を逸脱して商売が行なわれる自由市場のことである。ここで商売をしたのは、戦前から露店商を生業としてきたテキヤの人びと、在日朝鮮系住民や中国系住民、そして引揚者だった。

引揚者とは、一九四五年八月一五日の日本敗戦以後、それまで暮らしていた「外地」（満洲国や朝鮮半島、台湾、樺太、千島、南洋諸島など日本の植民地だった地域をさす戦前の用語）から日本本土（敗戦までは「内地」と呼ばれていた）に帰還してきた人び

写真 8-1　「アメ横」の看板

出所）2009年，東京都台東区，筆者撮影．

写真 8-2　「アメヤ横丁」の看板

出所）2009年，東京都台東区，筆者撮影．

とのことである。戦前、日本はアジア各地に植民地を持っており、「内地」からそこに移住して暮らしていた人びとが多くいた。この人たちが一挙に日本本土へ引揚げてきたのであり、その数は六〇〇万人を超えていた。

彼らの中には、日本に帰還したものの、行くあてがなく、都市に滞留した人も多かった。そしてそうした人びとが闇市で商売人になることも少なくなかったのである。上野駅でも、駅前の闇市やその周辺に引揚者が多く集まっていた。

上野駅の引揚者の一部は、列車にのる乗客に対してアイスキャンディーを売っていた。ただ、アイスキャンディーは、夏はよく売れても冬には売れない。そこで始めたのが、飴屋である。錦糸町方面に多くあった飴業者と引揚者たちが組んで商売を始めたのだ。

その際、商売の場所として確保したのが国鉄の高架下のスペースであった。上野に集まっていた引揚者の中には南満洲鉄道（満鉄）出身者も多く、彼らは満鉄から国鉄に再就職した人びととコネクションがあった。その縁で、高架下での商売が可能となったのである。これが上野高架下アメ横の始まりである。

この当時、人びとは砂糖不足で甘いものに飢えていたから飴屋は大繁盛し、引揚者以外の人びとも巻き込んで、一帯は飴屋だらけとなった。アメヤ横丁と呼ばれたのはこれによっている。なお、その後、進駐軍からの横流し品も商品として置かれるようになり、そのことからアメ横を「アメリカ横丁」だとする二次的解釈も生まれた。

さて、ここで注目したいのは、現存する商店街としてのアメ横が闇市起源であった点と、その担い手が引揚者の集団であったという点である。また、このようなことは、実はアメ横だけではなく、他の都市の商店街でも多く見られる現象だった。日本中の多くの都市で、敗戦直後に引揚者が始めた闇市から商店街が発生している。

2 引揚者の民俗学へ

引揚者の研究

実は、引揚者がその形成に関わった事物は、商店街のみならず、世の中のあちこちに見られる。あとで紹介するように、引揚者が起業した会社や、引揚者が住んだ団地、住宅地、開拓地、あるいは身近な食文化にも引揚者の存在が影響を与えているのである。だが、そうした実態はこれまで明らかにはされてこなかった。

引揚者についての研究がまったくなかったわけではない。例えば、「外地」から日本本国へ引揚げてくる過程の苦しい体験について、当事者の手記や語りを用いて研究したものは存在する［成田 二〇〇三、川村 一九九〇］。また、岸信介、椎名悦三郎、宮崎正義、鮎川義介をはじめとする満洲国政府や満鉄の関係者（「満洲人脈」と呼ばれる）が、引揚げ後、日本経済の復興に果たした役割についての研究［小林 二〇〇五］も存在する。しかしながら、こうした社会のエリート層に位置した人びと以外の一般の引揚者について、引揚げ途上の体験ではなく、引揚げ後の戦後日本社会においてどのように生活を展開してきたのかを明らかにした研究は皆無に近いのである。(2)

なぜ一般の引揚者たちの戦後の生活についての調査研究が遅れていたのか。わたしが見るところ、戦後六五年が経過し、今でこそ高齢化した引揚者が過去を整理して語れるようになっているが、それまでは、彼らの多くは厳しい条件の中で生きるのに精一杯であり、そうした姿を前に、調査する側も彼らへの接近をためらうところがあったこと、などの理由があるのではないかと考えられる。

これに対して、現在は、引揚者第一世代の高齢化に加え、引揚者家庭はその息子、娘の代（引揚者第二世代。彼らも多くは「外地」で生まれた引揚者である）になっている。第二世代は、リアリティという面ではその親の代にはかなわないものの、自分とその家族の経験をより冷静に語れる場合が多いようだ。こうしたことから、引揚者研究は、今となっては遅きに失した面もあるが、しかしある意味では、今この時期こそが、調査研究にエネルギーを注ぎ込むときであるということもできるだろう。

過去を使って現在を読み解く

「引揚者の戦後」についての研究の意義は、単に歴史の記録を残すことだけにあるのではない。もちろん、消え去ろうとしている歴史の記録には大きな意義がある。だが、それとともに、あるいはそれ以上に、この研究に意味があるのは、現在、世の中に存在しているさまざまな事物が、なぜ存在しているのか、その成り立ちを解明する上で、引揚者の歴史が重要な鍵を握っているからである。「アメ横」はなぜ存在しているのか、それはなぜ「アメヤの横丁」だったのか。このことを解明する上で、「引揚者」の存在という「過去」が大きな鍵となっているわけである。

つまり、引揚者の研究は、単に過去の歴史を調べて記録することだけに意義があるのではなく、その過去によって現在が説明されるところに大きな意義があるのだ。「現在」を読み解くために「過去」を使うといえばわかりやすいだろうか。

3 引揚者がつくった戦後日本

それでは引揚者の存在は、現在の日本に存在するさまざまな事物のどのような面にいかなる影響を与えているのだろうか。わたしはこのテーマを掲げて日本中を歩き回ってきた。以下、そこで明らかになってきたことを、いくつか紹介してみよう。

はたらく

日本各地の市場の中には、六斎市（中世以降に開かれるようになった市で、一カ月に六回開催されるもの）を起源とする市場のように、長い歴史を持つものも存在する。また、戦前の、とくに米騒動（一九一八年に起こった米価高騰を原因とする民衆暴動）を機に、食料品を安く安定した価格で供給することを目的につくられた公設市場系のものもある。だが、一方で、「アメ横」の場合がそうであるように、敗戦直後の闇市や「引揚者マーケット」などと呼ばれた市場から始まったものも少なくない。

横浜市中区の桜木町駅前に「ぴおシティ」というショッピングセンターがある。かつてはゴールデンセンターと呼ばれていたこのビルは、一九六八年に建てられたが、このビルのテナントの多くは、それまで同じ場所にあった「協進百貨店」から入った商店である（写真8-3）。協進百貨店は、一九四七年に引揚者たちが作った百貨店で、一九四八年一月二二日付け『神奈川新聞』の記事によると、

寄合所帯ながら地の利を占める新興デパート横浜協進産業公社は桜木町周辺の人の波を一手に吸収し引揚者デパー

写真 8-3 ぴおシティ

出所）2009年，横浜市中区，筆者撮影.

トとして特異な存在をもっている。代表者小寺丈夫氏は青島の石原貿易商の支配人であったが終戦後帰国、同志の矢口、田戸、大川三氏とともに相互扶助を目的として、きびしい世相の波と戦いつつ昨年四月弘明寺に授産所を開き、八月現在地に創業、日本唯一の引揚者ばかりのデパートとして社員三百五十名をかかえ鮮やかな更生ぶりをみせている。最近は家具、石けんなどの生産面にまで手をのばし将来は中国や南方との貿易に雄飛する希望を抱き、商店街の発展はまず相互扶助というところから出発せねばならないという経営方針を堅持し、今後同社の商業界に果たす役割は大きいものと予想される。

というものだった。なお、右の新聞記事では協進百貨店が唯一の引揚者百貨店のように書かれているが、わたしの調査では、同様のものは帯広市（はとや百貨店）や彦根市（満連百貨店）にもあったことが明らかになっている。

この他、引揚者を主たる担い手として出発した市場や商店街、あるいは飲食店街の例としては、わたしが調査したものだけでも、帯広市「満蒙マーケット」、函館市「駅前市場」、室蘭市「輪西マーケット」、秋田市「金座街」、盛岡市「桜山更生市場」、新潟市中央区「他門川マーケット」、岐阜市「ハルピン街」、大阪市北区「新梅田食道街」、福岡市中央区「三角市場」、同博多区「中洲市場」、北九州市小倉北区「旦過市場」、北九州市八幡西区「折尾引揚者更生市場」、久留米市「新興市場（新世界）」、八女市「土橋市場」（土橋八幡宮境内）、別府市「中央市場」「標準市場」「永石マーケット」「海門寺マーケット」、宮崎市「青空市場」「文化ストリート」、鹿児島市「厚生市場」などがある。日本中を探せば、まだまだ見つかることだろう。

ところで、引揚者が生み出したのは市場やショッピングセンターだけではない。彼らが起業し、のちに大きく成長した企業もある。

住宅地図やカーナビゲーションソフトの製作販売で知られる「ゼンリン」。この会社の歴史は、大分県宇佐郡麻生村（現宇佐市）生まれの満洲引揚者、大迫正冨氏が引揚者有志とともに別府市ではじめた「観光文化宣伝社」「華交文化協会」から出発している。これらの会社は、観光地別府における地元の広告会社という性格を持っていたが、その後、「善隣」に社名を変え、全国各地の住宅地図を製造・販売する企業として成長していった。興味深いのはその社名で、現在、カタカナで表記されている商号は、一九八三年までは「善隣」というように漢字表記であった。そしてこの「善隣」は、大迫氏が満洲で勤務していた華北交通（満洲にあった満鉄系の運輸会社）の社訓「善隣協和の大義を宣揚すべし」からとられたものであった［五〇年史編集プロジェクト編　一九九八］。

日本におけるスーパーマーケットチェーンの先駆けとなった「主婦の店」チェーンの創業者吉田日出男氏も満洲引揚者である。「主婦の店」チェーンとは、各地の中小小売店にセルフサービスとレジスターを導入してチェーン化したグループで、一九五七年に設立された。グループは一九九八年に解散しているが、現在でも地方のスーパーマーケットの中には「主婦の店」の名称を使用しているところがある。

創業者の吉田氏は、戦前、満洲国で商社勤務等をしていたが、一九四五年に引揚げ。戦後は、小倉の旦過市場で、引揚者を同市場に優先的に入居させつつ市場の入口で「丸和」という名称のマーケットを経営した。そして、ここを拠点に一九五〇年代後半以降、スーパーマーケットのシステムを全国に普及していったのである。ダイエーの創業者中内㓛氏も、当初、スーパーマーケットのノウハウを吉田氏に学んでいる［吉田 一九八二：一一一八〇］。

家電大手の「ベスト電器」も、満洲引揚者の北田光男氏が福岡市で創業した会社である。満洲国で公務員や銀行勤務等をしていた北田氏は、一九四六年に博多へ引揚げる。水道鉄管商、オートバイ質屋ののち、自身が大阪から担ぎ屋的に仕入れたテレビを廉価販売する「バーゲンセンター」（一九五六年創業）を福岡市天神に開店。これがのちの「ベスト電器」（一九六八年創業）につながった。北田氏については、その生涯についての聞書き記録が残されているが［酒井 一九九五］、そこでは自身の起業体験が、満洲・引揚体験との関わりを重視する形で語られている。

こうした引揚者による起業は他にもあるが、多くの事例に共通していえることは、引揚者たちが敗戦直後の混乱の中、すなわち闇市の時代に、生き抜くためにさまざまな仕事を生み出し、その中から企業化が進められるケースが発生したということである。

住む

各地の公営住宅の中には、当初、「引揚者住宅」として建築されたものがかなりある。引揚者は、日本本土に引揚げてきても住むところがない場合が多かった。そこで、地方自治体や住宅営団は、政府からの通達にしたがって住宅を用意した。ただし、用意するといっても、バラックの簡易住宅を建てることができればよいほうで、多くは兵舎など旧軍用施設の流用であった。そしてそれらが、一九五〇年代に木造平屋の住宅に建替えられ、さらに一九七〇年前後から相次いで中層の団地へ建替えられたというケースが多い。そしてその後、引揚者以外の人びとの入居も認めて、一般公営住宅化していったというケースが多い。

東京都営住宅の例でいうと、世田谷区の都営下馬アパートや北区の都営桐ヶ丘住宅などがそうした事例である。

都営下馬アパート（二〇〇八年一二月現在の管理戸数は一三八四戸、「都営住宅団地一覧」東京都都市整備局による）の建設は、一九五八年から一九七〇年にかけてであるが、その前身は「世田谷郷」と呼ばれた引揚者住宅群であった。この地域は、戦前は軍用地で、陸軍野砲兵第一連隊があった場所である。敗戦直後、同連隊の兵舎が東京都によって「引揚者定着寮」（応急転用簡易都営住宅）に転用され、七八棟の建物に七九九世帯三一九一人が居住していた（一九五七年当時）〔東京都民生局編 一九五九〕。その後、一九五八年から順次、中層の都営住宅への建替えが進められ、住民の多くはそのまま建替え後の都営住宅へ入居した（写真8-4、8-5、8-6）。これ以後、引揚者以外の入居が増加したが、現在でも、高齢化した引揚者の居住が見られる。

次に、岩手県盛岡市青山。ここは、それまで軍用地だった場所に、敗戦後、引揚者が集住することによって生れた街である。最初に、一九四六年五月、現在の青山二丁目にあった騎兵第二四連隊の兵舎を、引揚同胞援護会岩手県支部が引揚者寮に応急改造し、満洲、台湾、中国からの引揚者二五世帯六〇人を収容した。寮の名称は、当時の春彦一岩手県知事によって、幕末の僧 釈月性の漢詩の一節「人間到る処青山有り」に因んで「青山寮」と名づけられた。のちにこの地域の町名となる「青山」は、この寮の名称からとられたものである。青山寮の住民は増加し続け、一九四七年三月には二七〇世帯一一〇〇人を数えるに至った。またこれとは別に、一九四七年一〇月、戦車第二二連隊の兵舎（現在の青山三丁目にあった）を改造した「岩鷲寮」（当時の国分謙吉岩手県知事が岩手山の別名「岩鷲山」に因んで命名）に、樺太からの「無縁故引揚者」（頼る親族のいない引揚者のこと）四八世帯が収容された。

さらに、一九四八年には、新たに店舗住宅三〇戸や、一棟二戸建ての引揚者住宅六五棟一三〇戸が建設され、青山一帯は引

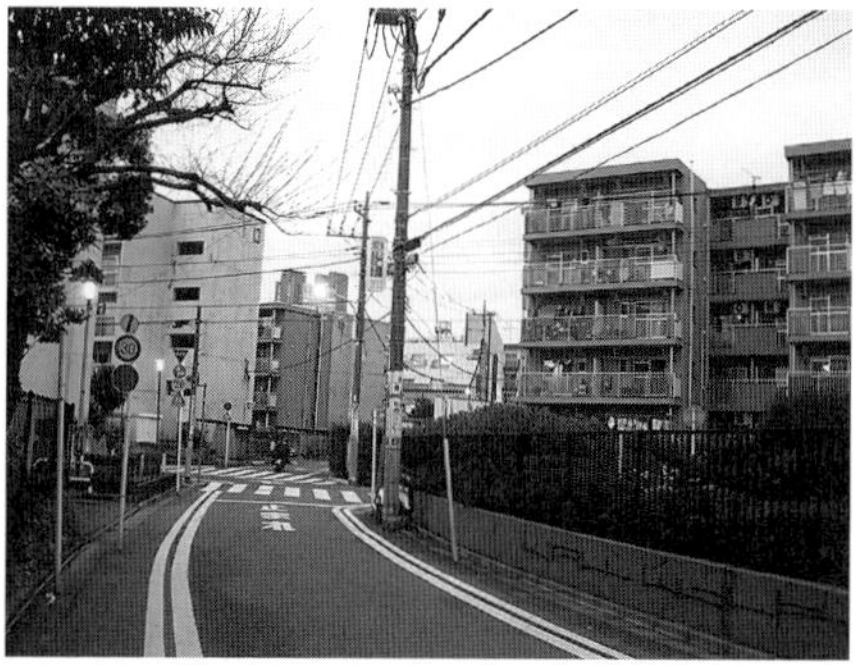

写真 8-4　都営下馬アパート

出所）2009年，東京都世田谷区，筆者撮影.

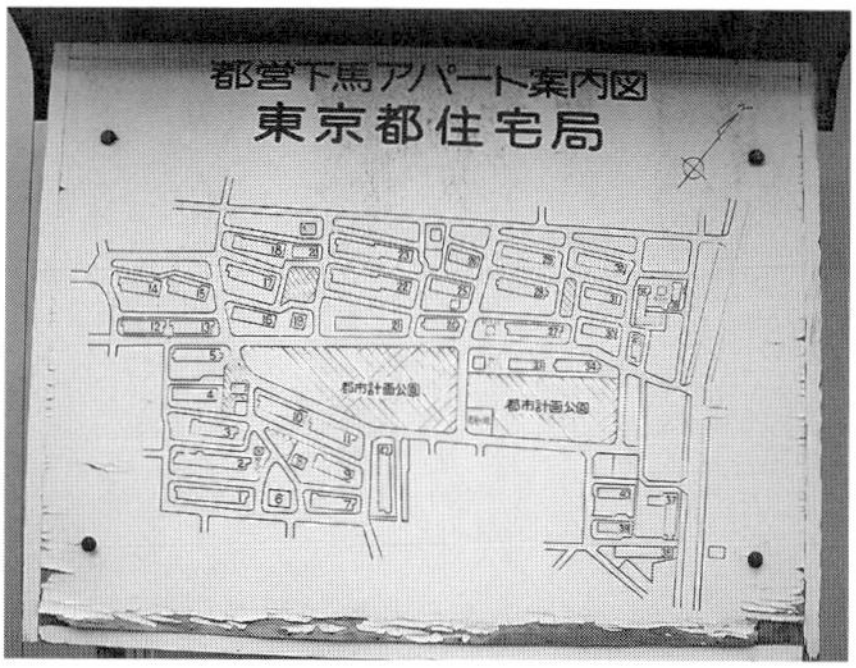

写真 8-5　都営下馬アパート　現在の建物配置図

出所）2009年，東京都世田谷区，筆者撮影.

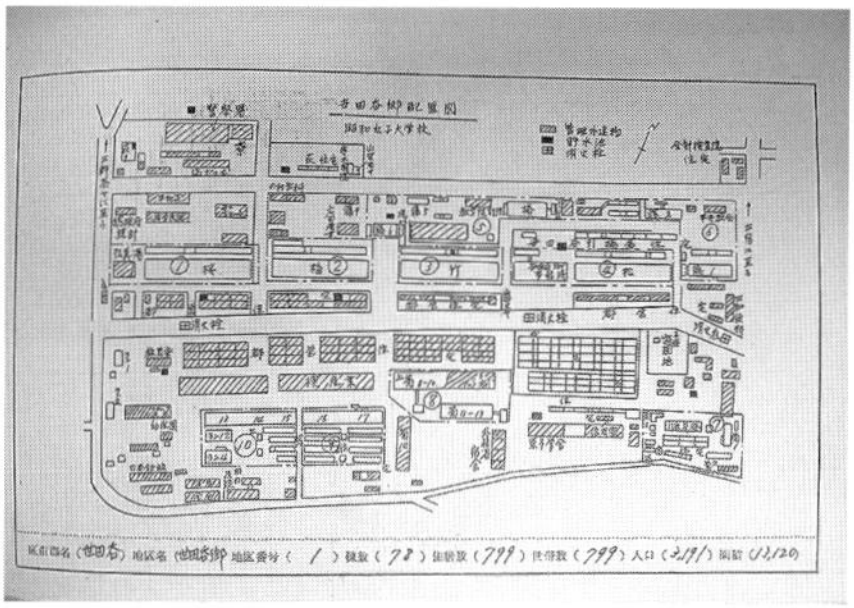

写真 8-6　都営下馬アパートの前身，世田谷郷時代の建物配置図（写真8-5の建物配置図と同一の場所）

出所）東京都民生局編［1959］.

揚者寮と引揚者住宅からなる文字どおりの「引揚者の街」として規模を拡大していった。当時の引揚者の生活は苦しく、失業対策事業などの日雇労働者として働く人が多かった。その後、一九五〇年から順次、兵舎を改造した引揚者寮は中層の市営住宅に建替えられ（写真8-7）、また、小学校や寺院の新設、神社の勧請も行なわれて次第に街としての形を整えていく。さらにその後、新規外来者の転入や周辺の宅地開発による一戸建住宅の増加も進行し、「今や盛岡市の北のベッドタウンとして、風格のある街を形成するに至った」［菅 一九九七］と評される状況になっている。

引揚者住宅の中には、中層団地として建替えられていったものとは別に、居住者へ払下げられたものもあり、払下げ後は、建替えをして一般住宅街のようになっている地域がある（元の住民である引揚者が転出し、別の住民が転入している事例も多い）。帯広市の現在は新興住宅地となっている地域の中には、「樺太引揚者住宅」から出発した地区がある。横須賀市や新潟市などにも、やはり払下げ引揚者住宅がもとになって住宅街化した街が存在する（写真8-8、8-9）。

引揚者住宅の建設が発端となって周囲に住宅が建ち並ぶようになり、それが住宅街の形成につながった事例については民俗学者の宮本常一による言及がある。宮本が一九六〇年代に住んだ東京都府中市の北端にある住宅地は、「まったくの新開地で、

写真8-7　引揚者寮を建替えてつくられた市営住宅
出所）2009年，岩手県盛岡市，筆者撮影．

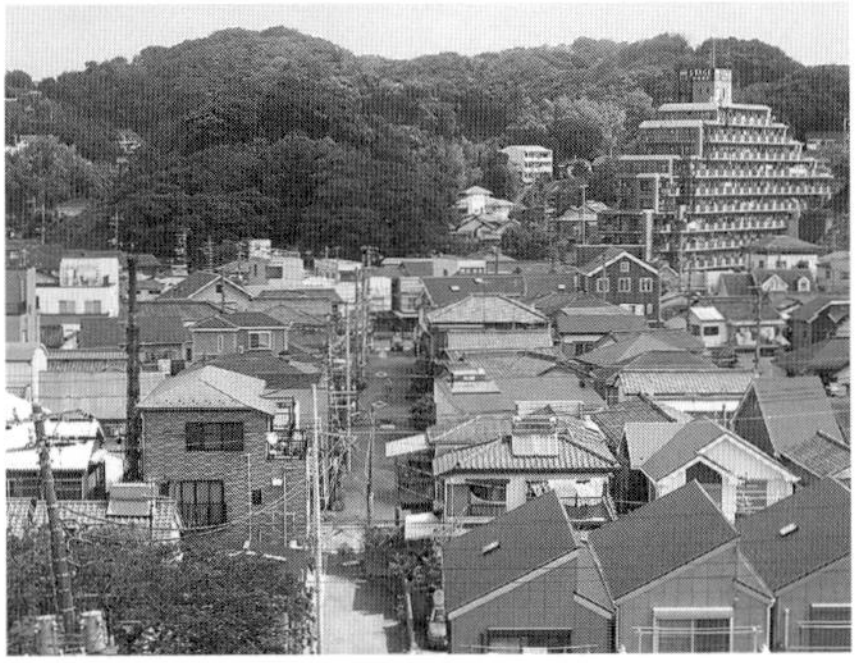

写真8-8　引揚者住宅から出発した住宅街
出所）2009年，神奈川県横須賀市，筆者撮影．

写真8-9　引揚者住宅から出発した住宅街
出所）2010年，新潟市中央区，筆者撮影．

つい最近までは一面の畑だった所で、雑木林がいたるところにあった。戦後その雑木林をきりたおして都が外地引揚者の住宅を作ったのがこのあたりの町発生の最初であった。この引揚者住宅を中心にしてしだいに人家がふえていき、現在は古い府中の町まで続いてしまっている。新開地はみな府中以外からきて住みついた者である。わたしもその一人なのである」［宮本　一九八四：三五―三六］といった地域であった。

ところで、以上は都市化地域での事例であったが、それとは別に、非都市部には引揚者による開拓地がつくられている。これは、引揚者が戦後に新しく入植して開かれた地区である。秋田県能代市の東雲台地には「東京都」と呼ばれる集落がある。もともと草原だったところを陸軍の飛行場にしていた場所に、戦後、満洲の開拓地（興安南省通遼県など）から引揚げた人びと三四世帯九五名が再び農業に従事すべく入植した地区である［暮しの手帖編集部　一九八〇：二六―二七］。正式な地名は「拓友」であるが、開拓地の周囲の住民はこの地区を「東京都」と呼んだ。入植の斡旋をしたのが東京都であり、開拓地の人びとには渡満以前に東京に住んでいた人が多く、共通語（東京ことば）を話していたことからこの名がついたといわれている。現在も一五世帯が居住し、畑作と畜産（稲作を行なった時期もある）中心の生活をしている。

鳥取県の大山の中腹には香取という地区がある。ここも満洲引揚者の集団入植地である。香川県綾歌郡栗熊村から満洲の東満省寧安県樺林へ開拓農民として移住した人びとが戦後香川に引揚げてきたが、香川には居場所がないためよその土地への再移住を検討し、八方手を尽くして探した末、現在地に一〇〇世帯の入植がかなったというものである。開拓地の地名は香川と鳥取から一文字ずつとって香取とした。酪農中心の地域で、大山ブランドの牛乳や、「開拓」を商品名に入れた乳製品（「開拓物語」というヨーグルトを売り出している）の生産にも取り組んでいる。またスキー場や民宿経営に転じた住民もいる［香取開拓農業協同組合　一九九四］。

山梨県の八ヶ岳の山麓はペンションや民宿などが立ち並ぶ観光地として知られるが、ここももとは開拓地であった。清里は、一九三八年に奥多摩地方の小河内ダム建設による水没地区からの集団移転によって開かれた地域だが、戦後、これに引揚者の入植も加わった。また清里に隣接する大泉は戦後、引揚者によって開拓された地域である。これらの地域には現在も酪農農家などが存在するが、しかし、多くはペンションや民宿の経営に転じている。つまり、八ヶ岳山麓の開拓地が観光地化し、引揚者の生業も観光関連へとシフトしたのである。

開拓地の地名に引揚者たちの「外地」での暮らしの記憶が込められている場合がある。岩手県岩手郡岩手町に豊岡という開拓地がある。樺太引揚者の集団入植地である。樺太から函館経由で盛岡市青山（前出）の引揚者寮に入居した無縁故引揚者のうち希望者が入植した。地名は樺太の都市豊原と引揚港真岡から一文字ずつとったもので、一九四八年に四六戸が入植した土地である。酪農中心の地域で現在は三七世帯九〇人が暮らしている［岩手町 二〇〇七］。
宮城県刈田郡蔵王町には北原尾という開拓地があるが、ここの住民はパラオからの引揚者である。北にあるパラオという意味で北原尾と名付けたものだ。静岡県浜松市には、「満洲街道」と通称される道路がある。これは、この道路の先に白昭という満洲引揚者による開拓地があり、そこへ通じる道ということで「満洲街道」と呼ばれている。白昭は浜松市郊外の開拓地で、一九四七年以降、満洲引揚者二一世帯が入植。バレイショや大根生産などで現在に至っている［三室 二〇〇一］。

食べる

戦後に広まった食文化の中には引揚者によってもたらされたものがある。各地のラーメンや餃子などには、闇市での引揚者による露店・屋台から発生したものが少なくない。たとえば、札幌には戦前からラーメン店は存在していたが、戦後の札幌ラーメン史で重要な位置を占めるのが引揚者の屋台である。全国のラーメン事情について実証的な研究を行なっている奥山忠政［二〇〇三］の記述によると、一九四六年一二月、天津からの引揚者である松田熊七氏が二条魚市場付近にラーメン屋台「龍鳳」を開いた。松田氏は函館生まれで、天津では土木請負業をしていたという。次いで、一九四八年、「南三条から南五条までの西二丁目通り約二二〇メートルが引揚者のための路上販売用に開放され」［奥山 二〇〇三：七一］ると、南満洲鉄道で機関士をしていた大宮守人氏はツブ貝焼きの屋台を出したが、そこへ立ち寄った前出の松田氏が大宮氏にラーメン屋をやらないかと誘う。大宮氏は、翌日には松田氏の屋台に立ち、その後、独立して一九五〇年四月、南六条西三丁目に「味の三平」を開店した。そして、この大宮氏によって生み出されたのが「味噌ラーメン」であった。この他、大宮氏の支援のもとで中央区大通り西一丁目に「熊さん」を開店した大熊勝信氏も満洲引揚者であるなど、戦後、札幌ラーメンの担い手には引揚者が少なくなかったようである［奥山 二〇〇三：七一―七七］。

中国東北部由来の「じゃじゃ麺」（炸醤麺）も、引揚者が持ち込んだものである。岐阜市では一九五〇年代に繁華街の徹明町から金宝町にかけての一帯に十数軒の屋台が並んだが、その中の一つが満洲引揚者による「じゃじゃ麺」の屋台であった。生姜がきいた甘辛い味噌に短冊形に切った豚肉の入った麺であったという（岐阜市在住者からの教示による）。また、岩手県盛岡市桜山商店街（旧称は桜山更生市場）内の「じゃじゃ麺」店「白龍」も満洲引揚者が始めたものだが、この店の「じゃじゃ麺」をはじめ、市内には「じゃじゃ麺」を出す店が多くあり、現在、「じゃじゃ麺」は盛岡の名物となっている（写真8–10、8–11）。

餃子も引揚者によって作られるようになったものが多い。このことは一般によく言われていることだが、筆者自身が実際に調査した事例で示せば、別府市の餃子専門店「湖月」は、満洲・東安で御用商人や割烹店経営を経験した後、久留米に引揚げた徳本峯雄氏（一九〇一年生まれ）が、一九四七年に別府で店を開いたものである。また神戸市中央区の南京町にある「ぎょ

写真8-10　じゃじゃ麺の白龍
出所）2008年，岩手県盛岡市，筆者撮影．

写真8-11　白龍のじゃじゃ麺
出所）2008年，岩手県盛岡市，筆者撮影．

うざ苑」（一九五一年創業）も、満洲引揚者の頃末芳夫氏が、引揚げ後、満洲で食べた餃子と「じゃじゃ麺」の味が忘れられず、神戸で始めた餃子屋である（「ぎょうざ苑の歴史」https://www.ganso-gyozaen.co.jp/rekishi/index.html, 二〇一二年一〇月七日閲覧、および現地聞取り）。

このほか、福島市・宇都宮市・浜松市・久留米市などのように餃子が街の食文化の特色となっている地域もあるが、それらの地でも、大陸からの引揚者が持ち込んだのが始まりだとする説明が聞かれる［毎日新聞 二〇〇八］。

引揚者と餃子の関わりは、家庭内にもあった。例えば、宮城県出身のある学生の実家（同県柴田郡大川原町）では正月のおせち料理として毎年、餃子を出しているという。その事情は次のようなものだ。

うちでは正月に餃子をたくさんつくります。これは祖父が満洲に行っていたことと関係があります。祖父やその父が満洲にいたころは、祝い事など、何かあるごとに餃子を食べていて、そのころの名残りで我が家では満洲にいたことを忘れないようにという意味を込めて正月という節目に餃子を食べることにしています」（筆者の講義を受講した國學院大学学生のレポート（二〇〇八年八月）による）。

この学生の祖父は、一九三七年から一九四六年まで満洲で生活していた。洮南で小学校に入学、荘河、公主嶺と転居して同地で終戦。葫蘆島から博多経由で宮城へ引揚げている。

全国の引揚者家庭で「満洲鍋」と呼ばれる鍋が食べられているケースもある。たとえば、北海道小樽市在住のある満洲引揚者の家庭には、満洲鍋というものが伝わっている。これは、満洲引揚者であった祖父の代から伝わるもので、豚バラ肉と白菜を昆布だしで炊いた鍋である。祖父が現地で覚えてきたものをもとにしているといわれている。「満洲鍋」という名前は家族の間で名づけられたという。

満洲鍋については、インターネットで検索したところ、自分の家の家庭料理として紹介しているブログがあった。

私の実家では『満洲鍋』という鍋がよく出ました。父の両親は太平洋戦争中、中国にいたのですが、そこで現地の方に教わったとのこと。それが私の母に受け継がれていました。……土鍋にマーガリンかバターをたっぷり引いて、そぎ切りにした白菜、豚肉、とうもろこしを入れてぐつぐつ煮るだけ。水は白菜からたくさん出るので入れません。わが家では、できあがったら、大根おろしと醤油をかけ、御飯のおかずとして食べていました。(「YIG編集ブログ」二〇〇八年一月二四日投稿記事 http://yigblog.sbpnet.jp/?month=200801, 二〇一二年一〇月七日閲覧)

ブログの記事であるため、伝承地などを確定することはできないが、やはり豚肉と白菜を基調とした鍋であることがわかる。

福岡名物となっている明太子の普及にも引揚者の影響が見られる。明太子業界の草分けの一つといわれる「ふくや」(福岡市)の明太子は、朝鮮半島からの引揚者が釜山居住時代に食べていた明太子を再現しようとして生み出したものである。創業者の川原俊夫氏(一九一三年朝鮮・釜山生まれ)は、満洲電業社員として満洲時代を送り、その後、沖縄での従軍を経て一九四五年に博多に引揚げた。満洲で結婚した妻千鶴子氏(朝鮮・仁川生まれ)も子供を連れて一九四六年に博多へ引揚げた。俊夫氏は天神の闇市で商売をしていたが、一九四八年、引揚者用市場として用意された「中洲市場」で食料品店「ふくや」を開店。俊夫氏は、夫妻がともに朝鮮で食べて育った朝鮮式の明太子を商品として売ることを思いつく。材料や味付けに試行錯誤を重ねた末、一九四九年に明太子を店頭に並べると、戦後復興期の中洲において夜の盛り場の酒肴として重宝された。こうしたこともあって明太子は広く世の中に知られるようになり、また同業者も多数出現するようになった。さらに、一九七五年の新幹線の博多開通により、博多の名産品として全国にその名が知られるようになった[生方 一九九二]。

現在、明太子業者は、「全国辛子めんたいこ食品公正取引協議会」会員企業だけで約一二〇社を数えるが(全国辛子めんたいこ食品公正取引協議会提供資料による)、明太子業界の歴史の初期には引揚者による商品開発があったわけで、明太子はまさに「引揚者文化」の代表例の一つであるということができよう。

4　新たな鉱脈の発見へ

以上、わたしたちのまわりにある市場やショッピングセンター、企業、団地や住宅地や開拓地、あるいは食文化など、世の中のさまざまな局面に引揚者の存在が関わっていることを眺めてきた。日常見なれた光景も、その地層を掘ってゆくと、そこに意外な過去が存在していることを理解してもらえたと思う。

最後に、民俗学の魅力と課題について述べておきたい。筆者は、民俗学の最大の魅力は、何気ない日常生活に隠された意外な問題を「発見」することにあると思っている。例えば、この学問では、これまで「山人」「隠居」「若者組」「兄弟分」「祖霊」「来訪神」「依り代」「巫女」「ハレ・ケ・ケガレ」「ミロク」「両墓制」といった鉱脈を発見し、これについて多くの研究を蓄積してきた。これらは、過去一〇〇年の間に民俗学者たちが発見した大鉱脈だが、民俗学が探り当てることのできる鉱脈は、これに尽きるものではないだろう。たとえば、引揚者の問題は日本列島上のあちこちで顔を出す。列島の生活文化の地層には、明らかに引揚者という鉱脈が横たわっている。それと同様に、民俗学が掘り起こすべき鉱脈はまだまだこの日本列島に横たわっているはずだ。

かつて、民俗学者たちは、日本中を歩き回って鉱脈を発見した。それと同様に、われわれも、広く全国を、そして世界を歩かなければならない。問題発見の旅である。もちろん、その際、ただ歩けばよいというものではなく、広い知識や教養、見聞が伴っていなければならないことはいうまでもない。発見のセンスを磨きつつ、旅を続けるのである。いつかこの本の読者の中から、現代の人びとの生活の地層に眠っている大鉱脈を発見する民俗学者が生まれることを期待したい。

注

（1）以下、アメ横についての記述は、塩満一［一九八二］の内容に依拠している。

（2）ただし、戦後開拓地についての研究は若干存在する［蘭 一九九四、三室 二〇〇二］。戦後開拓地については、第3節を参照。

第9章 ヴァナキュラーとは何か

現在、アメリカ民俗学においては、ヴァナキュラーという概念が民俗学の研究視角や研究対象を表わすものとして多用されている。日本では、ヴァナキュラーというと、長らくイヴァン・イリイチ［一九八二］による概念のみが取り沙汰される傾向にあったが、アメリカにおいては、それを大きく超えたところで議論が深められて今日に至っている。

こうした状況は、近年、日本にも紹介されるようになっており[1]、わたしもまたヴァナキュラーをめぐるアメリカ民俗学の動向を把握しながら、「民俗」をめぐる理論的考察を進めてきた［島村 二〇一八a、二〇一九a］。ヴァナキュラーについての関心は、中国や韓国でも高まっており[2]、とりわけ韓国では、二〇一九年に、東アジア初のヴァナキュラーをめぐる国際シンポジウムが開催されている[3]。このシンポジウムには、アメリカ、ドイツ、中国、韓国、日本の研究者が参加し、わたしもその中の一人として招待講演を行なった。以下に収録するのは、そのときの講演原稿である。

はじめに

筆者はここ数年、民俗学の基盤的な概念である「民俗」という概念をめぐり、理論的考察を行なってきているが、その過程で、現代アメリカ民俗学における基盤的概念としての「ヴァナキュラー」についても検討を行なっている。ここでは、アメリカ民俗学におけるヴァナキュラー概念のあり方について概観した上で、筆者自身によるヴァナキュラー＝民俗についての考えを提示する。

1 フォークロアからヴァナキュラーへ

フォークロア

これまで、民俗学では、‘Volkskunde’（フォルクスクンデ。ドイツ語）、‘folklore’（フォークロア。英語）、‘traditions populaires’

〈トラディション・ポピュレール。フランス語〉、「民間伝承」（中国語、朝鮮語、日本語）、「民俗」（中国語、朝鮮語、日本語）などの用語のもと、主として農村社会で伝承される民間歌謡、民間文学、民間信仰、民間芸能、民間工芸などが好んで研究されてきた。これは元来、民俗学的な視角、すなわち「〈啓蒙主義的合理性や覇権・普遍・主流・中心とされる社会的位相〉とは異なる次元で展開する人間の生」へのまなざしによって抽出できる経験や知識や表現がこれらの対象に多く含まれていると想定されたからだと考えることができる。もっとも、現実には、なぜそれが民俗学の研究対象になるのかという根源的な次元への認識を欠いた状態で、民俗学は上にあげたようなジャンルの「農村」の「伝承」を扱うものだという形式的先入見のみで研究が行なわれるという実態も根強く存在してきた。この状況は、洋の東西を問わず、各地で確認できるが、たとえば英語圏では、そのような研究対象の先入見的固定化が、一般社会における民俗学のイメージに大きな影響を与え、folkloreといえば、「田舎の古めかしくて珍奇な言い伝えのこと」というネガティブなイメージがステレオタイプとして広がってしまっていることも事実である。

　こうしたfolkloreをめぐるステレオタイプ的理解に対して敢然と挑戦したのが世界的に知られるアメリカの民俗学者アラン・ダンデス（Alan Dundes, 1934-2005）であった。ダンデスは、一九六五年に刊行された“What is Folklore?”という論文で、「'folk'という用語は、少なくとも一つの共通の要素を共有しているいかなる集団の人々についても言及することができる。結合要素が何であろうとかまわない——それは共通の職業であってもよいし、言語または宗教でもよい——、しかし、重要なことはどんな理由で形成された集団でも自分自身のものと呼べるいくつかの伝統（traditions）を持っていることだろう」[Dundes 1965: 2]と述べ、農民がfolkloreを持つのみならず、炭坑夫、鉄道員、野球選手、サーファー（サーフィンをする人びと）、オートバイ乗り、コンピューターのプログラマーなどにも独自のfolkloreがあるとした。

　ダンデスのこの説明は、それまで、ともすれば、農民（peasant）社会や農村（rural）の集団としてとらえられがちであった'folk'の定義を刷新し、またそれによって、ともすれば、「田舎の古くさくて奇妙な習慣」のことと考えられがちだった'folklore'という語のイメージを刷新する画期的なものであった。

　もっとも、ダンデスの段階では、folkloreのloreにあたるものは、伝統（tradition）のこととされており、この点では、民俗学の対象を静態的なテクスト（text）としてのtraditionとみなす従来の民俗学を大きく超えるものではなかった。loreの理解に、その後、大きな変化をもたらしたのは、一九七〇年代からさかんになったパフォーマンス研究である。パフォーマンス研究では、歌や物語が特定のコンテクストの中でいかに歌われ、語られるかの過程、あるいは造形物が特定のコンテクストにおいていかに作られるかの過程などが、パフォーマンスとして分析されるようになった(4)。このような研究の進展の中で、folkloreとはテクストであるのみならず、それがパフォームされるプロセスそのものであるという理解が広まった。ダン・ベン－アモス（Dan Ben-Amos）が提示した、「folkloreとは、小集団における芸術的（artistic）なコミュニケーション」［Ben-Amos 1977: 13］のことであるとする定義は、こうした理解を代表するものである。

ヴァナキュラー

このように民俗学の内部では、二〇世紀後半になって folkloreの定義に大きな変化が見られたが、一方で、一般社会におけるfolkloreのイメージは、依然として、「田舎の古くさくて奇妙な習慣」にとどまっている場合があり、民俗学者たちは、このようなイメージの払拭に努め続けなければならなかった。そうした中で、二〇〇〇年代に入って以降、フォークロア（folklore）の語に変えて、ヴァナキュラー（vernacular）の語を民俗学の対象の名称として用いる動きが活発になっている。

vernacularは、語源的に、「土着的（native, domestic, indigenous）」を意味する*vernaculus*、「地元で生まれた奴隷（homeborn slave）」を意味する*verna*（いずれもラテン語）にまで遡ることができる英語である。この語は、権威あるラテン語に対する世俗の言葉、すなわち俗語を意味する語として用いられるとともに、「方言」「土着的」「風土的」といった意味の言葉としても長らく用いられてきた。この言葉は、一九五〇年代以降、民俗学（アメリカ民俗学）に導入され、民俗学的建築研究の領域で「ヴァナキュラー建築」の語が使用されるようになり、さらにその後、芸能、工芸、食、音楽をはじめ、より広い対象に対してもこの語が使われるようになった［Vlach 1996: 734］。そこには、必ずしも明確な理論的見通しや定義を伴なわず、folkloreの語の漠然とした言い換えにすぎない使われ方も見られるが、一方で、理論的な検討も進められてきた。最も早い時期のそれはマーガレット・ランティスによるものである。

ランティスのヴァナキュラー論

マーガレット・ランティス（Margaret Lantis, 1906–2006）は、モーレス（mores）やフォークウェイズ（folkways）や慣習（customs）といった語には、①体系的、原理的な定義づけが乏しい、②「伝統」や「過去」という含意（コノテーション）が伴い、現代的な現象を表すのには不向きである、③とくに「慣習」の語は、意味づけが多様で、また主観的に用いられることが多い、といった欠点があると論じた上で、それらが表現できない、全体文化のうちのある部分を表わす用語として、「ヴァナキュラー・カルチャー（vernacular culture）」の語を提唱した。それは、「伝統」や「プリミティブなもの」とは区別されるもので、ゲマインシャフトとゲゼルシャフトとからなる網の目の中で、場所や状況に即して構造化される談話（speech）や行動（behavior）をさす。ランティスは、ヴァナキュラー・カルチャーは、オフィス、工場、商店、学校、教会、駅の待合室、行楽地といった場所、状況における、さまざまな階層の人びとの相互行為はもちろん、メディアや商業活動を通して広がる文化要素が各地で受容される場面においても見出すことができると述べている［Luntis 1960］。

ドーストのヴァナキュラー論

ジョン・ドースト（John Dorst）は、「タグとバーナー、サイクルとネットワーク――テレクトロニック時代のフォークロア――」という論文［Dorst 1990］で、これまで民俗学が研究対象にしてきた事象に加え、現代都市の地下鉄のグラフィティ（タグおよびバーナーと呼ばれるもの）やインターネット上のジョークなどを考察の対象に加えるべきことを論じた。その際、その定義を明確に示しているわけではないものの、既存の民俗学の枠組みには収まらない事象をとらえるのにヴァナキュラーの語を導入している。そして、ヴァナキュラーの持つ対抗覇権主義的な性格を指摘しつつ、同時に、それが高度な消費文化によって植民地化される事態について配慮すべきだと注意を促している。

ドーストのこの論考は、民俗学の理論展開を促進するものとして同時代の民俗学者に受け入れられ、発展的な見解が提示されるに至った。ロジャー・エイブラハムズ（Roger David Abrahams, 1933-2017）は、ドーストの議論をふまえ、民俗学の研究対象は「〈ヴァナキュラー〉と呼ぶべき形態であって、やはり〈フォークロア〉は、創造的プロセスを包括する術語としては不適切である。（中略）ヴァナキュラリティは、必ずしも進行形の相互行為の場に居合わせない人々の間に生じている。今日、メッセージの保存、検索、送信、再生産という新しい科学技術が、ヴァナキュラリティを多くの側面で維持している。確かに、諷刺的な感受性と権力への抵抗といった特徴は、こうした匿名的な環境で強まっているのである」［Abrahams 1993: 7］と述べた。

また、バーバラ・カーシェンブラット－ギンブレット（Barbara Kirshenblatt-Gimblett）は、〈ヴァナキュラーなものと覇権的なものとの区別を無化して浸透する覇権的な力〉への警戒を主張するドーストの見解に賛同しながらも、「私は『テレクトロニック時代』には文化生産と民俗学の双方において、さらに大きな可能性があると考えている」［Kirshenblatt-Gimblett 1998: 320］と述べた。カーシェンブラット－ギンブレットが見出した可能性は、後述するロバート・ハワードのヴァナキュラー・ウェブ研究においてより具体的な展開として示されている。

プリミアノのヴァナキュラー論

ドーストのあと、ヴァナキュラーをめぐる理論的研究を一気に推し進めたのは、レオナルド・プリミアノ（Leonard Norman Primiano）である。プリミアノ［Primiano 1996］は、ヴァナキュラーの語を語史的・語誌的に検討し、この語に、地域的（local）、土着的（native）、個人的（personal）、私的（private）、芸術的（artistic）などの含意があることを明らかにした。そしてその上で、従来の民俗学では、エリート／フォーク（民衆）、公式／非公式、制度／非制度、文字／口承といった二項対立を設定し、それぞれの組み合わせのうち、右側の項にあたるものを民俗学の研究対象としてきたが[5]、そうした対立軸によって対象を把握するのではなく、エリートか民衆か、公式か非公式か、制度か非制度か、文字か口承かの別に関わらず、それらが「生きられ」ている場合、すなわち、個人によって解釈され、実践されている場合、それらは等しくヴァナキュラーとして把握されるのだと論じた。

プリミアノは、とくにヴァナキュラーの次元での宗教のあり方を取り上げ、次のように説明している。

> ヴァナキュラー宗教は、生きられた宗教、すなわち人々が出会い、理解し、解釈し、実践する宗教である。宗教は解釈を生得的に伴うため、個人の宗教がヴァナキュラーでないことは有り得ない［Primiano 1995: 44］。

> 実のところ、規範的宗教の諸団体や諸媒介はあろうとも、「公式宗教」を表出する実践の客観的存在はない。誰しも、制度的聖職階級における特別なエリートやメンバーであろうとも、ローマの教皇も、チベットのダライ・ラマも、イスタンブルの総主教も、エルサレムのチーフ・ラビも、純粋無垢な宗教生活を「公式」に生きてはいない。こうした聖職階級のメンバーは、その宗教伝統における制度規範の最たる側面を代表していようとも、ヴァナキュラー的（vernacularly）に信仰し実践している。そこには常に、幾らかの受動的適応があり、幾らかの興味深い伝承があり、幾らかの能動的創造があり、幾らかの反体制的衝動があり、幾らかの生活経験からの反省があり、そうしてこれら個々人がどのように宗教生活を送るかに影響している［Primiano 1995: 44］。

プリミアノ自身は明言していないものの、「生きられた」次元に着目する彼のヴァナキュラー概念の背後には、現象学の考え方が存在していると考えられる。このことは、民俗学理論として重要な点である。このあと筆者自身が提示するヴァナキュラーの定義においても現象学的視点が取り入れられているのだが、筆者による定義の議論に入る前に、もう一つ、近年提示されたヴァナキュラー概念をめぐる最新の理論研究について検討したい。

ハワードのヴァナキュラー論

ロバート・グレン・ハワード（Robert Glenn Howard）は、ヴァナキュラーを、「〈顕在的もしくは潜在的に、制度（institution）の外側で、発生し（generated）、認められ（authorized）、力づけられる（empowered）文化的表現（cultural expression）〉」［Howard 2015: 251］であるとした上で、インターネット上のヴァナキュラー（＝ヴァナキュラー・ウェブ（vernacular web））を分析する。

そして、カトリックの同性愛者［Howard 2008a］、大手自動車メーカー［Howard 2008a］、大統領選出馬候補者［Howard 2008b］らがそれぞれ開設したブログの事例分析をとおして、ヴァナキュラー・ウェブにおけるヴァナキュラーのハイブリッド性について論じている。

ハワードは、ヴァナキュラー・ウェブにおいては、純粋な本質としての〈制度〉や〈ヴァナキュラー〉というものは存在せず、ヴァナキュラーは、実際には、〈制度的（institutional）なもの〉と〈ヴァナキュラー〉の混成物（ハイブリッド）として存在すると論じる［Howard 2008a, 2008b］。そして、マス・メディアなど旧来のメディアと違い、ヴァナキュラー・ウェブにおいては、制度の外側にある者たちの声が、制度の内側に入り込み、一定の力（ヴァナキュラー権威（vernacular authority））を持つに至る場合があること、また一方では、制度の側も、ヴァナキュラーを取り込んだり、コントロールしようとしたりする場合もあることなど、ヴァナキュラーをめぐるパワー・ポリティクスを解明しようとしている［Howard 2008a, 2008b, 2013, 2015］。

2 理論的展望

以上が、ヴァナキュラーをめぐる理論的位置づけの動向である。いずれの議論も、それぞれ有効な論点を含んでいる。ただ同時に、ヴァナキュラーを、民俗学の学術用語として定着させるだけの徹底した理論化がはかられているかというと、それは十分ではないように思われる。

そこで、以下では、これまでのヴァナキュラー論をふまえつつ、新たに筆者が、民俗学の学術用語としてのヴァナキュラーについて理論化を行なう(6)。

ヴァナキュラーの定義

最初に民俗学におけるヴァナキュラーの定義を提示すると、次のようになる。

ヴァナキュラーとは、「何らかの社会的コンテクストを共有する人びとの一人としての個人の生世界において、生み出され、生きられる経験・知識・表現で、とくに、啓蒙主義的合理性では必ずしも割り切ることのできない、あるいは覇権主義や普遍主義、主流的・中心的思考とは相入れない、意識・感情・感覚をそこに見出すことができるもの、もしくは見出すことができると予期されるもの」のことである。

次いで、この定義の内容について、説明を加えてゆくと以下のようになる。

経験・知識・表現

まず、「経験・知識・表現」についてだが、ここでいう「経験」とは、実際に見たり、聞いたり、行なったりすることとその蓄積をさす。たとえば、「ライフヒストリー」や「個人的経験の語り」として語られる物語の内容は、まさにこの経験という概念で把握できよう。「知識」は、世界に対する知恵や見識、理解や認識の内容のことである。「表現」は、第一義的には人間の内面にあるものを外側に向けて伝達するプロセスとその伝達内容のことをさす（この場合、意図的なものだけではなく、結果的な伝達もここに含む）が、加えて、人間が何らかの事物に意味を読み取る場合、その事物は、その意味内容を「表現」している（あるいは意味が「表現」されている）として、「表現」の範疇でこれを把握することとしたい。

このように、ヴァナキュラーの内容として、「経験」「知識」「表現」の三つの概念が設定されているが、この三者は、実際には複合していることが多い。たとえば、ライフヒストリーや個人的経験の語りは、人びとの「経験」についての語りだが、その「経験」にはさまざまな「知識」が包含されている。そして、その語りは、それを語る人間が行なう「表現」に他ならない。あるいは、ヴァナキュラーは、表現されるものであり、知識であり、経験である、ということも可能であろう。

生み出され、生きられる

次に、「生み出され、生きられる」の説明に移ろう。ここでいう「生み出される」とは、人間によってヴァナキュラーが創造されることをいい、「生きられる」とは、ヴァナキュラーが、人間によって実際に行なわれることをさす。

なお、この場合、ある人によって生み出されたヴァナキュラーは、同時にその人によって実際に行なわれている、すなわち生きられているともいえるため、「生み出される」と「生きられる」とは、きわめて近接した関係にあるといってよい。

また、人物Ａによって生み出され、生きられたヴァナキュラーａが、人物Ｂに伝えられ、人物Ｂによって生きられる場合、そのヴァナキュラーは、人物Ｂなりに生きられているのであり、そのことは人物Ｂによるある種の創造といえるから、人物Ａによって生み出され、生きられたヴァナキュラーａは、人物Ｂによってヴァナキュラーa′もしくはヴァナキュラーｂとして生み出され、生きられているのだということになる。

生世界

ところで、ここで確認しておきたいのは、こうしたヴァナキュラーを生み出し、生きるその当事者は、一人の人間、すなわち個人であるという点だ。ヴァナキュラーが集団的に生み出され、生きられているように見えても、実際にそれを行なっているのは、集団を構成する一人ひとりの個人である。そして、より厳密にいうと、ヴァナキュラーが生み出され、生きられるのは、個人の「生世界」においてである。

「生世界」とは、現象学でいう Lebenswelt, life-world のことで、「それだけがただ一つ現実的な世界であり、現実の知覚によって与えられ、そのつど経験され、また経験されうる世界であるところ」のもの、「われわれの全生活が実際にそこで営まれているところの、現実に直観され、現実に経験され、また経験されうる」世界、「われわれの具体的な世俗生活においてたえず現実的なものとして与えられている世界」［フッサール 一九九五：八九―九三］、「自然的態度に留まっている人びとにとっては自明である前科学的な現実」、「人がそのなかで自らの身体をとおして作用することによってそれに介入し、それを変化させることのできる現実領域」、「常識的態度のうちにいる十分に目覚めた通常の成人が、端的な所与として見出す現実領域」、そこにおいてのみ「共通のコミュニケーション的周囲世界が構成され得る」「人びとにとって特別な至高の現実」［シュッツ／ルックマン 二〇一五：四三］とされるもののことである。[7]

社会的コンテクストを共有する人びと

ところで、ヴァナキュラーは「個人の生世界において生み出され、生きられる」といっても、その個人とは、社会の中の存在、すなわち社会的存在であって、個人が、人びとの集まり、すなわち集団とまったく無関係に存在するということはありえない。

純粋に孤立した個人がヴァナキュラーを生み出し、生きるのではなく、その個人は、人びとの中の一人として、人びとと関わりながら、ヴァナキュラーを生み出し、生きている。そこには、個人の創造性とともに、濃淡の差はあっても、集団からの影響関係も見出すことが可能である。

それでは、この場合の集団とはどのような人びとのことか。それは、「何らかの社会的コンテクストを共有する人びと」である。ここでいうコンテクストとは、文脈、脈絡のことで、たとえば、地域、家族、親族、友人、学校、宗教、宗派、エスニシティ、ジェンダー、階層、国家、時代、世代、社会問題、共通の関心など、さまざまなものが想定される。[8]ヴァナキュラーを生み出し、生きる個人は、こうしたコンテクストを共有する集団（人びと）の一人として存在する。もとより、ある個人は、一つの集団だけに属するわけではない。人は、さまざまな集団の中の一人として生活しているのであり、そこにおいてさまざまなヴァナキュラーを生み出し、生きているのである。

啓蒙主義的合理性では必ずしも割り切ることのできない、あるいは覇権主義や普遍主義、主流的・中心的思考とは相入れない、意識・感情・感覚

次に、定義の後段にある「とくに、啓蒙主義的合理性では必ずしも割り切ることのできない、あるいは覇権主義や普遍主義、主流的・中心的思考とは相入れない、意識・感情・感覚をそこに見出すことができるもの、もしくは見出すことができると予期されるもの」についてだが、この部分こそが、ヴァナキュラーをして、民俗学の概念たらしめる内容である。

第1章で述べたように、民俗学とは、「〈啓蒙主義的合理性や覇権・普遍・主流・中心とされる社会的位相〉とは異なる次元で展開する人間の生を、〈啓蒙主義的合理性や覇権・普遍・主流・中心とされる社会的位相〉と〈それらとは異なる次元〉との間の関係性も含めて内在的に理解することにより、〈啓蒙主

義的合理性や覇権・普遍・主流・中心とされる社会的位相〉の側の基準によって形成された知識体系を相対化し、超克する知見を生み出そうとする学問」である。したがって、民俗学がある事象を研究対象に設定して研究する場合、それは、その対象についての研究をとおして、「〈啓蒙主義的合理性や覇権・普遍・主流・中心とされる社会的位相〉の側の基準によって形成された知識体系を相対化し、超克する知見を生み出」すためであり、そのための視角と方法が、〈啓蒙主義的合理性や覇権・普遍・主流・中心とされる社会的位相〉とは異なる次元で展開する人間の生に着目し（視角）、それを〈啓蒙主義的合理性や覇権・普遍・主流・中心とされる社会的位相〉と〈それらとは異なる次元〉との間の関係性も含めて内在的に理解する（方法）というものなのである。

だとすると、民俗学が、その研究対象をさすために用意する概念、すなわち、ヴァナキュラーは、この視角と方法を体現したものでなければならず、この点に配慮して用意した文言が、ヴァナキュラーの定義中にある「とくに、啓蒙主義的合理性では必ずしも割り切ることのできない、あるいは覇権主義や普遍主義、主流的・中心的思考とは相入れない、意識・感情・感覚をそこに見出すことができるもの、もしくは見出すことができると予期されるもの」なのである。ちなみに、ここで「啓蒙主義的合理性では必ずしも割り切ることのできない、あるいは覇権主義や普遍主義、主流的・中心的思考とは相入れない、意識・感情・感覚をそこに見出すことができるもの」に加え、「見出すことができると予期されるもの」を加えているのは、研究対象設定の現場を想像すれば容易に理解が可能であろう。すなわち、ある対象について調査・研究を行なう場合、調査・研究を開始する段階では、その対象に「啓蒙主義的合理性では必ずしも割り切ることのできない、あるいは覇権主義や普遍主義、主流的・中心的思考とは相入れない、意識・感情・感覚」が見出せるかどうかわからず、作業仮説的に、「見出せる」ことを予期して対象化をはかることは大いにあり得る。このことをふまえ、「予期されるもの」を定義のうちに含めているのである。

ヴァナキュラーの具体例

ヴァナキュラーが以上のように定義されたところで、次に、具体的にどのようなものがヴァナキュラーなのか、いくつか例をあげてみよう。ここにあげた定義にしたがえば、これまで民俗学でさかんに取り上げられてきた歌謡、物語、信仰、俗信、年中行事、芸能といったジャンルはもとより、ストリートミュージシャン、地下鉄、自動車、航空機、高層のオフィスビル、証券取引、高度な医療技術、ユネスコ、国会、地方議会、官公庁、民間企業、工場、教育機関、ショッピングモール、スポーツイベント、アニメ、マス・メディア、スマートフォンなど、あらゆるものごとについて、それらが（何らかの社会的コンテクストを共有する）人びとの生世界において生み出され、生きられる限りにおいて、民俗学的視角による対象化（＝〈啓蒙主義的合理性や覇権・普遍・主流・中心とされる社会的位相〉とは異なる次元で展開される人間の生への着目)、すなわちヴァナキュラーとしての把握の可能性が発生する。

離床と再着床

逆に、ヴァナキュラーとして把握できない(=ヴァナキュラーたりえない)ものは、生世界で生み出されたもの(現象学的には、科学技術も含めあらゆる事象は、もともとは生世界から発生している)であっても、生世界から離床(disembedding)し、生世界とは別の次元で客体化され、自立、自走しているものごとである。公式性、専門性によって特徴づけられる制度、組織、知識、技術、情報、表象、商品およびそれらの複合体としてのシステムがこれにあたる(9)。

もっとも、それらについても、それらが人びとの具体的な生の現場で(すなわち、生世界において)、現実的に実践、運用、経験される(すなわち、生きられる)場合、そこに見出される経験・知識・表現は、民俗学的視角のもとで、ヴァナキュラーとして対象化されうる。たとえば、証券取引というシステムそれ自体は、抽象的システムであり、ヴァナキュラーではない。しかし、それが人びとの間で、実践、運用、経験される(すなわち、生きられる)とき、証券取引は、民俗学的視角のもと、それを実践、運用、経験する人びとにとってのヴァナキュラーとして論じることが可能となるのである。なお、こうした、生世界から離床していた事物が、人びとの生世界において再び「生きられる」状況は、生世界からの離床に対して、生世界への再着床(reembedding)と表現されることになる。

ヴァナキュラーと民俗

ところで、ここで、以上に見てきたヴァナキュラーと漢字語圏の民俗学における「民俗」との関係はどのようなものかについても説明しておく。

民俗は、民俗学が対象把握のために設定する漢字語による概念である。ヴァナキュラーは、民俗学が対象把握のために設定する英語による概念である。両者の違いは、言語の違いにすぎず、概念自体は、同一である。つまり、ヴァナキュラーは民俗のことであり、民俗はヴァナキュラーのことである。

これまで、漢字語圏の民俗学では、民俗について、さまざまな概念規定がなされてきた。たとえば、日本の民俗学では、民俗を「伝承と慣習の複合体」[平山 二〇〇〇:六三八―六三九]とか「一定の地域で生活を営む人々が、その生活や生業形態の中から育み、伝承してきた生活文化やそれを支える思考様式」[谷口 一九九六:四]として説明してきた。しかし、筆者は、それに満足せず、筆者による民俗学それ自体の定義と整合させるかたちで、より理論的精度の高い概念設定を行なってきた[島村 二〇一八a、二〇一九a]。その内容が、本章で筆者自身によるヴァナキュラーの概念規定として説明した内容である。つまり、筆者が構築した民俗の概念規定は、筆者が構築したヴァナキュラーの概念規定と同一なのである。このことをここで明確にしておきたい。

ホモ・ヴァナキュラス

姜正遠は、「民俗人と脱植民主義」という論文〔姜 二〇一三〕の中で、民俗学的人間像としての「民俗人（Homo Folkloricus）」を提唱しているが[10]、筆者は、これに続くものとして、ヴァナキュラー概念にもとづく民俗学的人間像としての「ホモ・ヴァナキュラス（Homo Vernaculus）」を提唱したい。これは、「〈啓蒙主義的合理性や覇権・普遍・主流・中心とされる社会的位相〉とは異なる次元の生を生きる人間」のことである。

なお、この場合、〈啓蒙主義的合理性や覇権・普遍・主流・中心とされる社会的位相〉を生きる人間であっても、その生において生み出され、生きられる経験・知識・表現の中に「啓蒙主義的合理性では必ずしも割り切ることのできない、あるいは覇権主義や普遍主義、主流的・中心的思考とは相入れない、意識・感情・感覚をそこに見出すことができるもの、もしくは見出すことができると予期されるもの」が含まれているケース、すなわちヴァナキュラーが存在している場合は十分に予想される。「ホモ・ヴァナキュラス」とは、そうした状況も視野に入れて設定する人間像である。

３　社会・文化哲学とヴァナキュラーの民俗学

最後に、以上のようにヴァナキュラー概念を軸に理論化された民俗学を、社会・文化哲学との関わりの中で位置づけておく。

ニーチェ

一九世紀後半を生きたドイツの哲学者、フリードリヒ・ヴィルヘルム・ニーチェ（Friedrich Wilhelm Nietzsche, 1844-1900）は、『悲劇の誕生』〔ニーチェ 一九六六〕をはじめとする一連の著作において、ソクラテスにはじまり、近代ではデカルト、ヘーゲルに代表される理性主義、合理主義、真理主義を批判し、ギリシア神話に登場する神、ディオニュソスの名を用いて、対理性主義的、対合理主義的、対真理主義的な領域（＝ディオニュソス的な領域）こそが、人間にとっての第一義的な生の領域だと述べた。彼のディオニュソス論は、以下に見るように、その後の社会・文化哲学に大きな影響を与えている。

もともとギリシア古典文献学の研究者であったニーチェは、古代ギリシアの精神史の中に、理性的、合理的、思弁的な文化原理と、非理性的、非合理的、非思弁的な文化原理という二つの対比的な文化原理が存在することを見出し、ギリシア神話に登場する神の名を用いて、前者を「アポロン的なるもの」、後者を「ディオニュソス的なるもの」と形容している。

ニーチェは、ギリシアの精神史を、（１）ホメロス以前の「巨人時代」（ヘシオドスによる「五世代」説における青銅時代）＝デュオニュソス的、（２）ホメロスの時代＝アポロン的、（３）ポスト・ホメロスの時代＝ディオニュソス的、（４）ドーリス式世界観の時代（スパルタの時代）＝アポロン的、という各段階を経て、(5)ディオニュソス的な文化原理とアポロン的な文化原理とが調和した「ギリシア悲劇」の時代[11]がやってきたとした[ニーチェ 一九六六：六五―六六]。

そして、ディオニュソス的な文化原理とアポロン的な文化原理とが調和しているがゆえに、「ギリシア悲劇」の時代こそが、ギリシアの精神史上、最もすぐれた時代であると論じた。その際、彼は、アイスキュロス、ソフォクレス、エウリピデスという代表的な三人の「悲劇」作家について考察したが、このうち、エウリピデスについては、「ギリシア悲劇」に退廃をもたらした作家として批判的に位置づけている[ニーチェ 一九六六：五九―一四五]。

ニーチェは、エウリピデスを批判する理由を、彼の作品が、「ディオニュソス的要素を悲劇から排除し、非ディオニュソス的な芸術と慣習と世界観の上に、純粋に新たな悲劇を築き上げること」をめざすものであったから、すなわち彼が「劇をもっぱら非ディオニュソス的なものの上にうち建てよう」とする意図を持っていたからだとしている。そしてさらに、エウリピデスのこの傾向は、哲学者ソクラテスが志向したものと一致していると論じている。ニーチェによると、「彼以前に前例のなかった存在形式」、すなわち「理論的人間」であるソクラテスは、主知主義的な立場から、人びとの「見識の欠如と妄想の威力」を排除しなければならないと考え、既成の道徳、芸術を断罪した。ソクラテスは、「悲劇」を、「快適なものだけを描いて有用なものを描かない追従の芸術に数え、したがって弟子たちには、このような非哲学的な刺戟から遠ざかるように、きっぱり縁を切るように求めた」のであり、その教えのもとで、「若手の悲劇作家プラトンが、ソクラテスの弟子を志して、まっさきにその作品を焼きすてたほど」であった[ニーチェ 一九六六：一三五―一五五]。

ソクラテスの影響力は巨大なもので、それはたとえば、ヘレニズム期のアレクサンドリア文化[12]に典型的に見られ、さらに、ルネッサンス期にアレクサンドリア文化が伝えられたヨーロッパにおいても同様であった。「われわれの近代世界全体は、アレクサンドリア的文化の網の中にとらえられており、その理想とする人間は、最高の認識力をそなえて科学のために働く人間、ソクラテスを原像とし祖先とするような理論的人間」なのだとニーチェは述べている[ニーチェ 一九六六：一六二―二〇一]。

ニーチェのディオニュソス論は、単なるギリシア思想史研究ではない。彼は、自らのディオニュソス論を、ニーチェが生きた時代のドイツ社会に対する批判として展開した。

ニーチェによれば、「ソクラテス主義の帰結である現代の姿」とは、人びとが「軽率にも現代というものを祭りあげて賛美し、あるいは無感覚にも永遠なものに背をむけて、すべてを『時代の相のもとに』、つまり『今時』の相のもとに見ているだけ」の状態、「抽象的な人間・抽象的な教育・抽象的な道徳・抽象的な法律・抽象的な国家」を生きるにすぎない状態であり、そこには「塵埃・土砂・硬化・憔悴があるばかり」であるという[ニーチェ 一九六六：二一七―二五三]。

それに対して、ニーチェが提示する処方箋は、「ディオニュソス的生命」の再生である。「われわれの疲れはてた文化の荒涼とした風景も、ディオニュソスの魔力がそれに触れるとき、突然その姿をかえる」。「一陣の突風は、あらゆる老衰したもの・朽ちはてたもの・破れたもの・しなびたものを引っつかみ、渦をまきながら赤い砂塵の雲のなかにつつんで、禿鷹のように大空たかくはこび去ってしまう」のであり、突風が去った後には、「充実して青々としており、あふれるばかりに生き生きとしており、あこがれにみちみちて無限」な「生と苦と快」が、「谷底から金色の光の面にうかびあがって」くるかのようにして姿を現わすことになる。そしてまたこのような「ディオニュソス的魔力のもとでは、人間と人間とのあいだのつながりがふたたび結びあわされ」るとともに、「疎外され、敵視され、あるいは圧服されてきた自然も、その家出息子である人間とふたたび和解の宴を祝う」のだ。ニーチェは、このように述べている[13]［ニーチェ　一九六六：四三―四四、二二一―二二三］。

ヴェーバー

マックス・ヴェーバー（Max Weber, 1864-1920）は、近代ヨーロッパにおける資本主義的エートスの発生と展開を論じた『プロテスタンティズムの倫理と資本主義の精神』を以下の文言で閉じている。

> 将来、この鉄の檻の中に住むものは誰なのか、そして、この巨大な発展が終わるとき、まったく新しい預言者たちが現われるのか、あるいはかつての思想や理想の力強い復活が起こるのか、それとも―そのどちらでもなくて―一種の異常な尊大さで粉飾された機械的化石と化することになるのか、まだ誰にも分らない。それはそれとして、こうした文化発展の最後に現われる「末人たち」»Letzte Menschen«にとっては、次の言葉が真理となるのではなかろうか。「精神のない専門人、心情のない享楽人。この無のもの《ニヒツ》は、人間性のかつて達したことのない段階にまですでに登りつめた、と自惚れるだろう」と［ヴェーバー　一九八九：三六六］。

この文章について、社会学者の見田宗介は、つぎのように論じている。

> 「ウェーバーが近代社会を形成してきた精神のキーワードとして語っているのは、〈魔術からの解放〉ということで」あり、「日本では〈魔術からの解放〉〈呪術からの解放〉〈脱呪術化〉〈脱魔術化〉などと訳されてきた言葉」だが、その原語は、Entzauberung（エントツァウベルンク）というドイツ語である。この場合、ウェーバーは、この語を、ドイツの文学者フリードリヒ・フォン・シラーが用いたEntzauberung der Welt（世界の脱魔術化）という表現から借りている。シラーは、「人間と人間とを結び合わせる、ふしぎな力」のことを表すのに「ツァウベル」の語を与え

ている。それは、次の歌詞にもうかがえる。「おまえの［「歓喜」の］魔力（ツァウベル）は、時の流れが厳しく分断したものを、もう一度結び合わせる。おまえのやわらかな翼が停まるところでは、すべての人間は兄弟となる。」（フリードリヒ・フォン・シラー「歓喜に」（一七八五年））

「シラーから得た『エントツァウベルンク』（魔術からの解放）という言葉をキーワードとする近代社会の形成論の中でウェーバーは、近代化をもっぱら肯定的なものとして、うらがえせば『ツァウベル』（魔的なもの）を、この歌の用法とは反対に否定的なもの、なくなってしまえばよいものとして語っているようにも見える。けれども『プロ倫』をきちんと読んでみると、このエントツァウベルンクという精神の性向が、『近代』の担い手であったプロテスタンティズム、とくにカルヴァン派とこの色彩のいくつかの宗派において、どのように人々をその友情から、隣人に対する信頼から、そして家族の愛情からさえ切り離し、一人ひとりを孤独な存在として生きさせたかということを、冷静に描いてい」ることがわかる。「『魔術からの解放』という訳語には、日本での一般的なウェーバー理解の近代主義的な傾向が反映しているように」考えられるが、「ウェーバー自身は、シラーのいう〈魔のない世界〉としての「近代」の、その『合理主義』の、厚みの深いアンビバレンス（両価性）を、見すえていたように思」われる［見田 二〇〇六：六二―六八］。

見田が着目しているシラー由来の「魔的なもの」については、ニーチェの「ディオニュソス的なるもの」が相当する。このことは、ニーチェ自身のつぎの文言から明らかである。

ベートーベンの「よろこび」の頌歌を一枚の画に変えてみるのがよい。そして幾百万の人が恐怖におそわれて塵の中にひれふす時も、ひるむことなく自分の想像力をふるい立たせてみるのがよい。そうすればディオニュソス的なものに近づくことができるのだ。今や奴隷は自由人となる。今や、やむをえぬ気まぐれや「厚かましいしきたり」が人間同士のあいだに定めた、一切の硬直した憎むべき制限は破れる。今や、宇宙調和の福音に接して、すべての人はめいめい、その隣人と結びあい、和解し、とけあっていると感じるばかりでなく、まるでマーヤのヴェールもひきちぎれてしまって、ぼろぼろになったまま、神秘的な根源的一者の前にひるがえっているにすぎないかのように、ただ一体と感じるのである［ニーチェ 一九六六：四四］。

以上からは、「魔的なもの」＝ディオニュソスをめぐる、シラーとヴェーバー、シラーとニーチェの関係がうかがえるが、ヴェーバーとニーチェとの間の関係についても、近年、指摘がなされるようになっている。

社会学者の山之内靖は、次のように述べている。

ヴェーバーにしてみれば、近代ヨーロッパの合理化を賛美したなどという解釈が流布することなど、思いもよらぬことだったに違いありません。（中略）近代ヨーロッパの合理化は、賛美されるべきものではまったくなく、むしろ、「文化発展の最後に現れる『末人たち《レッツテ・メンシエン》』」を生み出す問題の局面に他なりません。ヴェーバーはこのくだりをこう結んでいます。こうした「末人」たちにたいしては、「次の言葉が真理となるのではなかろうか。『精神のない専門人、心情のない享楽人。この無《ニヒツ》のものは、人間性のかつて達したことのない段階にまですでに登りつめた、と自惚れるだろう』と」。（中略）

『プロテスタンティズムの倫理と資本主義の精神』の末尾にでてくる「文化発展の最後に現れる『末人たち』」という印象深い表現は、実は、ニーチェの『ツァラトゥストラはこう言った』の一節からの借用なのです。となると、ヴェーバーは近代以降の合理化を問題化したというにとどまらなかったのではないか、ヨーロッパ文化全体の根源にまでさかのぼってそれを告発したニーチェから批判精神を継承していたのではないか、という想定が成り立つでしょう。（中略）ヴェーバーについては、プロテスタント精神の権化のような姿においてではなく、ニーチェとともに近代世界への鋭い反逆を試みる姿において解釈されなおさなければなるまい［山之内 一九九七：三四—三七、二四二］。

バタイユ

フランスの哲学者、ジョルジュ・バタイユ（Georges Albert Maurice Victor Bataille, 1897-1962）も、ニーチェのディオニュソス論に通じる議論を行なっている。彼は、「低い物質」（雑誌『ドキュマン』一九二九—三〇年）、「まったくの他なるもの」（雑誌『ドキュマン』）、「悲劇的なもの」（雑誌『アセファル』一九三六—三九年）、「ディオニュソス的なるもの」（雑誌『アセファル』）、「世界の深奥」（『内的体験』一九四三年）といった表現を用いて、人間の生の本来的なあり方は、理性と非理性（ディオニュソス的なるもの）とが溶融した総体的なものであるにもかかわらず、西欧近代社会は、理性のみを重視するという誤りを犯していると批判した［バタイユ 一九九八・一九九九・二〇〇九・二〇一二・二〇一七、酒井 一九九六a：四九—六四、酒井 一九九六b：二六—一九八］。

バフチーン

ディオニュソス的なるものは、ロシアの文化哲学者であるミハイール・バフチーン（Mikhail Mikhailovich Bakhtin, 1895-1975）においても着目されている。バフチーンは、フランソワ・ラブレーの小説作品を分析し、そこに中世ルネサンス期の「公式的文化」に対する、民衆の「非公式的文化」を見出した［バフチーン 一九八〇］。それは、「グロテスク・リアリズム」や「笑いの文化」とされるものだが、川端香男里は、バフチーンによるこれらへの着目を、「ソクラテス以来の文明を否定したニーチェ主義的路線の上にある」と指摘している［川端 一九八〇：四一八］。

ルフェーヴル

フランスの社会哲学者アンリ・ルフェーヴル（Henri Lefebvre, 1901-1991）も、ニーチェのディオニュソス論を自らの社会理論の中に取り込んでいる。ルフェーヴルは、『空間の生産』において、「空間の実践」[14]は、人びとにおいて「空間の表象」と「表象の空間」という二つの次元で感じとられ、正当化されるが、このうち、「空間の表象」は、科学者や技術官僚、政策立案者による「支配的な空間」であり、一方の「表象の空間」は、住民、ユーザー、芸術家、作家、哲学者といった人びとによって「生きられる」空間で、そこにはディオニュソス的な生を見出すことができるとする。そして、「表象の空間」への「空間の表象」による侵食を批判し、「空間の表象」に対する「表象の空間」からの抵抗の重要性について論じている［ルフェーヴル 二〇〇〇、斉藤 二〇〇三：一一四―一七一］。

マフェゾリ

フランスのミシェル・マフェゾリ（Michel Maffesoli）も、ディオニュソス論を展開する社会哲学者の一人である。彼は、「日常性の社会学」を探究する中で、社会生活におけるディオニュソス的なるものに着目する。ここでのディオニュソス的なるものとは、「社会の多元性、非合理性、民衆の日常生活における平凡さのなかの豊穣的受動性、突発性、悲劇性、民衆生活のなかにある反権力、慣習、儀礼、演技、演劇性、差異の様相、全国に対する地方、新聞の三面記事、時間の循環性（直線的進歩主義的斉一的歴史観に対立するところの、社会的、個人的に体験されたものとしての相対主義的時間の循環性）、人間の主観性」［佐々木 一九八五：二四五―二四六］として要約されるもののことである。マフェゾリは、こうしたディオニュソス的なるものこそが日常の本質であり、またこの本質は、近代社会においては管理・抑圧の対象であったが、ポスト・モダンの時代には、社会の表舞台を占めるものになると論じている［マフェゾリ 一九八五、一九九五、一九九七、二〇〇〇］。

さて、以上のように、社会・文化哲学の中には、ディオニュソス的なるものを探究する流れが存在するが、民俗学による「〈啓蒙主義的合理性や覇権・普遍・主流・中心とされる社会的位相〉とは異なる次元で展開する人間の生」の探究は、社会・文化哲学におけるディオニュソス的なるものの探究と問題関心を一にしているということができる。社会・文化哲学は、まさに哲学的な営為としてディオニュソス的なるものを探究し、民俗学のほうは、哲学との関わりを意識することなしに、フォークロアやヴァナキュラーという概念を用い、個別具体的な現場において、それとは知らずにディオニュソス的なるものの探究を行なってきたのである。

従来、両者を結び付けて議論する動きはほとんどなかったが[15]、今後は、ヴァナキュラー／ディオニュソス的なるものをめぐって、哲学と民俗学との弁証法的な議論が深まることを期待した い。

注

（1）たとえば、小田島建己による Leonard N. Primiano の論考の翻訳［プリミアノ 二〇〇七］、小長谷英代［二〇一七］、ウェルズ恵子編［二〇一八］など。とくにヴァナキュラー概念の形成・変遷やアメリカ民俗学における研究動向については小長谷が詳細に論じている。

（2）中国では、民俗学者の王傑文（中国伝媒大学教授）がヴァナキュラー概念について検討している［王 二〇一九］。また韓国では、イギリスで出版されたヴァナキュラー宗教についての論集 [Bowman and Valk 2012] を、ソウル大学出身の若手民俗学者たちが翻訳中である。

（3）国際シンポジウム「ポスト帝国の文化権力とヴァナキュラー――民俗学で日常を問う――」実践民俗学会、翰林大学校日本学研究所、日常と文化研究会共催、二〇一九年七月六～七日、韓国・翰林大学校。

（4）民俗学におけるパフォーマンス研究の展開については、Feintuch［2003］を参照。

（5）民俗学の研究対象を、公式／非公式、制度／非制度といった二項対立によって説明することは、アメリカ民俗学において多く行なわれてきた。たとえば、リチャード・ドーソン（Richard M. Dorson, 1916-1981）は、民俗学者の関心は、口頭文化（oral culture）や伝統文化（traditional culture）、非公式文化（unofficial culture）にあり、そのうち、非公式文化は、高尚なるもの（the high）、可視的なるもの（the visible）、制度的な文化（institutional culture）とコントラストをなしうるものであるとした［Dorson 1976: 46］。また、ジャン・ハロルド・ブルンヴァン（Jan Harold Brunvand）は、フォークロアを、文化の伝統的（traditional）で、非公式的で（unofficial）、非制度的（noninstitutional）な部分のこととした［Brunvand 1998: 8］。そして、これらをふまえて、マーシャ・シムズ（Martha C. Sims）とマルティン・スティーブンス（Martine Stephens）は、フォークロアを、「言葉や音楽や習慣や行為や行動や物質をとおして創造的に表現される、世界、われわれ自身、われわれのコミュニティ、われわれの信仰、われわれの文化、われわれの伝統についての、非制度的に（informally）学ばれる非公式的（unofficial）な知識」のことで、それはまた「他者とともに知識を共有し、創造し、コミュニケートし、パフォームする、相互的で、ダイナミックなプロセス」のことだとしている [Sims and Stephens 2011: 11-12]。

（6）理論化にあたっては、以下の点に留意して議論を構築する。

①民俗学の学術用語として設定するため、民俗学的視角を体現した概念とする。

②ヴァナキュラー概念の理論的深化が進む以前に、フォークロアの語について行なわれたダンデスによる定義更新の成果も取り入れる。

③ランティスが、ヴァナキュラーの語を用いることで行なおうとした「伝統」「慣習」「プリミティブ」といった含意の排除を継承する。

④プリミアノに潜在的に見られる現象学的な視点やハワード

による「ハイブリッドとしてのヴァナキュラー」という視点を発展、深化、洗練させる。

（7） Lebenswelt, life-world は、日本では一般に「生活世界」の語で訳されていることが多いが、ここでは、身体的「生」（生命）の次元を視野に入れた根源的な「生」世界論を展開する西原和久［二〇〇三：一九〇—一九四］の議論にしたがって、「生世界」の語を用いている。

（8） さきに言及したように、アラン・ダンデスは、folklore の担い手としての folk を「少なくとも一つの共通の要素を共有している集団の人々」であるとしていたが、筆者はこの説明を参考に、ヴァナキュラーを生み出し、生きる人々は、「何らかの社会的コンテクストを共有する人びと」であるとした。この場合、ダンデスは、人びとが folk として認定される条件を「共通の要素（common factor）を持っていること」としているが、筆者は、これを「何らかの社会的コンテクストを共有していること」としている。ヴァナキュラーは、コンテクストとともに存在すると考えており、この考え方を明確にするためである。なお、民俗学研究におけるコンテクストの重要性については、Ben-Amos［1972: 3-15, 1977: 36-53］、Sims and Stephens［2011: 18-21］を参照。

（9） ここでいうシステムとは、社会学者アンソニー・ギデンズ［Anthony Giddens 1990］がいう「抽象的システム」（Abstract Systems）に相当するものである。ギデンズは、社会関係を相互行為のローカルな脈絡から切り離し、時空間の無限の広がりの中に再構築することを「離床（disembedding）」と称し、これが近代社会における社会制度の発達に深く関わっていると論じている［Giddens 1990: 21］。そして、この「離床のメカニズム（disembedding mechanisms）」は、「象徴的通標（symbolic tokens）」の創造と「専門家システム（expert systems）」の確立という二つのタイプに分けられるとし、またこの両者をあわせて「抽象的システム（abstract systems）」と称するとしている［Giddens 1990: 80］。

　この場合、「象徴的通標」とは、「いずれの場合でもそれを手にする個人や集団の特性にかかわりなく『流通』できる、相互交換の媒体」［Giddens 1990: 22］のことであり、ギデンズはその具体例として貨幣をあげているが、それだけではなく、本文にいう「公式性、専門性によって特徴づけられる制度、組織、知識、技術、情報、表象、商品」のうち「知識、技術、情報、表象、商品」などは、この「象徴的通標」の一つにあたるといえよう。また、「専門家システム」とは、「われわれが今日暮らしている物質的、社会的環境の広大な領域を体系づける、科学技術上の成果や職業上の専門家知識の体系のこと」［Giddens 1990: 27］であり、本文でいう「公式性、専門性によって特徴づけられる制度、組織、知識、技術、情報、表象、商品」がそのままこれに相当する（ギデンズは、「抽象的システム」を「象徴的通標」と「専門家システム」の二つに分けているが、貨幣のように明らかに前者のみに相当するものもあれば、一方で両者に重複して該当するものもあると考えられる）。

（10） 姜によると、民俗人（Homo Folkloricus）とは、「働くことと遊ぶことを同時に行ないながら、伝統を発展的に受容することをとおして未来を創造する、民俗の主体」のことで、ホモ・ルーデンス（遊ぶ人間）、ホモ・ファーベル（働く人間）、ホモ・エコノミクス（経済人）の上位概念で人間の本質に符合する人間像のことである［姜 二〇一三：一四七］。なお、これとは別に真野俊和［二〇〇七］も、「人間社会のなかで民俗を伝承し、創造し、実践している主体をホモ・フォークロリカス（民俗人）と呼ぶ」とする提言を行なっている。

(11)　ギリシア古典文学史における「悲劇の時代」は、およそ紀元前五世紀前後とされる［高津・斎藤 一九六三：五六―六九］。

(12)　ヘレニズム期とは、一般に、アレクサンドル大王の東征（紀元前三三四年）からローマによるエジプト併合（紀元三〇年）までを指す。また、アレクサンドルとは、古代ギリシアの植民都市の中でも、古代ギリシア文明の学問的遺産を大量に保有していたエジプトのアレクサンドリアのことだが、ニーチェがここで「アレクサンドリア的」という場合は、「ソクラテス的」と同様に、アポロン的なるものに偏重し、ディオニュソス的なるものが排除されている文化状況を意味している。

(13)　こうしたニーチェのディオニュソス論は、ニーチェを先駆けとする、いわゆる「生の哲学」の考え方の出発点となる思想であるといってよいだろう。「生の哲学（Lebensphilosophie, philosophy of life）」とは、以下のように要約される思想のことである。「生の概念を思想原理に据えて、一九世紀末から二〇世紀初頭にかけてドイツを中心に、またフランスのベルクソンの思想とも深く連動呼応して起こった広範な思想潮流。ドイツの中心的な思想家は、ディルタイ、ジンメル、シェーラーなど。（中略）重要なことは、『生』の概念が、近代ヨーロッパ文化のもつブルジョア的性格――その人間観の功利主義的な性格――とそれに深く結びついているひたすらに『自然の支配・操作』を目指す科学技術主義的性格に対するいわば自己批判の欲求（さらには、その基礎にあるキリスト教的な自然観、生命観あるいは性意識に対する自己批判の欲求）と深く結びついていることである。この思想潮流の代表的思想家たちは一様に生の自発的で創造的な性格を強調し、固定した存在に対する『生成』の優位を主張した。また生は本質的に『全体直観』的な総合的方法でのみ把握可能であって決して機械論的な要素主義的な分析的方法では捉えられないことを強調し、人間固有の『歴史』的事象を問題にする際は、近代自然科学をモデルにする『説明』的アプローチの妥当性を否定して、人間的＝歴史的事象の『個体性』を全体直観することを基礎に据える解釈学的な『理解・了解』の方法をとることを提唱した。そして、近代自然科学の認識方法を絶対化することの中から生まれてきた当時の認識論中心主義的な哲学のあり方を批判して、あらゆる人間の知覚・認識行為はその認識主観の生きた経験（体験）のあり方によって根本的に方向づけられており、真の認識論的反省とはその認識主観が暗黙のうちに依拠している根源的な『体験の構造』（シェーラー）を批判的に対象化することであると主張し、人間の生きた経験の構造を究めようと内的な時間意識の構造を問題にした。これらの点で、生の哲学が行った探究は同時代のフッサールの現象学とも深い類縁性を持っている」［清 二〇一六：六九九―七〇〇］。

(14)　「それぞれの時代に固有の社会諸関係を空間に刻みこ」み、「社会空間を分泌する実践」のこと［斉藤 二〇〇三：一六〇］。

(15)　そうした中で、ルフェーヴルとマフェゾリの社会哲学を民俗学の議論に導入した丁秀珍［二〇一七：四三―五六］の試みは先駆的である。

あとがき

第1章で述べたとおり、わたしは、高校生のときに民俗学と出会い、その後、この学問の道を志すようになった。大学時代は、学生サークルとしての民俗学研究会を学びの場とし、卒業論文では沖縄・宮古島をフィールドとした。大学院に進学して民俗学の専門教育を受けたのち、韓国の大学を含むいくつかの大学や博物館での勤務を経験し、現在は、関西学院大学において「現代民俗学」を講じている。その間、沖縄の新宗教、韓国の「都市伝説」（現代民話）、在日朝鮮系住民、引揚者、喫茶店、花街、闇市、バラック街、かき船、私鉄沿線文化などの調査を行ない、最近では、「民俗学とは何か」「民俗とは何か」という根源的な問いについての考察に取り組むようになっている。

本書は、こうしたわたしのこれまでの研究歴の中で執筆した文章の中から、九本を選んで、ほぼ時系列に沿って配置したものである。

民俗学では、「柳田民俗学」（柳田國男）とか「折口民俗学」（折口信夫）、「宮本民俗学」（宮本常一）、「宮田民俗学」（宮田登）といったように、民俗学者の名前を冠して、〇〇民俗学という言い方をすることがしばしばある。これは、民俗学者ごとに個性的な民俗学が存在することの表れであるが、それはまた、民俗学という学問が、民俗学者の個性や生き方と切っても切り離せないものとして存在していることを意味しているともいえるだろう。

もちろん、民俗学は文学ではない。問題設定と論理の展開・実証、結論の提示を伴う「学問」の一つである。しかし、そうはいいながらも、民俗学者の生き方が学問的営為や語りの中に滲み出てくることは否定できず、またむしろ、そのことがこの学問の魅力や迫力となっている面も少なからずあるのではないだろうか。

こうした考え方に基づき、本書では、自分の研究歴を前面に出した目次構成で、わたし自身の民俗学――それはもちろんこの世に存在する多様な民俗学の一つにすぎないが――を紹介することにした。一人の民俗学者が、初発から今日まで、どのような研究をいかに行なってきたのか、本書を読む中で、民俗学という学問のおもしろさ、民俗学の個性というものを追体験していただければ著者としてこれに勝る喜びはない。

最後になったが、民俗学駆け出しのころから今日まで、実に多くの方々のお世話になってきた。いまここにその方々のお名前をすべて挙げることは紙幅の都合上、叶わないが、いまは亡き二人の恩師、井之口章次、宮田登の両先生のお名前だけはここに挙げさせていただき、本書を両先生の御霊に捧げることとしたい。

本書の企画から編集まで、晃洋書房編集部の丸井清泰氏には格別のご配慮を賜った。また同編集部の坂野美鈴氏には編集の過程でたいへんお世話になった。お二人をはじめ、晃洋書房の皆様に心より感謝申し上げたい。

なお、本書は、関西学院大学社会学部研究叢書の一冊として刊行されるものである。

二〇一九年九月

島村恭則

人名索引

ま

や

ら

事項索引

や

ら・わ

参考文献一覧

アスビョルンセン，P. C.・モー，J. E.［1999］『ノルウェーの民話』（米原まり子訳），青土社.
赤田光男［1998］「近世社会研究と民俗学」『日本民俗学』216.
赤松啓介［1991］『非常民の性民俗』明石書店.
安達義弘［1986］「沖縄の新宗教運動——生天光神明宮を材料領域として——」『宗教研究』270.
アーノウィッツ，S.［2002］「対抗的公共圏としての労働組合」（佐久間敦子訳），『現代思想』30(6).
アファナーシエフ，A.［1987］『ロシア民話集』（中村喜和訳），上・下巻，岩波書店.
阿部謹也［1984］「アジール」『大百科事典』平凡社.
————［1999］『大学論』日本エディタースクール出版部.
網野善彦［1978］『増補 無縁・公界・楽——日本中世の自由と平和——』平凡社.
————［1999］『女性の社会的地位再考』御茶の水書房.
洗　建［1978］「新宗教の受容」，窪徳忠編『沖縄の外来宗教——その受容と変容——』弘文堂.
蘭　信三［1994］『「満洲移民」の歴史社会学』行路社.
李　善愛［2000］「国際化はまず足元から——宮崎市A町の事例から——」『国際化再発見！——宮崎からのメッセージ——』宮崎公立大学.
飯沢　匡［1977］『武器としての笑い』岩波書店.
池上良正［1988］「沖縄地方におけるカミンチュ（神人）消長の動態——与那城村屋慶名の事例——」『文経論叢』（人文学科篇Ⅷ）（弘前大学），23(3).
————［1989］「北のミコ・南のミコ——民間巫者における「修行」を手がかりとして——」『弘前大学特定研究報告書・文化における「北」』弘前大学人文学部.
————［1991］『悪霊と聖霊の舞台——沖縄の民衆キリスト教に見る救済世界——』どうぶつ社.
————［1992a］『民俗宗教と救い——津軽・沖縄の民間巫者——』淡交社.
————［1992b］「宗教学における『修行論』の成果と課題」『宗教研究』292.
池田香代子ほか編［1994］『ピアスの白い糸——日本の現代伝説——』白水社.
————［1996］『走るお婆さん——日本の現代伝説——』白水社.
石毛直道・ラドル，K.［1992］『アジアの市場——歴史と文化と食の旅——』くもん出版.
伊藤哲司［2001］『ハノイの路地のエスノグラフィー——関わりながら識る異文化の生活世界——』ナカニシヤ出版.
稲村賢敷［1957］『宮古島庶民史』私家版.
————［1977］『宮古島旧記並史歌集解』至言社.
井上兼行［1987(1962)］「トリックスター」，石川栄吉他編『文化人類学事典』，弘文堂.
井上順孝ほか編［1990］『新宗教事典』弘文堂.
井之口章次［1963］「世間話研究の意義と課題」『西郊民俗』25.
伊波普猷・東恩納寛惇・横山重編［1988(1940)］『琉球国由来記』風土記社.

イリイチ，I.［1982］『シャドウ・ワーク』（玉野井芳郎・栗原彬訳），岩波書店.
岩手町［2007］「特集 この町のカタチ・豊かな岡に花が咲く」『広報いわてまち』581.
岩波書店編集部編［1989］『ドキュメント明治学院大学1989――学問の自由と天皇制――』岩波書店.
岩本通弥［1983］「風呂屋と床屋――失われたコミュニティ空間――」『歴史公論』7（都市の民俗）.
――――［1985］「他界としての風呂屋――江戸から東京への転換――」『歴史手帖』13(5)（他界としての江戸・東京――東京論その1）.
――――［1986］「サラリーマンの生活風景」，宮田登ほか編『都市鼓動 まち』（日本人の原風景 4），旺文社.
――――［1989］「血縁幻想の病理――近代家族と親子心中――」，岩本通弥・倉石忠彦・小林忠雄編『混沌と生成――都市民俗学へのいざない――』1，雄山閣.
――――［1998］「『民俗』を対象とするから民俗学なのか――なぜ民俗学は『近代』を扱えなくなってしまったのか――」『日本民俗学』215.
岩本通弥・菅豊・中村淳編［2012］『民俗学の可能性を拓く――「野の学問」とアカデミズム――』青弓社.
ヴェーバー，M.［1989］『プロテスタンティズムの倫理と資本主義の精神』（大塚久雄訳），岩波書店.
ヴェーバー＝ケラーマン，I.／ビマー，A. C.／ベッカー，S.［2011］『ヨーロッパ・エスノロジーの形成――ドイツ民俗学史――』（河野眞訳），文緝堂.
上野英信［1967］『地の底の笑い話』岩波書店.
上野俊哉［2002］「ディアスポラ理論における歴史の文体――『もう一つの公共圏』から『様々なキャンプ』へ――」『歴史と空間』（歴史を問う3），岩波書店.
上野俊哉・毛利嘉孝［2000］『カルチュラル・スタディーズ入門』筑摩書房.
上原エリ子［1986］「位牌継承をめぐる禁忌と回避」『沖縄民俗研究』6.
――――［1988］「民間巫者と門中化との関係をめぐる一考察」，窪徳忠先生沖縄調査20年記念論文集刊行委員会編『沖縄の宗教と民俗』第一書房.
植松明石［1965］「八重山・黒島と新城島における祭祀と親族」，東京都立大学南西諸島研究委員会編『沖縄の社会と宗教』平凡社.
ウェルズ恵子編［2018］『ヴァナキュラー文化と現代社会』思文閣出版.
ウォルフレン，K. van［1994a］『日本／権力構造の謎』（篠原勝訳），上・下巻，早川書房.
――――［1994b］『人間を幸福にしない日本というシステム』（鈴木主税訳），毎日新聞社.
臼井隆一郎［1992］『コーヒーが廻り世界史が廻る――近代市民社会の黒い血液――』中央公論社.
生方四郎［1992］『続 ふくや物語』創思社出版.
江守五夫［1991］「沖縄における祭祀承継に関する社会問題――法社会学的＝民族学的レポート――」『家族の歴史民族学』弘文堂.
大久保洋子［1998］『江戸のファーストフード――町人の食卓，将軍の食卓――』講談社.
大胡欽一［1965］「上本部村備瀬の社会組織」，東京都立大学南西諸島研究委員会編『沖縄の社

会と宗教』平凡社.
大越公平［1981］「奄美・加計呂麻島芝におけるトネヤ祝いとその祭祀集団」『明治大学大学院紀要』18(3).
大島建彦［1970］『咄の伝承』岩崎美術社.
大貫敦子［2001］「排除された〈私〉の言葉——ドイツ市民社会における公共圏形成の言語とジェンダー——」『思想』925.
大本憲夫［1983］「祭祀集団と神役・巫者——宮古群島の場合——」，北見俊夫編『南西諸島における民間巫者（ユタ・カンカカリヤー等）の機能的類型と民俗変容の調査研究』文部省科学研究費補助金研究成果報告書.
岡本恵昭［1989］「平良市下崎・万古山御嶽道開け縁起」，谷川健一編『巫女の世界』（日本民俗文化資料集成６），三一書房.
小川　徹［1971］「沖縄民俗社会における『門中』（仮説的総括）」『日本民俗学』74.
小川　了［1985］『トリックスター——演技としての悪の構造——』海鳴社.
奥山忠政［2003］『文化麺類学・ラーメン篇』明石書店.
小田　亮［1996］「しなやかな野生の知——構造主義と非同一性の思考——」『思想化される周辺世界』（岩波講座文化人類学 12），岩波書店.
賈蕙萱・石毛直道［2000］『食をもって天となす——現代中国の食——』平凡社.
笠原政治［1975］「琉球的系譜観とその変質過程——八重山島嶼社会における親族体系の理解のために——」『社』8(1-3).
————［1977］「出自と社会過程」『社会人類学年報』３.
————［1989］「沖縄の祖先祭祀——祀る者と祀られる者——」，渡邊欣雄編『祖先祭祀』凱風社.
加藤千代［1990］「中国世間話研究への試み」『文化人類学』８.
————［1991］「中国の『都市新伝説』——男と女の話を読む——」『口承文芸研究』14.
————［1996］「九十年代の毛沢東伝説」『口承文芸研究』19.
香取開拓農業協同組合［1994］『香取村開拓四十五年史』香取開拓農業協同組合.
金丸知好［2001］『アジアフェリーで出かけよう！』出版文化社.
鎌倉芳太郎［1982］『沖縄文化の遺宝』岩波書店.
鎌田久子［1965a］「日本巫女史の一節」『成城大学文芸学部十周年記念論文集』成城大学文芸学部.
————［1965b］「宮古島の祭祀組織」，東京都立大学南西諸島研究委員会編『沖縄の社会と宗教』平凡社.
————［1971］「宮古島諸部落の神役名称」『日本民俗学』78.
川端香男里［1980］「再版によせて——訳者あとがき——」，M. M. バフチーン『フランソワ・ラブレーの作品と中世・ルネッサンスの民衆文化』（川端香男里訳），せりか書房.
川村　湊［1990］『異郷の昭和文学——「満洲」と近代日本——』岩波書店.
川森博司［2000］「都市伝説」，福田アジオほか編『日本民俗大辞典』下巻，吉川弘文館.
姜　正遠［2013］「民俗人と脱植民主義」『韓国民俗学』57，原文韓国語.
姜　誠［1988］「泥棒マーケット」『ほるもん文化』８.

神崎宣武［1999］「喫茶店」『日本民俗大辞典』上巻，吉川弘文館.
岸本葉子［1998］『異国の見える旅――与那国，舞鶴，そして…――』小学館.
木下順二［1952］「民話管見」『文学』20(5).
金　健編［1998］『創立70周年記念誌』在日大韓基督教下関教会.
喜山朝彦［1987］「位牌祭祀の操作的側面――沖縄本島東村の事例――」『社会人類学年報』13.
――――［1989］「沖縄の位牌祭祀」，渡邊欣雄編『祖先祭祀』（環中国海の民俗と文化 3），凱風社.
清　眞人［2016］「生の哲学」，尾関周二ほか編『哲学中辞典』知泉書館.
窪　徳忠編［1978］『沖縄の外来宗教――その受容と変容――』弘文堂.
倉石忠彦［1990］『都市民俗論序説』雄山閣出版.
暮しの手帖編集部［1980］「東京都開拓団能代拓友組合――満洲から秋田へ40年の開拓暮し――」『暮しの手帖』64.
桑山敬己［2008］『ネイティヴの人類学と民俗学――知の世界システムと日本――』弘文堂.
『現代風俗学研究』編集委員会編［1996］『現代風俗学研究』1.
高知市史編さん委員会編［2014］『地方都市の暮らしとしあわせ――高知市史民俗編――』高知市.
五〇年史編集プロジェクト編［1998］『ゼンリン五〇年史』ゼンリン.
小長谷英代［2017］『〈フォーク〉からの転回――文化批判と領域史――』春風社.
小林章夫［1984］『コーヒー・ハウス』駸々堂.
小林英夫［2005］『満洲と自民党』新潮社.
近藤雅樹ほか編［1995］『魔女の伝言板――日本の現代伝説――』白水社.
近藤雅樹［1997］『霊感少女論』河出書房新社.
斎藤純一［2000］『公共性』岩波書店.
斉藤日出治［2003］『空間批判と対抗社会――グローバル時代の歴史認識――』現代企画室.
酒井　健［1996a］『バタイユ――そのパトスとタナトス――』現代思潮社.
――――［1996b］『バタイユ入門』筑摩書房.
酒井俊寿［1995］『流れをとらえる――北田光男聞書――』西日本新聞社.
佐喜真興英［1925］『シマの話』郷土研究社.
桜井徳太郎［1973］『沖縄のシャーマニズム――民間巫女の生態と機能――』弘文堂.
――――［1977］「沖縄民俗宗教の核――祝女イズムと巫女イズム――」『沖縄文化研究』6.
佐々木宏幹［1980］『シャーマニズム――エクスタシーと憑霊の文化――』中央公論社.
――――［1984］『シャーマニズムの人類学』弘文堂.
――――［1991］「ユタの変革性に関する若干の覚書――シャーマン―祭司論との関連において――」，植松明石編『神々の祭祀』（環中国海の民俗と文化 2），凱風社.
佐々木交賢［1985］「訳者あとがき」，M. マフェゾリ『現在の征服――日常性の社会学――』（佐々木交賢監訳），恒星社厚生閣.
佐々木伸一［1980］「宮古島の部落祭祀」『民族学研究』45(3).
――――［1983］「宮古島の民間巫者と神役――その重層性と分化――」，北見俊夫編『南西諸島における民間巫者（ユタ・カンカカリヤー等）の機能的類型と民俗変容の調査研究』文

部省科学研究費補助金研究成果報告書.
――――［1988］「カンカカリ達――宮古島その他のシャーマン的宗教者――」，北見俊夫編『日本民俗学の展開』雄山閣.
塩満　一［1982］『アメ横三十五年の激史』東京稿房出版.
重信幸彦［1989］「『世間話』再考――方法としての『世間話』へ――」『日本民俗学』180.
――――［1993］「仕事を綴る〈ことば〉の民俗誌――あるタクシードライバーのノートから――」『族』20.
渋谷　研［1991］「沖縄におけるノロとユタ――憑依と相関関係の問題を中心に――」『日本民俗学』186.
島村恭則［1991］『「琉球神道」の再生と変貌――「龍泉」に見る沖縄の新宗教運動――』筑波大学修士論文（未公刊）.
――――［1992a］「琉球神話の再生――新宗教『龍泉』の神話をめぐって――」『奄美沖縄民間文芸研究』15.
――――［1992b］「現代沖縄民俗誌への覚書」『「民俗誌」論――試行と展望――』筑波大学歴史・人類学系民俗学研究室.
――――［1993a］「沖縄の新宗教における教祖補佐のライフ・ヒストリーと霊能――『龍泉』の事例――」『人類文化』８.
――――［1993b］「民間巫者の神話的世界と村落祭祀体系の改変――宮古島狩俣の事例――」『日本民俗学』194.
――――［1994a］「話者の心意・民俗学者の心意」『人類文化』９.
――――［1994b］「沖縄祖霊信仰論の課題」『日本学年報』６.
――――［1994c］「韓国の都市伝説」『日本学誌』15.
――――［1995a］「都市伝説の韓日比較」『比較民俗研究』12.
――――［1995b］「沖縄における民俗宗教と新宗教――龍泉の事例から――」『日本民俗学』204.
――――［1999］「70年代韓国における流言」『国立歴史民俗博物館研究報告』82.
――――［2000a］「韓国の現代民話――日韓比較の視点から――」『近代日朝における《朝鮮観》と《日本観》』佛教大学総合研究所.
――――［2000b］「多文化主義民俗学とは何か」『京都民俗』17.
――――［2000c］「境界都市の民俗誌――下関の〈在日コリアン〉たち――」『歴博』103.
――――［2001a］「『日本民俗学』から多文化主義民俗学へ」，篠原徹編『近代日本の他者像と自画像』柏書房.
――――［2001b］「〈在日朝鮮人〉の民俗誌」『国立歴史民俗博物館研究報告』91.
――――［2001c］「マイナー・サブシステンスとしてのポッタリチャンサ（担ぎ屋）」『コロス』87.
――――［2001d］「日本の現代民話再考――韓国・中国との比較から――」，筑波大学民俗学研究室編『心意と信仰の民俗』吉川弘文館.
――――［2002］「在日朝鮮半島系住民における生業と環境――ポッタリチャンサ（担ぎ屋）の事例をめぐって――」『民具マンスリー』35(1).

――――［2003a］『日本より怖い韓国の怪談』河出書房新社.
――――［2003b］「境界都市の民俗学――下関の朝鮮半島系住民たち――」，篠原徹編『越境』（現代民俗誌の地平　4）朝倉書店.
――――［2003c］「モーニングの都市民俗学」『国立歴史民俗博物館研究報告』103.
――――［2003d］「現代民話の日韓比較」『国立歴史民俗博物館研究報告』106.
――――［2003e］「比較と多文化の民俗学へ」『東北学』 9.
――――［2005］「朝鮮半島系住民集住地域の都市民俗誌――福岡市東区・博多区の事例から――」『国立歴史民俗博物館研究報告』124.
――――［2009］「異文化の交流」，川森博司・山本志乃・島村恭則『物と人の交流』（日本の民俗　3），吉川弘文館.
――――［2010a］『〈生きる方法〉の民俗誌――朝鮮系住民集住地域の民俗学的研究――』関西学院大学出版会.
――――［2010b］「引揚者の民俗学」，谷口貢・鈴木明子編『民俗文化の探求』岩田書院.
――――［2012］「引揚者――誰が戦後をつくったのか？――」，山泰幸・足立重和編『現代文化のフィールドワーク入門――日常と出会う，生活を見つめる――』ミネルヴァ書房.
――――［2014］「フォークロア研究とは何か」『日本民俗学』278.
――――［2016］「引揚者たち」，福岡市史編集委員会編『新修 福岡市史』民俗編　2，福岡市.
――――［2017］「グローバル化時代における民俗学の可能性」『アジア遊学』215（東アジア世界の民俗――変容する社会・生活・文化――）.
――――［2018a］「民俗学とは何か――多様な姿と一貫する視点――」，古家信平編『現代民俗学のフィールド』吉川弘文館.
――――［2018b］「講演記録 民俗学とは何か――多様な姿と一貫する視点――」『長野県民俗の会会報』41.
――――［2019a］「現代民俗学」，桑山敬己・島村恭則・鈴木慎一郎『文化人類学と現代民俗学』風響社.
――――［2019b］「民俗学的視角とは何か」『日本民俗学』299.
島村恭則編［2013］『引揚者の戦後』新曜社.
シュッツ，A.／ルックマン，T.［2015］『生活世界の構造』（那須壽監訳），筑摩書房.
新里幸昭［1977］「宮古島の神謡――狩俣部落を中心に――」『日本神話と琉球』（講座日本の神話 10），有精堂.
――――［1980］「狩俣の神々」『沖縄文化研究』 7.
真野俊和［1989］「王の死と再生――1989年１月７日」，小松和彦編『これは民俗学ではない――新時代民俗学の可能性――』福武書店.
――――［2007］「ホモ・フォークロリカスのゆくえ」『地域研究』28.
菅　三郎［1997］「推薦のことば」，穂垂政夫『青山町五〇年の軌跡』博光出版.
菅　豊［2013］『「新しい野の学問」の時代へ――知識生産と社会実践をつなぐために――』岩波書店.
関一敏・小松和彦・佐藤健二編［2002］『新しい民俗学へ――野の学問のためのレッスン26――』せりか書房.

関根賢治［1981］「狩俣の神歌について」『赤と青のフォークロア』オリジナル企画.
セルトー，M. de［1987］『日常的実践のポイエティーク』（山田登世子訳），国文社.
高岡弘幸・村上和弘［1997］「コンビニの民俗」，小松和彦編『祭りとイベント』（現代の世相5），小学館.
高桑守史［1989］「路地裏のユートピア――橋本五郎「地図にない街」にみる都市幻想――」『国立歴史民俗博物館研究報告』24.
高桑史子［1979］「八重山鳩間島における信仰体系と系譜観の変化――過疎化社会における信仰生活の実態――」『社』10(3-4).
――――［1982］「八重山一島嶼社会における系譜意識の変化――過疎化による社会変容の一側面――」『民族学研究』47(2).
高津春繁・斎藤忍随［1963］『ギリシア・ローマ古典文学案内』岩波書店.
高梨和美［1989］「神に追われる女たち――沖縄の女性祭司者の就任過程の検討――」，大隅和雄・西口順子編『巫と女神』平凡社.
高安六郎［1973］『神秘の琉球』新人物往来社.
――――［1975］『生命の龍泉』睦書房.
――――［1977a］『龍宮の火』睦書房.
――――［1977b］「ニライの火・琉球古神道――龍宮社会の建設を目ざす琉球神道龍泉と私――」『青い海』67.
――――［1980］『高安六郎――内面への旅――』龍泉.
――――［1982］『わたしは自由』龍泉.
――――［1986］『ウチナーパワー』龍泉.
――――［1991］『久遠の彼方』龍泉.
――――［1992］『ミラクル真風』沖縄総合図書.
滝口直子［1991］『宮古島シャーマンの世界』名著出版.
竹田　旦［1990］『祖霊祭祀と死霊結婚――日韓比較民俗学の試み――』人文書院.
田澤晴子［2018］『吉野作造と柳田國男――大正デモクラシーが生んだ「在野の精神」――』ミネルヴァ書房.
田中恭子［1984］『シンガポールの奇跡』中央公論社.
谷川健一［1980］『神は細部に宿り給う――地名と民俗学――』人文書院.
谷口　貢［1996］「民俗学の目的と課題」，谷口貢ほか編『現代民俗学入門』吉川弘文館.
谷口貢・板橋春夫編［2014］『日本人の一生――通過儀礼の民俗学――』八千代出版.
――――［2017］『年中行事の民俗学』八千代出版.
田村慶子［1994］「下関の朝鮮・韓国人――下関市内定住外国人実態調査報告――」『自治研やまぐち』15.
趙　丙祥［2001］「幽霊のいる現代空間で生きる――中国現代の伝聞についての社会学的研究――」2000年度国立歴史民俗博物館国際シンポジウム発表レジュメ.
丁　秀珍［2016］「メディアの日常化，日常のメディア化」（中村和代訳），『日常と文化』3.
鄭暎恵・辛淑玉・曺誉戸・朴和美［2000］「パネルディスカッション・『在日』女語り」『コリアン・マイノリティ研究』4.

常見純一［1965］「国頭村安波における門中制度の変遷」，東京都立大学南西諸島研究委員会編『沖縄の社会と宗教』平凡社.
常光　徹［1993］『学校の怪談――口承文芸の展開と諸相――』ミネルヴァ書房.
――――［2000］「現代の話の生成」，福田晃ほか編『日本の民話を学ぶ人のために』世界思想社.
津波高志［1983］「祭祀組織の変化と民間巫者――沖縄本島北部一村落における巫者的司祭――」，北見俊夫編『南西諸島における民間巫者（ユタ・カンカカリヤー等）の機能的類型と民俗変容の調査研究』文部省科学研究費補助金研究成果報告書.
――――［1992］「本土化の中の沖縄文化」『沖縄文化研究の新しい展開』琉球大学公開講座委員会.
鶴見和子［1985］『殺されたもののゆくえ――私の民俗学ノート――』はる書房.
――――［1997］『社会変動のパラダイム――柳田國男の仕事を軸として――』（鶴見和子曼荼羅Ⅰ，基の巻），藤原書店.
手塚富雄・神品芳夫［1963］『増補　ドイツ文学案内』岩波書店.
東京都民生局編［1959］『東京都地区環境調査――都内不良環境地区の現況――』東京都民生局.
豊田　滋［1985］「下関における韓半島の文化――グリーンモール商店街の地理学的考察――」『地域文化研究所紀要』（梅光女学院大学地域文化研究所）1.
――――［1987］「下関における韓半島の文化――長門市場とその周辺の地理学的考察――」『地域文化研究』（梅光女学院大学地域文化研究所）2.
――――［1988］「下関における韓半島の文化（その3）――大和町・東大和町の地理学的研究――」『地域文化研究』（梅光女学院大学地域文化研究所）3.
――――［1989］「下関における韓半島の文化（その4）――関西通り・神田町二丁目・東神田町の地理学的研究――」『地域文化研究』（梅光女学院大学地域文化研究所）4.
――――［1990］「下関における韓半島の文化（その5）――下関駅周辺の韓系事象について――」『地域文化研究』（梅光女学院大学地域文化研究所）5.
豊橋市役所企画部企画課［1999］『豊橋市中核市移行記念誌』豊橋市.
永倉百合子［2002］「飲茶点描」『アジア遊学』36，勉誠出版.
中澤天童［2000］『摩訶不思議シティ名古屋の本』PHP研究所.
成田龍一［2003］「『引揚げ』に関する序章」『思想』955.
西原和久［2003］『自己と社会――現象学の社会理論と〈発生社会学〉――』新泉社.
ニーチェ，F. W.［1966］『悲劇の誕生』（秋山英夫訳），岩波書店.
日本民話の会［1998］『聴く　語る　創る』6（現代民話の諸問題）.
野口武徳［1972］『沖縄池間島民俗誌』未来社.
野沢謙治［1996］「都市の場」，佐野賢治ほか編『現代民俗学入門』吉川弘文館.
野村純一［1995］『日本の世間話』東京書籍.
バタイユ，G.［1998］『内的体験――無神学大全――』（出口裕弘訳），平凡社.
――――［1999］『新訂増補　非―知――閉じざる思考――』（西谷修訳），平凡社.
――――［2005］『ランスの大聖堂』（酒井健訳），筑摩書房.
――――［2009］『純然たる幸福』（酒井健編訳），筑摩書房.

――――［2012］『ニーチェ覚書』（酒井健訳），筑摩書房.
――――［2017］『有罪者――無神学大全――』（江澤健一郎訳），河出書房新社.
ハーバーマス，J.［1994］『公共性の構造転換――市民社会の一カテゴリーについての研究――』（細谷貞雄・山田正行訳），未来社.
バフチーン，M. M.［1980］『フランソワ・ラブレーの作品と中世・ルネッサンスの民衆文化』（川端香男里訳），せりか書房.
フィールド，N. M.［1994］『天皇の逝く国で』（大島かおり訳），みすず書房.
比嘉致夫［1983］『沖縄の門中と村落祭祀』三一書房.
――――［1987］『女性優位と男系原理――沖縄の民俗社会構造――』凱風社.
樋口健夫［1999］『ベトナムの微笑み――ハノイ暮らしはこんなに面白い――』平凡社.
樋口雄一［2002］『日本の朝鮮・韓国人』同成社.
平山和彦［2000］「民俗」，福田アジオほか編『日本民俗大辞典』下巻，吉川弘文館.
平良市［1988］『第17回平良市統計書昭和63年版』平良市.
平良市史編さん委員会編［1987］『平良市史』第７巻資料編５，平良市教育委員会.
福岡市史編集委員会編［2010］『福の民――暮らしのなかに技がある――』（新修福岡市史特別編），福岡市.
福澤昭司［1987］「病と他界――長野県内の麦粒腫の治療方法の考察から――」『日本民俗学』172.
福田　晃［1992］「成巫儀礼と神口・神語り――宮古カンカカリヤーをめぐって――」『口承文芸研究』15.
福田アジオほか編［1999・2000］『日本民俗大辞典』上・下巻，吉川弘文館.
福田アジオ編［2015］『知って役立つ民俗学――現代社会への40の扉――』ミネルヴァ書房.
藤井貞和［1980］『古日本文学発生論――記紀歌謡前史――』思潮社.
藤井隆至［2008］『柳田国男――「産業組合」と「遠野物語」のあいだ――』日本経済評論社.
藤田省三［1997］『全体主義の時代経験』みすず書房.
フッサール，E.［1995］『ヨーロッパ諸学の危機と超越論的現象学』（細谷恒夫・木田元訳），中央公論社.
プリミアノ，L. N.［2007］「宗教民俗における方法の探求とヴァナキュラー宗教（Vernacular Religion）」（小田島建己訳），『東北宗教学』３.
古橋信孝［1982］『古代歌謡論』冬樹社.
［1992］『神話・物語の文芸史』ぺりかん社.
ブレードニヒ，R. W. 編［1992］『悪魔のほくろ――ヨーロッパの現代伝説――』（池田香代子ほか訳），白水社.
ヘルダー，J. G.［2018］『ヘルダー民謡集』（嶋田洋一郎訳），九州大学出版会.
ヘルデル（＝ヘルダー），J. G.［1945］『民族詩論』（中野康存訳），櫻井書店.
外間守善・新里幸昭［1972］『宮古島の神歌』三一書房.
外間守善・新里幸昭編［1978］『南島歌謡大成』Ⅲ（宮古島篇），角川書店.
堀場清子［1990］「イナグヤ ナナバチ――沖縄女性史を探る――』ドメス出版.
毎日新聞社編［1973］『関門海峡』毎日新聞社.

毎日新聞［2008］「愛され続けて」『毎日新聞』 1月1日，正月特集D－5面記事.
前垣和義［2000］『大阪くいだおれ学』葉文館出版.
前川健一［1988］『東南アジアの日常茶飯』弘文堂.
牧田　茂［1985］「民俗学の対象としての『世間話』」『昔話――研究と資料――』14.
マコーマック，G.［1998］『空虚な楽園――戦後日本の再検討――』みすず書房.
松井　健［1998］「マイナー・サブシステンスの世界――民俗世界における労働・自然・身体――」，篠原徹編『民俗の技術』朝倉書店.
――――［2001］「マイナー・サブシステンスと琉球の特殊動物――ジュゴンとウミガメ――」『国立歴史民俗博物館研究報告』87.
松園万亀雄［1970］「沖縄座間味島の門中組織」『日本民俗学』71.
――――［1972］「沖縄の位牌祭祀その他の慣行にみられる祖先観と血縁観について」『現代諸民族の宗教と文化――社会人類学的研究――』社会思想社.
松谷みよ子［2000］『現代の民話――あなたも語り手，わたしも語り手――』中央公論新社.
松谷みよ子編［1985-1996］『現代民話考』全12巻（①河童・天狗・神かくし　②軍隊　③偽汽車・船・自動車の笑いと怪談　④夢の知らせ・ぬけ出した魂　⑤あの世へ行った話・死の話・生まれかわり　⑥銃後　⑦学校　⑧ラジオ・テレビ局の笑いと怪談　⑨木霊・蛇　⑩狼・山犬・猫　⑪狸・むじな　⑫写真の怪・文明開化），立風書房.
マフェゾリ，M.［1985］『現在の征服――日常性の社会学――』（佐々木交賢監訳），恒星社厚生閣.
――――［1995］『現代世界を読む』（菊地昌実訳），法政大学出版局.
――――［1997］『小集団の時代――大衆社会における個人主義の衰退――』（古田幸男訳），法政大学出版局.
――――［2000］『政治的なものの変貌――部族化／小集団化する世界――』（古田幸男訳），法政大学出版局.
見田宗介［2006］『社会学入門――人間と社会の未来――』岩波書店.
南　和男［1997］『江戸の風刺画』吉川弘文館.
――――［1999］『幕末維新の風刺画』吉川弘文館.
三室辰徳［2001］「第二次世界大戦後における旧満洲浜松開拓団の集団入植――浜松市白昭を事例として――」『立命館地理学』13.
宮城栄昌［1990］「宮古地区及び沖縄北部地区」，中山盛茂・富村真演・宮城栄昌『のろ調査資料』ボーダーインク.
宮田　登［1975］「沖縄のミロク信仰」『ミロク信仰の研究 新訂版』未来社.
――――［1977］「沖縄のミロク教」『民俗宗教論の課題』未来社.
――――［1986］『現代民俗論の課題』未来社.
――――［1993］『「心なおし」はなぜ流行る――不安と幻想の民俗誌――』小学館.
――――［1995］『民俗文化史』放送大学教育振興会.
――――［1996a］「都市民俗学・祭祀空間論」，J. クライナー編『日本民族学の現在』新曜社.
――――［1996b］『民俗学への招待』筑摩書房.
宮本演彦［1959］「狩俣の村」『日本民俗学会報』 5.

宮本常一［1984］『民俗のふるさと』（宮本常一著作集 30），未来社.
――――［2000］『民俗学の旅』日本図書センター.
村武精一［1975］『神・共同体・豊穣――沖縄民俗論――』未来社.
――――［1984］『祭祀空間の構造――社会人類学ノート――』東京大学出版会.
室井康成［2010］『柳田國男の民俗学構想』森話社.
文 京洙［1995］「高度経済成長下の在日朝鮮人」『季刊 青丘』22.
毛利嘉孝［2002］「ヴァーチャリティ――オルタナティブな公共圏をつくりだす――」『現代思想』30(6).
本永 清［1973］「三分観の一考察」『琉大史学』4.
――――［1987］「宮古島」，谷川健一編『日本の神々』13，白水社.
――――［1991］「宮古狩俣のウヤガン祭祀」，植松明石編『神々の祭祀』（環中国海の民俗と文化 2），凱風社.
森枝卓士［1997］『図説 東南アジアの食』河出書房新社.
森栗茂一［1990］『河原町の民俗地理論』弘文堂.
――――［1994］「試みとしてのローソンの民俗誌」『京都民俗』12.
――――［1998］『しあわせの都市はありますか――震災神戸と都市民俗学――』鹿砦社.
――――［1999a］「随想 長屋の復興」『神戸新聞』1月22日.
――――［1999b］「随想 アジアタウン」『神戸新聞』3月9日.
柳田國男［1962a（1931）］「世間話の研究」『定本柳田國男集』7，筑摩書房.
――――［1962b（1929）］「都市と農村」『定本柳田國男集』16，筑摩書房.
――――［1963a（1931）］「明治大正史世相篇」『定本柳田國男集』24，筑摩書房.
――――［1963b（1939）］「国語の将来」『定本柳田國男集』19，筑摩書房.
――――［1964a（1928）］「青年と学問」『定本柳田國男集』25，筑摩書房.
――――［1964b（1935）］「郷土生活の研究法」『定本柳田國男集』25，筑摩書房.
――――［1964c（1947）］「現代科学といふこと」『定本柳田國男集』31，筑摩書房.
――――［1986（1934）］『民間伝承論』第三書館.
山 泰幸［2009］「〈現在〉の〈奥行き〉へのまなざし――社会学との協業の経験から――」『現代民俗学研究』1.
山口県警察史編さん委員会編［1982］『山口県警察史』下巻，山口県警察本部.
山路勝彦［1967］「沖縄・渡名喜島の門中についての予備的報告」『日本民俗学会報』54.
――――［1968］「沖縄小離島村落における〈門中〉形成の動態――粟国島における父系親族体系としての〈門中〉と若干の考察――」『民族学研究』33(1).
――――［1971］「〈門中〉と〈家〉に関する覚書」『日本民俗学』78.
山下清海［1987］『東南アジアのチャイナタウン』古今書院.
山下欣一［1977］『奄美のシャーマニズム』弘文堂.
――――［1979］『奄美説話の研究』法政大学出版局.
山田厳子［1999］「うわさ話と共同体」，岩本通弥編『覚悟と生き方』（民俗学の冒険 4），筑摩書房.
山之内靖［1997］『マックス・ヴェーバー入門』岩波書店.

吉沢和夫［1989］「現代民話への視角――『東奥異聞』から『現代民話考』まで――」『民話の手帖』39.
――――［1998］「現代民話の方法」『聴く 語る 創る』6（現代民話の諸問題）.
吉沢和夫・松谷みよ子編［1993］『チャップリンの笑い 寅さんの笑い――笑いの民話学――』童心社.
吉田日出男［1982］『スーパーの原点』評言社.
吉原健一郎［1978］『江戸の情報屋――幕末庶民史の側面――』日本放送出版協会.
リム・ボン［2001］「鴨川スクウォッター地区の住環境整備と地域支援活動」，藤巻正己編『生活世界としてのスラム――外部者の言説・住民の肉声――』古今書院.
琉球新報社編［1980］『トートーメー考――女が継いでなぜ悪い――』琉球新報社.
琉球大学民俗研究クラブ［1966］『沖縄民俗』12.
ルフェーヴル，H.［2000］『空間の生産』（斎藤日出治訳），青木書店.
レヴィ＝ストロース，C.［1976］『野生の思考』みすず書房.
渡邊欣雄［1985］『沖縄の社会組織と世界観』新泉社.
――――［1990］『民俗知識論の課題――沖縄の知識人類学――』凱風社.
王　傑文［2019］「本土語文学と民間文学」『民間芸術』2019年6期，原文中国語.

〈欧文献〉
Abrahams, R. D. ［1993］ “Phantoms of Romantic Nationalism in Folkloristics,” *The Journal of American Folklore*, 106(4), 3–37.（小長谷英代訳「民俗学におけるロマン主義ナショナリズムの幻影」，小長谷英代・平山美雪編訳『アメリカ民俗学――歴史と方法の批判的考察――』岩田書院，2012年）
Bauman, R. ［2008］ “The Philology of the Vernacular,” *Journal of Folklore Research*, 45(1), 29–36.
Ben-Amos, D. ［1977］ “The Context of Folklore: Implications and Prospects,” in W. R. Bascom eds., *Frontiers of Folklore*. Boulder: Westview Press, pp.36–53.
Bendix, R. F. and Hasan-Rokem, G. eds. ［2012］ *A Companion to Folklore*. Chichester: Wiley-Blackwell.
Bennett G. and Smith, P. eds. ［2007］ *Urban Legends: A Collection of International Tall Tales and Terrors*. Westport: Greenwood Press.
Bowman, M. and Valk U. eds. ［2012］ *Vernacular Religion in Everyday Life: Expressions of Belief*. Sheffield: Equinox Publishing.
Briggs, C. L. ［2008］ “Disciplining Folkloristics,” *Journal of Folklore Research*, 45(1), 91–105.
Brunvand, J. H. ［1981］ *The Vanishing Hitchhiker: American Urban Legends and Their Meanings*. New York: Norton,（大月隆寛・重信幸彦・菅谷裕子訳『消えるヒッチハイカー――都市の想像力のアメリカ――』新宿書房，1988年）
―――― ［1998］ *The Study of American Folklore: An Introduction*, 4th ed. New York: W. W. Norton.

——— [2012] *Encyclopedia of Urban Legends: Updated and Expanded Edition*, Vol.1–2. Santa Barbara: ABC-CLIO.

Burd, W. W. [1952] *KARIMATA: A Village in the Southern Ryukyus*. Washington, D.C. : Pacific Science Board, National Research Council.

Dorson, R. M. [1976] *Folklore and Fakelore: Essays toward a Discipline in Folk Studies*. Cambridge, Mass. : Harvard University Press.

Dorst, J. [1990] "Tags and Burners, Cycles and Networks: Folklore in the Telectoronic Age," *Journal of Folklore Research*, 27(3), 179–190.

Dundes, A. [1965] *The Study of Folklore*. Englewood Cliffs: Prentice-Hall.

Dundes, A. ed. [1999] *International Folkloristics: Classic Contributions by the Founders of Folklore*. Lanham, Boulder: Rowman and Littlefield Publishers.

Feintuch, B. ed. [2003] *Eight Words for the Study of Expressive Culture*. Urbana: University of Illinois Press.

Giddens, A. [1990] *The Consequence of Modernity*. Cambridge: Polity Press.（松尾精文・小幡正敏訳『近代とはいかなる時代か？——モダニティの帰結——』而立書房，1993年）

Howard, R. G. [2008a] "The vernacular web of participatory media," *Critical Studies in Media Communication*, 25(5), 490–513.

——— [2008b] "Electronic hybridity: The persistent processes of the vernacular web," *Journal of American Folklore*, 121(4), 192–218.

——— [2013] "Vernacular Authority: Critically Engaging 'Tradition'," in Howard, R. G. and Blank, T. eds., *Tradition in the 21st Century: Locating the Role of the Past in the Present*. Logan: Utah State University Press, pp.72–99.

——— [2015] "Introduction: Why Digital Network Hybridity Is the New Normal (Hey! Check This Stuff Out)," *The Journal of American Folklore*, 128(5), 247–259.

Kirshenblatt-Gimblett, B. [1998] "Folklore's Crisis," *The Journal of American Folklore*, 111 (4), 281-327.（小長谷英代訳「民俗学の危機」，小長谷英代・平山美雪編訳『アメリカ民俗学——歴史と方法の批判的考察——』岩田書院，2012年）

Klein, B. [1997] "Folklore," in Thomas A. Green ed., *Folklore: An Encyclopedia of Beliefs, Customs, Tales, Music, and Art*. Santa Barbara: ABC-CLIO, pp. 331–336.

Lantis, M. [1960] "Vernacular Culture," *American Anthropologist*, 62(2), 202–216.

Noyes, D. [2016] *Humble Theory: Folklore's Grasp on Social Life*. Bloomington: Indiana University Press.

Primiano, L. N. [1995] "Vernacular Religion and the Search for Method in Religious Folklife," *Western Folklore*, 54(1), 37–56.（小田島建己訳「宗教民俗における方法の探求とヴァナキュラー宗教（Vernacular Religion）」『東北宗教学』3，2007年）

Sims, M. C. and Stephens, M. [2011] *Living Folklore: An Introduction to the Study of People and Their Traditions, Second Edition*. Logan: Utah State University Press.

Thoms, W. [1990] "Folk-Lore," in Dundes, A. ed., *International Folkloristics: Classic Contributions by the Founders of Folklore*. Lanham, Boulder: Rowman and Littlefield

Publishers, pp. 11-13.（荒木博之訳「フォークロア」，荒木博之編『フォークロアの理論――歴史地理的方法を越えて――』法政大学出版局，1994年）

Vlach, J. M. [1996] "Vernacular," in Brunvand, J. H. ed., *American Folklore: An Encyclopedia*, New York: Routledge, pp.734-736.

Wilson, W. A. [2006] *The Marrow of Human Experience: Essays on Folklore*, Rudy, J. T. ed. Rogan: Utah State University Press.

● 著者紹介

島村恭則（しまむら　たかのり）

関西学院大学社会学部・大学院社会学研究科教授，世界民俗学研究センター長．
1967年，東京生まれ．筑波大学大学院博士課程歴史・人類学研究科文化人類学専攻単位取得退学．博士（文学）．韓国・翰林大学校客員専任講師，国立歴史民俗博物館民俗研究部，秋田大学准教授，東京大学大学院客員教授などを歴任．専門は，現代民俗学，世界民俗学史と民俗学理論．
著書に『みんなの民俗学』（平凡社，2020年），『〈生きる方法〉の民俗誌』（関西学院大学出版会，2010年），『日本より怖い韓国の怪談』（河出書房新社，2003年），編著に『引揚者の戦後』（新曜社，2013年），共編著に『民俗学読本』（晃洋書房，2019年），共著に『文化人類学と現代民俗学』（風響社，2019年）がある．

関西学院大学社会学部研究叢書　第10編
民俗学を生きる
――ヴァナキュラー研究への道――

2020年３月20日　初版第１刷発行
2022年１月25日　初版第２刷発行
＊定価はカバーに表示してあります

著　者　島　村　恭　則©
発行者　萩　原　淳　平
印刷者　田　中　雅　博

発行所　株式会社　晃　洋　書　房
〒615-0026　京都市右京区西院北矢掛町７番地
電話　075(312)0788番(代)
振替口座　01040-6-32280

装丁　尾崎閑也
印刷・製本　創栄図書印刷(株)

ISBN978-4-7710-3346-7